JN161854

部分的つながり

部分的つながり

マリリン・ストラザーン
大杉高司・浜田明範・田口陽子・丹羽充・里見龍樹訳

水声社

本書は
《人類学の転回》叢書の一冊として
刊行された。

M・F・Dに捧ぐ

このような偉大なアイディアは広く知られるに値し、したがって、
あらゆるレベルで展開されることを要求する。
——マイケル・ベリー

『ザ・タイムズ・ハイアー・エデュケーショナル・サプリメント』紙に寄せた、カオス数理学に関するイアン・スチュアートの著作への評(30-vi-89)。「偉大なアイディア」とは、物理法則がそれ自体の予測不可能性あるいは間歇性の効果を含んでいる、ということの発見をさす。

目次

凡例

一、本書において、（ ）は著者による挿入、［ ］は著者による引用文への補足、〔 〕内は訳者による補足を表す。

一、引用文中の［……］は、いずれも著者による省略を表す。

一、引用されている著作にすでに邦訳がある場合には、該当する訳文を採用することを原則としつつ、適宜文脈に応じて改訳した。ただし、ダナ・ハラウェイの論文に関しては、大幅な改訳をしたため、原著と邦訳書の出典情報を併記した。

一、原著刊行当時に未刊行であった著作で、すでに刊行されたことが確認できたものについては、新たな出典情報を記載した。

一、原註は（1）、（2）……、訳註は（一）、（二）……と表記した。

一、本書の鍵概念のうち、スケール、アナロジー、パースペクティヴ、ポジションなど、文脈に埋もれる恐れのあるものについては、あえてカタカナ表記とした。

本書の語《ナラティヴ》りは、語りをめぐる問いへの応答として組織されている（一）。筆者の念頭にあったのは、民族誌的な記述と表象に対する人類学的アプローチの近年の変化を特徴づけてきたいくつかの「ポジション」へ読者を誘い、そのことによって、メラネシアに関する通文化比較の可能性を再考するひとつのポジションを打ち立てることだった。ところが、理論と比較のいずれかの次元に重きをおかなければ、本書の記述に区切りを入れること（二）はできないように思えた。もっとも、どちらかに重きを置くと、理論的な前置きが比較のための導入に見えるか、そうでなければ比較が理論的考察に続く単なる補遺に見えてしまうだろう。理論が人類学全体に関与する一方で、比較は世界のごく小さな地域にのみ関わることもあるだろう。反対に、理論が探究のための特定の道具立てに焦点をあてる一方で、比較では具体的なデータが写実的な全体性を伴って提供されることになるかもしれない。

しかし、複合的な議論を前に、理論と比較に等しい位置を与えることが、あるいはできるのかもしれない。

この釣り合い《プロポーション》をめぐる問いは、資料の複雑性に人類学者が向き合うときにも現れるがゆえ、探究する価値があるように思える。語りをどうするかだけが問題となっているのではない。学問的な議論を文化的な営みとして検討することが、文化的な営みのあり方を比較する議論へと、私たちを導くのである。

＊＊＊＊＊＊

複雑さは、民族誌と比較という二つの企てに本来的に備わっている。人類学者は、諸現象の社会的・文化的含意を具体的に示して見せることに関心をもっている。しかしそのためには、社会的・文化的含意を浮かびあげるに充分なほどに、複雑さを縮減しなければならない。諸要素間の複雑な連関を示すこと、つまり記述の目的そのものも記述を容易でなくしているのである。

平凡で繰り返し立ち現れる、それでいて興味深い問いは、人類学的な資料をいかに組織するのかにある。組織化という言葉で、私は、観察者がどのように資料を照らし合わせ体系化するのかということと、人々が自身の生を提示するやり方のなかにすでに現れている照らし合わせと体系化の両方を指し示している。ここで注目しようとする組織化をめぐる問いは、人類学者にはあまりにもあ

《コメット・ブッククラブ》発足！

小社のブッククラブ《コメット・ブッククラブ》がはじまりました。毎月末には，小社関係の著者・訳者の方々および小社スタッフによる小論，エセイを満載した（？）機関誌《コメット通信》を配信しています。それ以外にも，さまざまな特典が用意されています。小社ブログ（http://www.suiseisha.net/blog/）をご覧いただいた上で，e-mail で comet-bc@suiseisha.net へご連絡下さい。どなたでも入会できます。

水声社

《コメット通信》のこれまでの主な執筆者

浅沼圭司
石井洋二郎
伊藤亜紗
小田部胤久
金子遊
木下誠
アナイート・グリゴリャン
桑野隆
郷原佳以
小沼純一
小林康夫
佐々木敦
佐々木健一
沢山遼
管啓次郎
鈴木創士
筒井宏樹
イト・ナガ
中村邦生
野田研一
橋本陽介
エリック・ファーユ
星野太
堀千晶
ジェラール・マセ
南雄介
宮本隆司
毛利嘉孝
オラシオ・カステジャーノス・モヤ
安原伸一朗
山梨俊夫
結城正美

りふれたものなので、普段は煩わされることもない。そのうち解消してしまう問題であるかに見えるからである。スケール[三]によって作りだされた問題であるからこそ、スケールの調整によって解決されるはずだというのである。

この見方からすると、複雑さをめぐる問いは単純にスケールにかかわる事項なのだろう。近づけば近づくほど、物事はより緻密になる。ひとつの次元（レンズの倍率）を上げれば、他の次元（データの緻密さ）が増大する。例えば、距離が遠いときには比較することが興味深く思えた事柄も、より近くで検討しようとすれば無数の副次的な（そしておそらくはより興味深い）問いに断片化してしまうだろう。それゆえ、複雑さは問いの産物と見なされ、また、同じように境界付けの産物と見なされることになる。より複雑な問いはより複雑な回答を生みだすというのである。ひとつの全体としてメラネシアを見た場合、例えば、イニシエーション儀礼の実践の有無を探ることは興味深いことのように思えるかもしれない。しかし、その後に、一連の具体的な実践を検討し始めると、「イニシエーション儀礼」は統一的な現象でないことが判明し、異なるイニシエーション儀礼的な実践のあいだには当の実践の有無と同じくらい大きな隔たり《ギャップ》があるように見える。以上のことは、スケール設定の効果なのだから、特筆すべきことではないとお考えかもしれない。しかし実際には、人類学者が取り扱おうとする現象を理解する際に直面するいくつかの困難は、まさにスケールの効果によって作られているのである。

複雑さの**増大可能性**（考慮に入れるべき「より多くの」ことが常に潜在していること）に気づく

ことで、私たちは、はたして比較は有効なのかという表だって話題にすることのない疑念を、いっそう深めることになる。しかし、人類学者は複雑さについてのこの感覚を独力で生みだしたのではない。人類学は、多元主義や目録化に傾倒する文化的環境のなかで、また知の対象を果てしなく増殖させる特有の能力とともに、発展してきた。

西洋[1]の多元主義を文化的に説明する際には、多様性の感覚と現象の複雑さが増しているという感覚が、いかに観察のスケールを変化させることで作りだされているのかを問うことになるだろう(Strathern 1992)。スケールを変化させるという言葉で、私は、人類学者が資料を組織化するときに決まってする、現象に対するひとつのパースペクティヴ[2]から他のパースペクティヴへの切り替えを指している。このパースペクティヴの切り替えが可能なのは、世界が本来的に複数の存在《エンティティ》——多様な個体や集合や関係性——から構成されているという自然観があるからである。そして、それら構成要素の特徴は分析の枠組みに基づいて常に**部分的**にしか記述できないとされる。そういうわけで、イニシエーション儀礼のどんな個別事例をとってみても、それが現象全体としてもっているありのままの特徴を把握できないことを承知しつつ、理論的な考察を行うためにイニシエーション儀礼の実践の二、三の要素を選びだしている私たち自身の姿がイメージされるのだと言えるのかもしれない。他の多くのパースペクティヴは残されている。ここでは、種の分類[3]に関してよく知られてきた問題が、別の仕方で現れている。

西洋人が事物に対してポジションをとる仕方のうちに、少なくともパースペクティヴの二つの水準を、たやすく同定することができる。ひとつは、別個の、そしてときに重なり合っている領域《ドメイン》や体系のあいだを、観察者が移動してみせるときのそれである。例えば、儀礼的交換の経済的な分析から政治的な分析へ移動するというように。もうひとつには、観察者が視野に収める現象の大きさ《マグニチュード》を変えるときのそれがある。例えば、ひとつの交換から複数の交換へと、あるいはひとつの社会における交換から複数の社会における交換へと取り扱う規模を変えるように。この二つの水準は、ひとつの明らかな特質を共有している。他にも複数のパースペクティヴがあることを知ることは相対化の効果をもたらし、それが、どんなアプローチも常に部分的であり、したがって現象は無限に増殖しうるのだという感覚を観察者に与え続けるのである。

第一に、人類学者が探究する領域を移動するときに、諸存在間の関係やつながり《コネクション》が新しい配置として現れることがある。例えば、儀礼的交換の政治経済的な次元からパフォーマンスや儀礼の側面へ、あるいはイニシエーション儀礼との類似性へと、視点を変えるときのように。そして第二に、考慮に入れる存在の数を増やしていくことだけでなく、個別部分の詳細を拡大して見ることが、情報――それ自体が存在である――を増殖させる。つまり、私たちが、イニシエーション儀礼の手順を明らかにするために倍率を上げて細々とした活動のすべてを考慮に入れるにせよ、あるいは、パプアニューギニアだけでも数十はある丹念に記述された類似の実践を考察するために視野を拡大するにせよ、スケールを変えることとそれ自体が情報の増殖効果を生みだす。現象間の諸関係をまさに「複雑に」見せているのは、おそらく第三のこれらに付随する私たちの能力である。つまり、同時に複数のスケールを知覚し、個々の行為から儀礼へ、複数の儀礼の比較からそれらの儀礼に共通する要素の例証へ、個々の制度からその配置へと移動する能力である。〔西洋の多元主義において〕複雑性は、私たちが秩序を与え組み上げの対象とする諸要素が、他のパースペクティヴの水準からも把握可能であるという点に、文化的に表現されている。

スケールの切り替えは情報を増殖させる効果だけでなく、情報の「損失」をも作りだす。例えば青年儀礼の描写から社会化をめぐる一般化へと切り替えをするときに、データは異なる種類のデータにとって代えられるように見えるだろう。ここで情報の損失は、その時点で探究される焦点によって、細かな部分や特定の範囲が覆い隠されるという形で現れる。これは、視野の拡縮変更によっても、取り扱う領域の変更によっても等しく生じることである。

しかしながら、スケールを切り替えていることを承知していたとしても、不釣合いの感覚が忍び込むことは妨げられない。人類学者たちが互いに近視眼的だとか過度に総括的だとかと批判しあうときなどは、この感覚自体がある種の絶望をもたらす。個別的な事例も広範な一般化も、民族誌だけでも分析だけでも、臍《へそ》も地球も、[4] いずれも**充分**ではないように思える。しかし、何に対して充分とは言えないのだろうか。おそらく、分析や一般化や解釈をする知的能力に対して、要するに記述活動に対して充分ではないのだろう。[5] 同じように、モノグラフや理論といった最終的な成果は、それを生産するための労働に対し充分ではありえないように思える。概念化する能力は、それが作りだす概念を凌駕すると言えるかもしれない。

スケールの変更そのものが作りだしているように見える問題、つまり、より多くの情報を作りだすパースペクティヴの切り替えにおいては、同じだけの情報が失われるという問題を再度検討してみよう。実際、事物を見るための新しいスケールに合わせて情報が失われ、それに応じて新しい情報が得られるならば、情報の「量」は変わっていないことは明らかである。パプアニューギニア高地南部のウォラにおける工芸品・日用品について、ポール・シリトー（Sillitoe 1988）が書いた類まれな一覧表は、ひとつの社会全体についての標準的なモノグラフと同じ量のページに達する。言い換えるなら、分類、構成、分析、弁別といった同じような知的操作は、どんなスケールであるかに関わらず行われなければならない。パースペクティヴの変化は、まったく新しい世界を立ち上がらせるものの、一揃いの「同じ」知的活動を要請するのである。

視野の大きさは単純な例を提供する。近くから観察したひとつのものが遠くから観察した多くのものと同じくらいややこしく見えるとしたら、ややこしさ自体は変わらない。遠くから見ると個々の要素が多元性を作りあげているように見えるが、その個々の要素を近くで調べてみると、同じ様に包括的に取り扱う必要のある類似の多元性によって構成されていることがわかる。パプアニューギニアの高地と低地を比較する際には、高地の東部と西部や、高地南部とパプア山といった〔対比〕、そしてそれらのあいだにあるすべてのヴァリエーションを考慮に入れる必要がある。このスケーリングは、あたかも分節リネージ体系や系譜を取り扱っているかのように、ある種の枝分かれとして想像されてきた。そこでは、より多くを包含するパースペクティヴや、より遠くからのパースペクティヴが、派生的なものやより最近になって発生したものを含みこむとされる。しかし、スケールの切り替えの興味深い特徴は、より大きい、あるいは、より小さな集団に無限に分類し続けることができる点にではなく、すべてのレベルにおいて、同じ度合いの複雑さが反復する点にある。情報は繰り返し「同じ」度合いで立ち現れ、同じように複雑な概念化をひき出すのである。観念ないし概念は他の観念や概念との関係から相互に生み出されると考えられるかもしれないが、一方で、そのひとつずつがそれ自体に複数の次元をもつ完結した宇宙として、襞と複雑性を有しているようにも見えるのである。

これは、次元の重複の問題と言い換えられるだろう。言うなれば、細部が拡大されても情報の量は変わらないのである。

情報を量や数として想像することによって提起される釣り合い《プロポーション》をめぐる問いは、通文化的な比較についての問いを提起する。私たちがいま取り扱っているのは、自己永続的な複雑性のイメージである。私は、このイメージのいくつかの側面について、人類学的な議論との関連、そしてメラネシア文化と社会に認められる多様性との関連の双方から、検討しようと思う。しかし、このイメージは必ずしも完全に自己永続的ではない。人類学は、二〇世紀後半にはすでに、多元的な世界についての見方からポスト多元的と呼べるような見方へと移行している。私の説明もこの移行に倣ったものである。無数のパースペクティヴが生みだす増殖効果への気づきは、置換効果への気づきへと至り、そこでは、いかなるパースペクティヴも想定とは異なり、〔加算することで辿り着けるような〕全体的な眺望を提供することはできないことが感知される。ポスト多元主義の人類学は、遠近法《パースペクティヴァル》的であることをやめているのである[四]。

＊　＊　＊　＊　＊

知の対象や、探究の対象へのパースペクティヴの組織化としてスケールを捉えるなら、スケールはそれがどのようなものであれ同じように振舞うと言うことができるだろう。スケール上のいくつかの点が、完成された別個のスケールとして作用することもある。私は、領域の設定《ドメイニング》と〔視野の〕規模の設定《マグニフィケイション》という二つの水準を示したが、それらは内部の目盛を、すなわち現象のスケールがそれに沿って変化するような座標を生みだすものだった。ところが、人間の認知の一般的プロセスを補助する際に、これら水準自体がスケール上の諸点であるかのようにも振舞う。それゆえ、展開する知的活動の種類という観点からは、また別のパースペクティヴの水準や次元を付け加えることもできる。例えば、分析と説明を切り替えるというように。そして、この分析と説明というパースペクティヴのセットが、それらを包摂するひとつのパースペクティヴ〔すなわち記述〕を生みだし、今度はそこから領域設定と規模設定の二つのパースペクティヴが現れてくるのである。それゆえ、領域設定と規模設定〔とその区別〕は、私たちが自らの記述活動において、異なる種類の情報間の関係をどうイメージするかに意識的になるときに、はじめて明確なものとなる。通文化比較は、あらゆる記述活動の典型例となろう。

ここまでの議論に通底していたのは比較が何を必要とするかに関するいくつかの想定だった。それは、第一に、特定の事例から一般化を導く能力であり、第二に、興味深かったりそうでなかったりする相違点を示す能力であり、第三に、資料に関する抽象度の高い命題と抽象度の低い命題を提出する能力である。これらを空間的な序列化として捉えると、地理言語的なグリッド化に文字通り当てはめることができる。グリッドのそれぞれは、個々の文化や社会の相関を示した多種多様な地図上の空間と対応するかのようだ。一般化は、地区や地域からなる空間的な配置としての特性を帯びることになるだろう。一般化がひとつの地域のようなものだとすれば、相違は社会間の区切りとなり、〔抽象度の〕高い水準と低い水準の命題は遠さと近さのイメージを呼び起こすだろう。アン・サルモンド（Salmond 1982）がかつて指摘したように、地図作製のイメージは、分析とは何かを強力に描きだすものであり、領域設定と規模設定の両方の効果を備えている。「レベル」という口語表現も、それら二つを結び付けている。

〔抽象度の〕高低は、地域や地区のほか、分節的な分類や系譜におけるレベルとしても現れうる。分類法は、しばしば概念の枝分れや分岐として図像的に理解される（Thornton 1988a）。その際、ある種の系譜的な関係が祖先と子孫のイメージとして暗示される。ある類型が何かの下位区分とされるときのように、抽象度の低い概念は抽象度の高い概念について行われた操作の結果として現れるのだ。差異化が行われる「世代」に準拠して、包摂と排除のルールが任意の要素の場所（レベル）を、全体図式を生みだす原理との関係で決定する。したがって、これらの図式は系譜的な流れによって閉じられていると言えるだろう。概念の成分分析を行うことは、それぞれの単位をひとつの領域の一部にする原理を適用することを意味するだろう。ひとつの親族名称は、親族名称という分類の中の一員というわけである。

地図と分岐する系譜というイメージは、どちらもある恒常性を有している。前者は、上空から眺めた村や広場といったように、中心に位置する地点やエリアを必ず伴っている。どれだけその特徴が描きなおされたとしても、変わったのは観察者のパースペクティヴだけであり、中心は特定可能でありつづける。後者は、ある種の閉鎖性を伴っている。この閉鎖性は、初発の原理に基づいた特定の軌道のみが「系譜的に」可能だという限りにおいて、概念体系とその内的な変容可能性の範囲の限界を定めている。そして、一方において同一性の、他方において閉鎖性の特徴をさまざまに特定していくことが、現象を切り取るための相対的なスケールを提供するのである(6)。ところが、同一性と閉鎖性のどちらの恒常性も、通文化的な試みそれ自体の過程の中ではしばしば霧散してしまう。

近年のメラネシア研究から一例をとりあげてみよう。個別的な事例の検討から綜合的な配置を導きだそうという試みは、中心のある配置を維持できないという混沌たる状況に直面する。そこに地図はなく、ただ万華鏡のような終わりなき配置の変更があるのみである。この洞察は、例えば、明らかにつながっていないながら同時に分化しているパプアニューギニアの二つの諸社会（オク山と中央高地）を解明しようとする、同年に刊行されたフレデリック・バルト（Barth 1987）とデリル・フェイル（Feil 1987）の研究が出発点としたものだった。[7] 他方、一定の原理を適用することで社会の類型を析出しようという試みもまた、幻に終わりかねない。例えば、取引の組織化やグレートマンやビッグマンのようなリーダーの役割に影響を与える互酬に関する複数の原理は、一握りの事例を効果的に弁別するように見えるかもしれないが（Godelier 1986）、この弁別は必ずしも同一の「レベル」に留まるわけではない。後続する研究は、社会を明確に区別する諸原理が、個々の社会の内部で反復されていることを明らかにしている（Godelier and Strathern 1991）。結果として観察者には、パプア山周辺のバルヤを中央高地のハーゲンから分かつものが、イラヒタのひとつの集落におけるアラペシュ兄弟の年長者と年少者を分かつものとしても現れるのである（Tuzin 1991）。

釣り合いがとれないとの感覚がこれらの観察につきまとうならば、それは以下の二点に由来するといえよう。ひとつは、あれやこれやの文化や社会において特定の価値や特徴がどのような中心性を有しているのか、その差異が見たところランダムであること。またひとつは、困ったことに、同じ価値や特徴が多様な文化や社会のまったく異なるレベルで現れてくることである。

前者では、焦点や関心は、分析的な領域を横断しながら異なった仕方で現れる。後者では、現象の繰り返しは、文脈として考慮に入れる範囲の大きさに準拠しない。つまり、現象はスケーリングから逃れているように見える。人類学者が、データを体系化しモデルを作るために多大な労力を費やしながら、これらを解決することができなかったことを考えると、どちらも簡単に片づけられる問題ではないことがわかる。それどころか、これらが、それ自体文化的な現象として際立った興味深さをもっているといえよう。それぞれについて簡単に触れておきたい。

人類学者が自身のデータに対して行う統制の多くは、自身の採用している見方に肩入れして、それに代わるパースペクティヴを排除することに依っている。かくして、結局バルトとフェイルは、それぞれ異なった一連の要素を集中的に取り扱うことになる。バルトは宗教的な信念をオク山の人々を分析する際の中心に据え、フェイルは富の蓄積のための生産戦略を中央高地を分析する際の中心に据える。しかしながら、民族誌家による異なる選択は、両者のあいだの不釣り合いの感覚をもたらす。「宗教」や「経済」が分析的な領域であるならば、それらの地位つまり適用可能性は、データそのものとは独立しているはずである。分析者が、それらを用いたり、用いなかったりするだけの話しである。特定の社会であれやこれが「より多かったり」「より少なかったり」すると想定することは、論理的とは言い難い。ところが、しばしばこうした想定が、社会・文化的景観の特徴の違いが理解される際に暗示されている。分析的な領域の選択はローカルな諸活動によって説明されるものであり、何かが他の事項よりもただ詳細にわたって現れているのだというわけだ。オク山では宗教が無数のヴァリエーションをともなって実践されているため、富の生産に注目したときにはできないような仕方で、諸社会を弁別するのである。

不釣り合いは、関心の中心にあるはずのものが、安定しないときに立ち現れる。一揃いの社会にとって中心的、決定的に見えるものが、他では付随的、周辺的に見えることもある。結果、ある人々が彼らの生活の重要関心事だと考えていることと他の人々がそうだと考えていることのあいだのつながりに断絶や欠落が生じる。「ここでは土地保有」「あそこでは神話」というように。人々の関心が、人類学者の関心と釣り合いを欠いて現れることはありうることである。

しかし、〔人々の関心に対応した〕新しいパースペクティヴを導入したからといって、必ずしも釣り合いが回復するわけではない。パースペクティヴの考え方は、有機体から細胞、細胞から原子へ、あるいは社会から集団、集団から個人へといったように異なるスケールを移動すると、まったく新しい情報に出会うことを示唆している。だから、スケールの差異を超えて、同一のデータやパターンが繰り返す状況では、さらなる不釣り合いに襲われることになる。レナ・レイダーマンが、南部高地のメンディ社会における個人的な交換パートナーシップと氏族集団間の関係の結合を観察して、「対照的な人類学モデルが、人々のリアリティのうちで同時に現れているかのよう」(Lederman 1986: 65 強調省略) な状況を生みだしていると述べるとき、この不釣り合いが問題とされていた。つまり、人類学者が、例えばハーゲンに対するウィルといったように、この地域の諸社会を弁別するために作りあげてきたモデルが、単一社会内部での対比的な活動形式のうちで反復されているように見えることがある。メンディは財貨を「ハーゲン」に特徴的なやり方で展示するとともに、「ウィル」の支払いにおける喧噪とともに公衆の面前で分配するのだと、彼女はいう。

ある意味では、この反復は幻想である。なるほど、メンディが彼らの生活の異なったレベルをアナロジーで結ぶ仕方は、彼らの特有の象徴的実践の観点から理解されるべき、彼ら自身の差異と類似の認知に依拠しているのだろう。メンディの動機は明らかに人類学者のそれと同じではない。けれども、おそらく、彼らの技法は私たちのそれとそれほど異なったものでもないだろう。氏族の男性成員集団がもつ特徴はひとりの男の身体にも妥当するという、ニューギニア高地にひろく見られる換喩を思い起こしてみればよい。ひとりの男がその氏族の記述として完璧であり、氏族がひとりの男の記述としてそうであるならば、「同じ」情報がそれぞれのレベルで繰り返していることになる。緻密さの度合いを不変にしているように見えるのは、観察者／行為者の知的活動である。かくして、ひとつの「小さな」事物は、「大きい」事物と同じ量であると言うことができるようになるのである。

情報の「量」が一定であるということは、認知の強度が一定であるということである。ひとりの人間が分析されるとき、それは多数の人間から構成された氏族集団と同じくらい複雑である。しかし、象徴（換喩）的には不釣り合いには見えない場合でも、異なるレベルの情報とされていることが反復において混同されるときには、不釣り合いが現れる。もし氏族集団がひとりの人間との**対比において**複雑だと定義されるのならば、その二つは同型的には分析できない。排他的に定義されてきたはずの抽象度の低い弁別に、より抽象度の高い弁別が再び現れるときにも同様である。ビッグマン社会と対比されるグレートマン社会において、グレートマンとビッグマンの差異を見つけようとするべきではないというわけだ。

しかし、ここで驚いてみせるのもまた素朴すぎる。特定の理論的関心や説明図式は吟味されるデータの水準に関わらず有効であると想定できるのかもしれない。事実、人類学の外に目を向ければ、歴史学者の「小さな歴史」には、個々人の生やローカルな世界に焦点を当てることが、社会的変化や文化的動機についての一般的な問いを避ける理由にはならないとの批判がむけられてきた(Christiansen 1988)。「小さな」データをめぐって「大きな」問いを立てることが可能ならば、大小の差異は消えてなくなる。大小の差異が元どおりになるのだとすれば、それはパースペクティヴやレベルを修復し、それに付随する記述の部分性の感覚を取り戻すことによってのみ、成されるのである。

私は、西洋の多元主義的な文化生活が示す柔軟な組織力の所産として、類似のパターンが異なるスケールにおいて繰り返し立ち現れることを明らかにしたい[8]。しかし、これは独自の新しい認識も生みだす。無数のパースペクティヴによる相対化の効果は、すべてのものが部分的であるように見せ、類似した命題や情報のかけらの繰り返しは、すべてがつながっているように見せる。私は実験的な企てとして、モノグラフを組み立てる際に、このポスト多元主義的な認識を人工的に再現した。部分的なつながり《パーシャル・コネクションズ》は、包括的な原理や核となる中心的な特徴を探しだすように要求する分類学や配置とは異なるイメージを必要とする。当然ながら、このイメージは系譜や地図の形態をとることはない。

＊　＊　＊　＊　＊

長いあいだカオス理論のあまりよく知られぬ分野に属していたフラクタル図像は、近年急速に文化的浸透力を獲得してきた。英国では、業界紙『タイムズ・ハイアー・エデュケーション・サプリメント』が、異なる主題を扱った書籍の書評に、ある書籍からフラクタル画像を引用している（一九八八年九月三〇日、一九八九年八月二五日など）。全国紙『デイリー・テレグラフ』の週末版は、夏の企画号で「カオスの図柄」を掲載し、リーズで開催された数学の普及を目的とした展覧会について特集している（一九八九年八月一二日）。マンチェスター大学の社会人類学科の廊下を歩いているときには、挨拶を交わしたアフリカ研究者がジェイムズ・グリックの『カオス』を手にもっていた。

どんな規模のスケールにおいても同じモチーフが反復されるあの渦巻きと内施の自己相似的な形状は、視覚的にきわめて魅力的である。雲の渦巻きにせよ、木の幹や枝の分岐にせよ、維持されているのは、形式の目の眩むような緻密さである。これらのフラクタル図像は地図や系譜の様式を描くこともできるが、それらは中心のない地図であり、世代の無い系譜である。見る者の目を奪うのは、反復、完全な複製ではない反復である(9)。

おそらく、最も有名な例は不規則に刻み込まれた海岸線だろう。大きなスケールの地図を見ても、それぞれの入江や砂浜の岩を調べても、スケールは変化するが不規則さの量は変わらない。まるで、海岸線の長さが増しても、それが取り囲む面積は増えないかのようである。二つはぴったりと重なり合わない。むしろ、グリックのいうように、不規則の程度は空間を占める対象の効率と相関している。これは、数学者によく知られているコッホ曲線(五)でモデル化されている。グリックを引用しよう。

単純でユークリッド的な一次元の線はまったく空間を埋めることはないが、無限の長さが有限の領域にぎゅうづめになっているコッホ曲線の輪郭は、たしかに空間を埋める。それは、線以上なのに面には足りなく、一次元以上なのに二次元の形式には足りない。

（グリック 一九九一：一七七）

私たちは、不規則さの量を細部の量と考えるだろう。そうすることは、先ほど観察した現象を思い出させる。細部を見ようと倍率を上げても、彼／女が観察していることから人類学者が引き出せる情報の量は変わらない。つまり、観察行為が、形式の増殖の恒常的な背景でありつづけているのだ。

本書の目的にそって、いくぶんドライなイメージに立ち入ることとしよう。カントールの塵についてのグリックの解釈である（六七頁の扉を見よ）。それは、私たちに空間的な地図や類型的な領域化を想像させる、まったくもって無味乾燥な分節体系の類のように見える。しかし、これは通文化的なデータを地図上に位置づけるための座標のモデルを提供するものではないし、そうしたデータを整理するための生成原理ないし組織を示唆することもない。それが描くのは、反復される変則ないし間欠性であり、電話技師が電気的な伝送に見いだすようなものである。連続的な信号は、たびたび中断されるが、その間隔は不規則である。中断はまき散らされており、それ自体、連続的ではない。ここから、ひとつの示唆に富む特質を借りてこよう。

通文化的な比較に関心のある人類学者が、スケールやスケール上のいくつかの点といった［その都度］異なるレベルを彼や彼女の図式に導入することができるのは、比較や差異化を相対的に抑制しているからである。つまり相対的な意味で、パプアニューギニア諸社会においてハーゲンとギミの違いは、高地と低地の違いやメラネシアとポリネシアの違いと同じように重要でありうる。有意義性は緻密さの水準に依拠している。あるひとつのレベルでの連続性、例えば、ハーゲンとギミは共にイモの栽培と豚の飼育に基づいた高地社会に属しているというような連続性は、また別のレベル、はじめのレベルと区別され必然的にそれに続くことになるレベルでは、意義を失うことになる。農業のやり方を詳細に検討するならば、儀礼のためにギミが捕獲する少数のブタは、ハーゲンの人々が育てる大規模な群れとは大きく異なっているように見える。かつてギミは捕獲した有袋類の代わりにブタを使っていたのであり、ハーゲンは輸入された貝貨の流通を支配するためにブタを用いていたという事実によって、この対比には土地固有の力点が与えられる。このようにして、それぞれのレベルにおいて、差異化の水準の釣り合いは観察者によって維持される。

同時に、地域全体を扱うときでも小さな集団を扱うときでも、相関する諸変数についての複雑なモデルを用いるときでも単一の事象の展開を分析するときでも、これら複数のスケールを横断する単純にして不変なものがある。それは、差異化するという当の能力である。類似性と差異の知覚の強度は、スケールがなんであれ、人類学的な説明の**等しく**重要な部分である。それはまた、〔研究対象となる〕行為者たちの志向においても同じように重要な役割を果たすように思われる。

結局のところ、差異化は抑制されることなく蔓延《はびこ》ることになる。緻密さの水準とは無関係に、有意義性はそれ自体それぞれのレベルにおける区分の不変の背景として現れる。それならば、比較や差異化という活動それ自体が、〔カントールの塵のように〕自己相似的に複製を繰りかえすパターンをもっていると、イメージすべきなのだろうか。こうした言い回しをすると、観念が自らを生みだすという考えに対してよくなされるような冷笑をひき寄せることになるだろう。それならば、この主張をデータによって裏づける代わりに、この主張にもとづいてデータを作ってみようと思う。

もっともよく見られる関係性として、人類学者が研究対象にさし向ける問いと、それに対する答えの組み合わせを考えてみよう。そこに終わりがないことは私たちが良く知るところである。答えが新しい資料や洞察を生みだすのならば、それは問いを発する者が未だ手にしていない知識に依拠していることになる。例えば、イニシエーション儀礼の有無を考えるために必要とされる資料は、私たちが儀礼そのものについて知っていることを凌駕している。婚姻をめぐるいくつかの活動をある種のイニシエーション儀礼と考えたり、儀礼の効果についての信念やジェンダー表象について考えたりすることを要請されるのかもしれない。そしてこの過剰さは、おそらくは、はじめの問いを色あせて見せるような新しい問いを生みだすことだろう。じっさい私たちは、はじめの問いに答えを与えることに煩わされるのをやめてしまうかもしれない。新しい問いがあまりにも魅惑的に映るからである。答えと結びついた問い、新しいポジションを生みだす古いポジションは、私たちが背後に置き去りにするポジションに変化する。振り返ってみれば、イニシエーション儀礼についての問いは、社会の再生産、合理性や家父長制といったより広範で（同時に）より的確と見なされるような一群の問いの、単なる下位部分になってしまうがごとくなのだ。

　それぞれの局面で答えが要求するよりも多くの何かが生みだされるならば、そのより多い何かはある種の「残余《リメインダ》」、残された資料として作用する。その残余は当初の問いに対する答えに収まらずに、更なる答えを要求する更なる問いを発することで、当初のポジション（問いと答えのセット）を包み込み、あるいは下位分割することになる。あるいは、こう言ってよければ、残余は私たちの理解に新しい裂け目《ギャップ》を生みだすのである。

　グリックが作りだしたカントールの塵の図像[六]は、小片の疎らさを増やしていくイメージにも見えるが、むしろ空白《ギャップ》を開いていくイメージである。それは、分節的なモデルとは異なっている。各レベルが、単体の自己分割や自己複製のように、既存のものの差異化や対立化によって二つの個別部分をつくりだすことで生みだされているわけでも、このモデルが二進法におけるオン／オフを表現しているわけでもないからである。むしろこの図像は、間欠性の断続的な性質に注意を促す。この塵について注目すべきは、点の爆発的な増殖を作りだすための指示である。なされているのは間に入る部分の除去だけであり、それによって「余白」や「背景」が表出する[10]。隙間がより多くなると、点はより多く、まばらになる。ところが、結果としてどんなに数が多くなり、分散的になっても、点は決して最初のレベルが含みこんでいた量を超えることがない。そして、どんなにまばらであったとしても、決して最初のレベルが伝達することができる複雑性を失うこともない。それぞれの点が更に中断されうるからであり、情報が失われる度に、同じだけ情報が増えるからである。

認識できる情報の量それ自体は増えることも減ることもない。細部の増殖ないし差異化は、単に情報に対する知覚を増大させるのである。この増殖に関わっているのは何だろうか。

中間部の消去と背景の出現によって作られたすべての実線には、それ自体にも同じ操作が繰り返されることになっている。だから、どの実線も決して実線としては「存在」しえない。これが伝送における突発的なエラーではなく、人間が自分たちの思考について思考するやり方だとしたら、実線のような思考など存在しないということをすでに知っていることこそが、指示の増殖をもたらすのだろう。例えば、語りの志向性の頑強さに対抗するのは、観念を反復し、概念を飛躍させ、そしてそれらの可能性を予期するようにみえる書き手の能力である。カントールの塵に添えられた指示は、〔人類学者の〕議論に明らかにランダムな亀裂が走っていること、そして、にもかかわらず、そのことによって語りを組織化していることについてのイメージを提供している。このイメージは、すでになされた議論／主張の結果が何であれ、なおその上に議論／主張が反復される可能性があるという点において、常に決定的な残余が存在していることを知らせているのである。

裂け目《ギャップ》そのものだけでなく、それらがどのように知覚されるのかを考えるならば、この図像＝イメージが、そのイメージ化《イマジネーション》の作用として、自己自身の残余を含み込んでいるという点に、残余効果を認めることができる。グリックがカントールの塵について説明しているように（彼の説明は六七頁を参照のこと）、この図像の見たところ自己準拠的なスケーリングは、ただ反復される一連の指示によって、つまりすべての新しい指示がひとつ前のものから引き継がれることによって生みだされている。情報の亀裂の間欠性や不連続性は、空間と時間における裂開のパターンとして継時的形式性をもって配置される。指示そのものが、それ自身の残余効果をもつことになるのだ。あなたは、常にその手順を反復する可能性とともに残される。つまり、いままさに作られたパターンに加えて（そして、そのパターンの**中**に含まれて）あるのは、パターン化が繰り返し発生するのだという更なる知識である。実際に順次反復されるのは、この知覚の強度である。量が増減することなしに、「より多くの」背景が露わになる。パターン自体は、類似することなく規則的だったり、規則性をもつことなく類似していることもあるだろう。反復や増殖に必ず伴うのは、まさにパターンの拡張可能性なのである。

指示の繰り返しとして反復を捉えることは、生命体の成長のあり方についての今日の一般的な理解となっている。その効果は、すでに裂け目《ギャップ》が存在している語りのなかに更なる裂け目を作っていくことにかなり類似しているに違いない。この効果を作りだすことができると仮定してみよう。考えや議論は、しばしば「流れ」と捉えられる。書かれた言説は読者を一連のポジションへと連れだし体験させる。通文化比較において提示される異なる社会や制度が、あちこちに飛ぶようなポジションの変更をもたらすときでもそれは変わらない。読者がテキストを読み進めるとき、その旅程に費やされる時間は、この行為にある種の経験的な統一性を与えるのだ。しかし、この統一性や流れや移動の感覚は、同時に、予測不可能で不規則的な断絶《ギャップ》、並置、飛躍から成り立っている。だから、語りの推移が連続的に見えたとしても、モノグラフ、パラグラフ、一文一文をより詳細に吟味すればするほど、内的な不連続に気づかされることになる。これは、面の接触についてよく知られた、次のような逆説を想起させる。

タイヤの溝とコンクリートの接触もその一例なら、機械の継ぎ目や電気的接触などもその例だが、表面どうしの接触部分は、意外にも接触している二つの物質からまったく独立した、別個の性質をもっているのだ。それはでこぼこな面に接触しているでこぼこ面のそのまたでこぼこのフラクタル性に依存する性質なのである。表面のフラクタル幾何学の、もっとも単純でもっとも強力な結論の一つは、接触し合っている表面どうしが、決して全面にわたって隙間なくぴったり接触しているわけではないということだろう。さまざまな規模の凹凸があるせいで、決して全面的に完全な接触はできないのだ。〔……〕二つに割れた茶碗のかけらを合わせたとき、大きな規模で見ればいかにもちゃんと合わさっているようでも、実は決して完全にぴったりくっつけることができない道理なのだ。つまり微小なスケールのところでは、表面のでこぼこがどうしてもぴったり合わさらないのである。

（グリック 一九九一：一八六―一八七）

極小のスケールで肌と木が接触していなかったとしても、しっかりと道具を握ることはできるだろうが、接触していないということを知ることは、説明すべき何かがあるという感覚を生みだす。確実であることはそれ自体で部分的であることに思えるし、情報はそれ自体で間欠的であるように思える。答えはもうひとつの問いであり、つながりは断絶《ギャップ》であり、類似は差異であり、それらの逆もまたしかりである。どこに目を向けても、表面的な理解の下に断絶やでこぼこが隠されているという認識がまとわりつく。

ここで筆者は、本書の各セクションのあいだにある距離や断絶の間欠的な効果について明らかにしようとしている。それらは、議論そのものの展開（空間を埋めること）から生じるものである以上、不規則で予測不可能である。同時に、議論に入り込む亀裂の複雑さが〔スケールにかかわらず〕一定に保たれるため、釣り合いを問うことは不適切となるに違いない。かくして、議論や例示の「量」はそのポジション、つまりそれが占める空間に依存することになる。結果としてこの試みは、民族誌的説明を構成する各部分のあいだの内在的つながりを示すという、通常の主張のオルタナティヴとして提示されるのだ。しかし本書の試みが、現実世界の論争を活用しているのも確かである。

筆者は本書で、民族誌を書くことをめぐる人類学における近年の議論、それに伴う新たな処方が通文化的比較をどの程度促し、また妨げるのかという問いを、主題として選んだ。これらの議論は、ここで一連のポジションと想像されている。それらのポジションは民族誌的な素描からなり、現代人類学のいくつかに見られるステレオタイプの文化的な説明を提供している。ポジションとカウンター・ポジションのそれぞれは、あたかもそれ自体がポジションとカウンター・ポジションによって構成されているかのように提示される（ここでいう「カウンター・ポジション」は、対応関係にあるという意味であり、必ずしも相互に対立しているわけではない）。全体は、人為的に「自己準拠的なスケーリング」として構造化されている。最初の裂け目《ブレイク》に目を向けると、喚起としての民族誌的な記述はコスモポリタン的、多声的、多文化的な現代世界の記述へと飛躍する。これらの二つのポジションは美学とレトリックへの傾倒という点で共通しているが、続いてそれが、権力と利害の構造に関心をもっていた研究者からの異議申し立てを誘発している。フェミニスト研究や比較人類学がその例といえるが、それぞれは互いに他方のカウンター・ポジションでもある、等々。ポジションの並置のひとつずつが、それに先立つポジションが残していった思考から生みだされているのだ。

なるほど、このテキストの読み手となるような人間主体を中心に据えるならば、これらのポジションを前に後ろにと見渡すことができるこの主体が、そこにある裂け目《ギャップ》を、横切った地面、既になされた旅とみなすだろうことは、もっともなことである。確かに、旅の隠喩であらゆる知的活動を説明することが、近年、文化的に際だった現象となっている。カオスの図像がそれに代わる可能性もあるだろうが。しかし書き手はといえば、技巧への信頼という幻の前に、敗北を味わされることになる。実に、おなじ論題と議論が予期せぬかたちで、意識的な予測がほとんどまったく統制できないところで、不気味に繰り返すのだ。このデジャ・ヴュの感覚は、〔旅よりはむしろ〕ある文化的な母体《マトリックス》に住まう感覚であるともいえるのかもしれない。

＊　＊　＊　＊　＊

技巧の種明かしは、ひどく人を苛立たせるものになりかねない。まるで複雑さが、複雑さのためだけに作られたかのように見えることだろう。読者や解説者にとっては、自力で技巧を解読できた方がよほど満足いくに違いない。技巧の解読は、研究対象の人々自身による説明を分析する際に人類学者が実際に「している」ことであり、また近年では、前世代の人類学的記述を精査してそのリアリズムが隠してきた技巧を暴露することが、満足の源となってきた。

本書の試みは、文化的資料を人類学的に組織する際に繰り返したち現れてくる、平凡だが充分に現実的な問題に根差している。筆者が心から望んでいるのは、これらの扱いづらくしつこい問題が、文化的に興味深い現象と思われるようになることである。読者が技巧を超えた何かを明るみに出してくれることを望むことでしか、私はこの問題を位置づけなおすことができない。その何かは、おそらく、本書の配置をかき乱すような思いがけないつながりのうちにあり、したがって私が語ることのできなかった何かである。そして、そのつながりは、本書のなかにある裂け目《ギャップ》に目を向けさせるだろう。

部分的つながり（新版への序文）

この序文は、ちょっとした混乱をもたらすことになるだろう。[七] 本書は「人類学を書く」実践であり、そのタイトルは『部分的つながり』である。そして「人類学を書く」といういわば二つめの「タイトル」のもとで本書について説明したのち、ほぼ同じ分量の二つの部分に分かれ、「人類学を書く」と題された最後の小セクションで結ばれている。しかし、これらの分岐はつねに釣り合いのとれないものだったのだから、ここにまたひとつの「部分的つながり」を補足的に挿入して、この本がいかにしてこのような形式をとることになったのか、なぜそれが依然として興味深いといえるのか、さらにいえば、なぜ一九八〇年代後半という時間的枠組みに保存するのがもっとも相応しいといえるのかについて、省察する機会としよう。本文に加筆訂正をほどこすことはしなかった。

この戯れの背後には、ある目的があった。筆者は、人類学にとって問題になるのは資料の不足ではなくむしろ豊富さであるという考えに、しばらく圧倒されていた。『贈与のジェンダー』(Strathern 1988) の冒頭の数頁でもこの同じ点に触れている。この論点はのちに、望ましくないイメージをモノグラフから取り除くことをめぐる問いへと至るものの (Strathern 1999: 45-6; cf. Munro 1992)、資料が豊富であるばかりか過剰でさえあるとの筆者の感覚は、当初の通り一遍な取扱いでは充分に向き合うことができないものだった。当時、研究者も大学も、生産する情報の量を倍増しなければならないとされる時代だった。ただ研究するだけでなく、研究者が自分自身について、そして自らの研究活動について幾重にも記述を重ね、アカデミック・パフォーマンスの監査に備えなければならなかった。しかし研究の内実とパフォーマンスは通約できるものではなかった。情報発信の要求が新たな重荷とみなされたことは驚くべきことではないだろうが、その過程で、データを加えるのではなくむしろ減らすことに解答を求めるほかないという新たな認識が生みだされたことは、驚きだったといえるかもしれない。それでは、データとの関連で、あるいは解釈との関連では、過剰さの認識はいったいどこに由来するのだろうか。この問いには、さまざまな仕方で応じることができる。監査と新しい説明責任の要求によって生みだされ、また内向きの再帰性にも映しだされるような信頼の危機が、研究者に既存の領域の境界を越えることを促し、これまでのやり方では対応できない対象と直面させている、というのもひとつの答え方である。しかし、過剰さは常に解釈実践の核心にあったのだという人もいるだろう。

解釈とは、何かに的を絞るために多くの意味を捨てることであるに違いない。ウィーナーは、著名なヨルングの芸術家であるナリッツィンがハワード・モルフィに対して述べた説明によせて、次のように述べている。「芸術作品を解釈するという難題に直面したモルフィに対して、ナリッツィンは次のように説明した。解釈とは、意味を増殖させるような枠組みを工夫してつくりだすことよりはむしろ、私たちの想像力が意味にとらわれるのを**拒絶する**ことである、と」(Weiner 1995: 5)。けれども、この擬似的な数量化それ自体も捉えどころのないものである。ウィーナーは、意味には確固とした単位がないのだから、芸術活動の社会的な効果と力を測ることができないと付け加えている。ところがその一方で、解釈実践のなかには、おそらく人類学的な営みもそのひとつといえようが、人々が自らする解釈の試みとそれを理解しようとする試みとを**釣り合わせ**《マッチ》ようとする、明白な欲望に基づいているものが確かに存在する。そのような欲望は、解釈がどのように充分であるのかを誰かに問われるという日常的な場面のたびに、浮かびあがってくる。分析的な企てにおいては、不充分さは解の未決定性と見なされるかもしれない。だから、常に「より多くの」データを取り入れる必要があるとされ、解釈や分析のための「より多くの」努力が要求される。かくして、私たちが自らにさし向ける分析的な課題が、私たちの手元にあって活用できるデータの量や複雑さに見合っていないように見えたり、反対に、データが理論的野心に対し充分でないように見えたりするのだろう。これが、『部分的つながり』で探究される論点である。

＊　＊　＊　＊　＊

筆者にとって、右に述べたことにはとても現実的な側面があった。メラネシア研究とフェミニスト思想を綜合する企てとして、――したがって全体を見渡すという自惚れをいくぶんかもって――『贈与のジェンダー』を書き終えたとき、これらの領域からは依然として多くの著作が産出され続けていた。そこでは参照文献の範囲を一九八五年までに出版されたものに限定することとしたが、しかし執筆中にも文献は山のように積みあがり、注意を払うことを要求していた。そこには当然『文化を書く』（クリフォード、マーカス 一九九六（原著 1986））も含まれていた。『部分的つながり』に結実することになる初期の試みを促した二つの招待講演（一九八七年と一九八八年）では、参照文献の焦点を一九八七年に再設定した（一つ二つは一九八八年や一九八九年の文献も紛れ込んでしまったが）。一九八七年は、グリックによるカオス理論の一般向け書籍が世に出た年であった。『贈与のジェンダー』が、数十年に及ぶメラネシア研究や関連文献を容れるある種の囲いを作ろうとする試みだったとすれば、『部分的つながり』はむしろ句読点《パンクチユエイション》のようなもの、つまり一九八七年に「捉えられた」瞬間だと、当時の筆者は考えていた。

おそらくここにも、単なる戯れ以上の興味深い点がある。『部分的つながり』の冒頭の段落で示した問い、つまり、人類学的な企ての二つの次元が、一方が他方を決まって相対化し、一方が不充分であることが他方を豊かにするのだとしたら、この二つの次元の均衡をどのようにとればよいのかという問いである。均衡をとるためには、双方に同じように力を入れることを可能にする通約的土台が必要だろう。筆者は『贈与のジェンダー』をもったいぶった絶望で締めくくった(e.g. Strathern 1988: 329)。いくら均衡を保って書こうとしても、英語に備わったジェンダー像の非対称性を変えることはできないだろう、と(ジェンダーを示すことは、常に不平等に重要性を割り当てることのように思えた)。問題の大部分は、予期していなかった方向へ言語というものが逸れていくことに関連しており、つまりは「人類学を書く」ことにつきまとう問題である。さらに私はデータの「サイズ」についても神経を尖らせてもいた。『贈与のジェンダー』の批評者たちは、私が男(すなわち暴力を)を充分に大きく取りあげていないことに不満を述べていた。では、大きかったり小さかったりするのは何なのだろうか。データについて投げかけられる問いは、当然ながら、人類学者が「スケールが大きい」とか「スケールが小さい」と範疇分けする、社会についても投げかけられる問いでもある。人類学者は、自らに常ひごろ言い聞かせていることに反して、最終的には不均等に重要性を割り当ててしまうのだ。

筆者がほんとうに絶望していたのは、比較という企てを成し遂げることができなかったという点においてだった。綜合は、「比較」という課題を取り除いてくれたわけではなかったのである。『部分的つながり』は、比較の単位をめぐる問いを精査することができるような、一連の事例を組み立てる試みである。先行研究では、民族誌はしばしばイニシエーション儀礼に焦点を当てていた。そのとき人類学者は、正確には何と何を比較していたのだろうか。これは人類学者にとっては古い問いである。というのも、人類学者はかつて通文化的に見いだされるアナロジーやホモロジーに関心をもっていたからである。もしそのような儀礼が、例えばハーゲンにおいて「不在」であるならば、それは本当にそこにないのだろうか、それともそこでは何か違う形態《フォーム》をとっているのだろうか。実際、ある特徴の存在や不在はどんな意味をもつのだろうか。何が暗示的で何が明示的なのかについて、あるいは、何が隠されていて何が可視化されているのかについて、考えるべきではないのか。例えば、分析のポジションを変化させることで、失われたり隠れたりするものは何なのか。これらすべては検討に値すると強く感じられるひとつの論点、つまりスケールをめぐる問いに行き着くように思われた。アナロジーについての判断だけではなく、釣り合いについての判断もまた、データの組織化がどのようにおこなわれるのかを左右する。そしてこれが、「部分的な」つながりを思考可能にするサイボーグの言語をダナ・ハラウェイが導入した契機だった(八)(部分的であることは、「全体の一部としてではなく、何かとの」つながりとしてのみ作用する。部分はそれ自体でひとつの全体であるからだ。ウィーナーが記述しているフォイの男の家が一例となる(Weiner 1995: 7)。それが分割されるとき、どの部分も男たちの全体空間となる)。ハラウェイのセミ・マシーンは、コラージュ、モンタージュ、断片化をめぐる当時のあらゆる議論、言語に絶する多様性の再発見といったありきたりな語りよりも、ずっと筆者の役にたつものだった。加えて、彼女は引き算が足し算と同じ効果をもつレイヤー化に関心をもっており、それは「パースペクティヴの」移動を可能にするものだった。彼女のヴィジョンは、私が部分化可能性《パーティビリティ》と呼んでいたものにとても近かった。部分化可能性とは、人格の断片化やそれに伴う他者を通じた再帰的な自己認識のことではなく、全体の半分をペアの片割れにする**社会的な**論理のことである。全体の喪失を思わせるような不意の予期せぬ（それゆえ痛ましく哀れな）分断ではなく、「サイズ」の意図的な割り当てによって、筆者は実験をしてみたかったのである。

そのためにとった戦略は、情報や議論の流れを止める、つまり「切断する《カット》」ことだった。これから続くテクストのセクション毎の区切りは、切断であり脱落である。〔切断の〕両側に類似のテーマを見つけることができるが、互いに加算されることはない。筆者にとってカントールの塵は、それぞれのセクション（あるいは二つのセクションからなる一組や、本の半分）の分量を一定のサイズにするための人工的な装置だった。足し算も引き算も、複雑さを減少させることはない。サイズは、文字の数ではなく、知覚の効果に他ならないのである。筆者が望んでいたのは、結果的にメラネシアについて比較している部分が理論についての部分と同じくらい「大きく」、また逆もそうであるようにすることだった。この技巧の採用は、私たちが意識していないときに実際には何をしているのかを目に見えるようにするためのものだったのである。

何が手元に残されただろうか。どんな分析も記述も、完結することはない。本書で順次新たにはじまるセクションは、（あえて）ひとつ前のセクションの一要素から出発している。後に筆者は『アフター・ネイチャー』（Strathern 1992）で、この欧米的で散漫《ディスカーシヴネス》な論の運びの効果についてさらに議論を展開し、それに「メログラフィック〔merographic〕」という形容詞を与えた（メレオグラフィック[九]といえる部分／全体関係とは無関係な、新しい術語を必要とする現象があった。それは、ひとつのものののどの部分も他の何かの一部でありうるという事実である）。ここで注意を促しておきたいのは、このメログラフィックなつながりをメラネシアの資料を組織するために用いることができるものの、それを私たちは欧米のパースペクティヴから行うことになるということだ。メログラフィーは欧米の生活を特徴づける組織化のありかたであり、メラネシアの装置ではなく欧米の装置である。だから、少なくとも欧米人にとっては、この概念は分析ツールとして一定の価値をもっている。しかし他方で、筆者は〔メログラフィックな〕「部分的つながり」という表現が、例えば「人類学を書く」という表現と比較して、より多くのことを、あるいはより少ないことを言っているとは考えていない。本書で「部分的つながり」は、分断を通じた関係、つまり明らかにつながっている資料を切断することによって生じる関係を指している。

『部分的つながり』の執筆は、後に『アフター・ネイチャー』へと結実する一九八九年の複数の講演と同時期に行われた。そこでは、他の事柄とともに、西洋人／欧米人を西洋の「個人主義」に行きつかせたある種の数学の検討がなされている。しかし、ここでは数学よりも「数の隠喩」の方がより正確な表現であろう。フラクタルへの関心の背後に数学的な知識がなかったのは確かである。この探究に勢いを与えたことのすべては、社会関係のふるまいとそれを記述する作業について、筆者が知っていたことに由来していた。加えて（差し引いて）、『部分的つながり』での企てが、記述の基盤として、論点の流れを非線形的な展開として上演、ないし意図的に製作する試みであったことを、述べておきたい。

＊　＊　＊　＊　＊

『カオスの秩序について——社会人類学とカオスの科学』（Mosko and Damon 2005）の序論でモスコは、しばしば人類学者たちは自然科学で発展してきたカオス理論にインスピレーションを求めてきたものの、理論のいくつかの選択的な部分とのアナロジーに頼りがちだったとの指摘をしている。本書ほどこの指摘が当てはまるものはないだろう。アナロジーに限界があることについては、筆者の単純なアナロジーと、エグラッシュ（Eglash 1997; cf. 1995）がバマナの砂占いを分析するときの洗練されたカントールの塵の活用とを比較するだけで充分だろう。〔ところが〕興味深いことに、エグラッシュも、理論を展開することとアナロジーを描くことのあいだの分割そのもの（彼は数学と文化の対比を用いている）が、分割されたそれぞれの内で反復していることを描き出しており、筆者が序論「人類学を書く」で提示した分析的な現象を捉えている。この種の対立は、データを一度きり「切断」するのではなく、むしろより小さな（より大きな）データの断片のなかで、異なるスケールを横断しつつ増殖する。このことは、筆者が分析と解釈と理論を、「データ」（あるいは通文化的な比較）からひとまとめに切り出したかのように扱った一方で、分析と解釈は理論化から分離することができ、更に分析は解釈から分離できるのが明らかである点にも例示されている（e.g. van Meter 2003）。興味深い現象は、データに対する、あるいはデータの扱いに対する認識のあり方が類似している場合に、いつも同じ分割が行われる点であろう。そしてもちろん、それぞれの切り分けにおいて、以前は一部分であったものが、どのようにしてかつて全体が占めていたのと同じ量の空間を占めるようになるのかという点にあるのだろう。

デイモンとモスコが論集を編むきっかけとなり、またその土台の多くを形づくったのは、遡ること一九九二年のアメリカ人類学会の研究大会で彼らが開いた分科会だった。その分科会は人類学においては、明らかに先駆的なものだった（同じ年のアメリカ社会学会では、オブライエン（O'Brien 1992）が、ホログラフィック理論と文化の集合性について話していた）。とはいえ、当時、予想外の方角からのさまざまな越境もみられ、私もそのいくつかに出会っていた。例えば、一九八九年のイギリス貴族院において、ヨーク大司教はマンデルブロ集合を用いながら胎児の発達について徹底的に論じていた（Strathern 1992: 144-7）。一九九〇年代初頭には数学者のエイブラハムが、経済学や「社会科学」といった、自然科学の外部にある諸学を横断する動的システムを追跡していた（http://www.ralph-abraham.org/articles/titles.shtml,#74,76,83）。彼は、ハラウェイ（Haraway 1985）、エグラッシュとブロードウェル（Eglash and Broadwell 1989）、ワグナー（Wagner 1991）を参照し、数学者の立場から「人間のフラクタル」について解説している（Abraham 1993）。（彼はまた、迂闊にも、あまりにも多くの筆者の論考に言及しているが、『部分的つながり』と「一本足のジェンダー」

(Strathern 1993）に限定すべきだったろう)。また後に筆者は、台湾の同僚たちに紹介されたカオスに関するカリブ海地域の文献に当たっていたならと、思ったものだった（Baker 1993; Benitez-Rojo 1997)。

しかし、これら予期せぬ越境に線型的なところは何もない。あれから一〇年が経ったいま、『アニュアル・レヴュー・オブ・アンソロポロジー』には、通約不可能性（Povinelli 2001）や複雑な適応システム（Lansing 2003）についての魅力的な論考が掲載されている。〔しかし〕彼らの文献表はここに組み込んだ著作にほとんど触れておらず、せいぜいのところ一、二点にすぎないのである。

＊　＊　＊　＊　＊

オセアニア社会人類学会と、学会出版編集者のラモン・リンドストローム、会長のジョエル・ロビンスによるご厚意に多大なる感謝を表したい。当初の執筆動機が「人類学を書く」ことをめぐる問いにあったので、この序文も初心に忠実であろうと努めた。この問いをスケール・アップして、人間の条件や普遍的な認知過程、あるいは生の言語に絶する側面について何ごとかを主張してみせるようなことはしなかった。これらについていえば、主張するなどおこがましい限りである。それよりむしろ、自らに課した小さくて大きい作業こそが、喜びを与えてくれるのだと言いたい。当時の自分がしていたことを楽しんでいたのには多くの理由がある。そして当時の熱中そのままをここに残した。

二〇〇四年一月

マリリン・ストラザーン

＊　＊　＊

Abraham, Ralph. 1993. Human Fractals: the Arabesque in Our Mind, *Visual Anthropology Review*, 9: 52-55.

Baker, Patrick L. 1993. *Centring the Periphery: Chaos, Order, and the Ethnohistory of Dominica,* Montreal: McGill-Queen's University Press.

Benítez-Rojo, Antonio. 1997. *The Repeating Island: The Caribbean and the Postmodern Perspective*. Durham: Duke University Press.

Eglash, Ron. 1995. Fractal Geometry in African Material Culture, *Symmetry: Culture and Science*, 6: 174-77.

———. 1997. Bamana Sand Divination: Recursion in Ethnomathematics, *American Anthropologist* 99 (1), 112-122.

Eglash, Ron, and P. Broadwell. 1989. Fractal Geometry in Traditional African Architecture, *Dynamics Newsletter* 3 (4): 4-9.

Lansing, J. Stephen. 2003. Complex Adaptive Systems, *Annual Review of Anthropology*, 32: 183-294.

Mosko, Mark and Fred Damon, (eds.). 2005. *On the Order of Chaos: Social Anthropology and the Science of Chaos*. New York:

Berghahn Press.

Munro, Rolland. 1995. *Disposal of the Body: Upending Postmodernism*. Proceedings of the Standing Conference on Organizational Symbolism, University of Lancaster.

O'Brien, John D. 1992. The Reality of Cultural Integration: A Constrained Holographic Theory of Collectivity in Culture. Paper presented to the American Sociological Association, Pittsburgh.

Povinelli, Elizabeth A. 2001. Radical Worlds: The Anthropology of Incommensurability and Inconceivability, *Annual Review of Anthropology*, 30: 319-34.

Strathern, Marilyn. 1988. *The Gender of the Gift: Problems with Women and Problems with Society in Melanesia*. Berkeley and Los Angeles: University of California Press.

———. 1992. "A Partitioned Process," In *Reproducing the Future: Anthropology, Kinship and the New Reproductive Technologies*. Manchester: Manchester University Press.

———. 1993. One-legged Gender. *Visual Anthropology Review*, 9: 42-51.

———. 1999. The Aesthetics of Substance, in *Property, Substance and Effect: Anthropological Essays on Persons and Things*. London: Athlone Press.

van Meter, Karl (ed.). 2003. *Interrelation between Type of Analysis and Type of Interpretation*. Bern: Peter Lang.

Weiner, James (ed.). 1995. Too Many Meanings; A Critique of the Anthropology of Aesthetics, *Social Analysis* 38 (special Issue).

謝辞

本書の土台となった論稿は、二つの機会がきっかけとなって書かれた。ひとつは、一九八七年のマンロー講演の講演者としてエジンバラ大学の社会人類学科から招待されたことだった。いまひとつは、オセアニア社会人類学会から一九八八年度特別講演に招かれたことだった。どちらの機会でも私は惜しみない歓待をうけた。エジンバラ大学のエリック・ハンレーと同僚の方々、及びオセアニア社会人類学会の当時の会長テレンス・ヘイズに篤く御礼を申しあげる。

講演をオセアニア社会人類学会の出版物として刊行するように提案してくれたのは、デボラ・ゲワルツだった。彼女の忍耐、励ましと示唆に溢れたコメントがなければこの本の出版は叶わなかっただろう。彼女にはまた、編集者としても細部まで行きとどいた配慮をいただいた。タイプ打ちの原稿を用意してくれたジーン・アシュトンも同様である。お二人に多大なる感謝の念を表したい。批判をいただいた方々にも同様に感謝する。最初のヴァージョンは何人の方々を確かに苛立たせてしまった。みたところ論証的でありながら実際には説明的でなく、脱落に満ち、さらに悪い場合には個人的な経歴にもとづいた取り留めのないつながりばかりであった。私はこれらの欠陥を誤魔化すことのないように心掛けた。コメントを下さった方々、なかでもアンソニー・コーエン、ヨハネス・ファビアン、リチャード・ファードン、リゼット・ジョセファイズ、ナイジェル・ラポール、ジェイムズ・ウィーナーにお礼を申し述べたい。また、アラン・バーナード、ダナ・ハラウェイ、アイファ・オング、マーガレット・ロッドマン、ジュカ・シカーラ、ジュディス・スティシー、スティーヴン・タイラーから受けた洞察にも謝意を示したい。すべてではないものの、いくつかのコメントは引用されており、それらについてはテキストのなかに（私信）と表記している。また、未刊行の著作の引用を個人的に許可してくれた方々にも感謝したい（一〇）。さらに、本書のために加筆した原稿についていえば、マンチェスター大学のクローディア・グロスが、示唆的で洞察力の鋭い批評家であったことについても記しておきたい。

このモノグラフが現在の形式をとるに至るのには更なる歴史がある。「部分的つながり」の最初のヴァージョンを耳にしたロイ・ワグナーは、それをとりあげて、数学的な観点から検討を加えている（「フラクタルな人格」（Wagner 1991）を参照のこと）。それは筆者にとって強烈な挑発となった。本書でも彼のアイデアのひとつの側面を活用させてもらうこととなったが、かなり恥知らずな流用だといえる。しかし、この時代には文化的にそれほど不適切というわけでもない類の恥知らずであろう。筆者に数学的な素養はないが、図像そのものが私を捕えたのである。

さらにロンドン・スクール・オブ・エコノミクスのマーガレット・ウィルソンが、グリックの『カオス』（一九八七年初版）がベストセラーになりかけているときに、そこに収録されている図版のいくつかを見せてくれた。彼女の予期に感謝したい。

図像と写真の再掲についての申請も快く許可いただいた。第一部の口絵は、ヴァイキング・ペンギン社から出版されたジェイムズ・グリックの『カオス――新しい科学を作る』の九三頁〔邦訳書一六三頁〕から借用したものである。この図像は、もともとブノワ・B・マンデルブロの『フラクタル幾何学』に掲載されたものであり、W・H・フリーマン社からの許諾をうけ再掲している。第二部の写真〔一六九頁〕と図1〔一八九頁〕は、カール・A・シュミッツの『ワントアト――北東パプアニューギニアの芸術と宗教』の七〇、一二二、一二三頁からムートン・デ・グロイター社とマルタ・シュミッツ夫人の許可を得て再掲したものである。

一九八七年九月／一九八九年九月　マンチェスター

マリリン・ストラザーン

I　人類学を書く

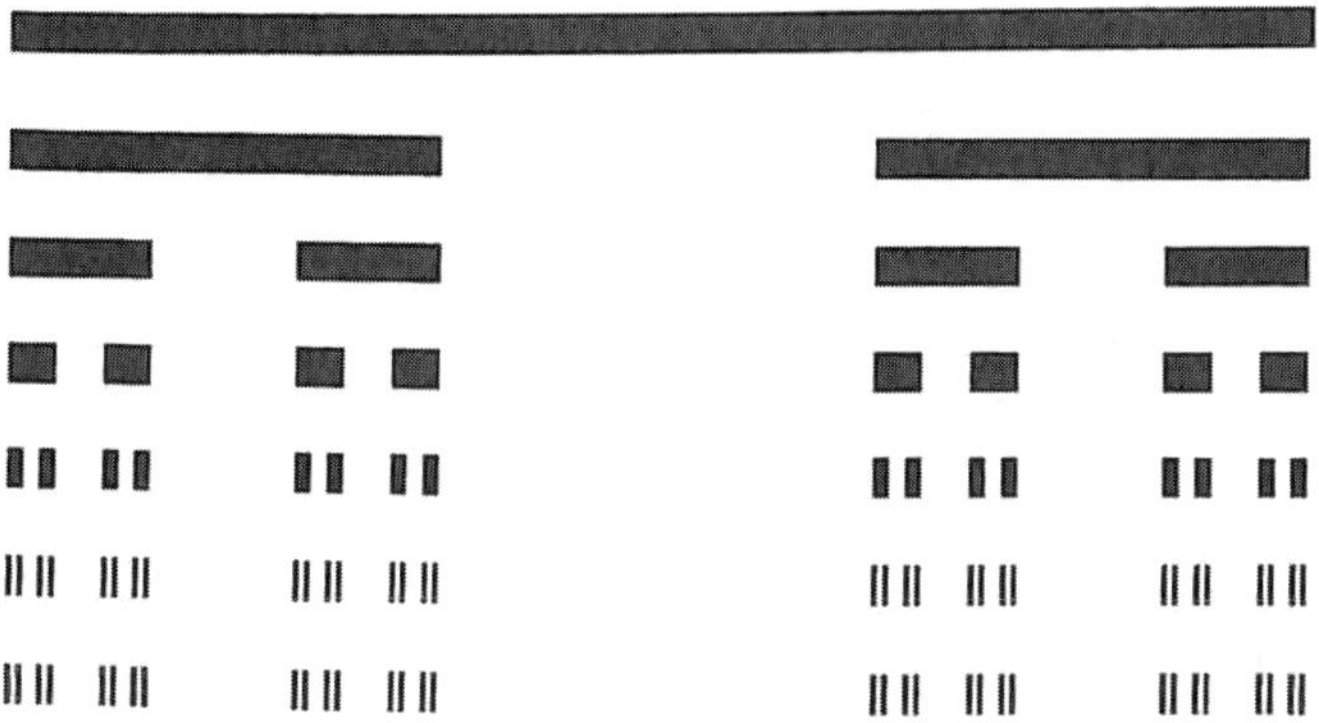

カントールの塵　まず一線分からはじめ，これを三等分して中央部を取り除く。そして残った各線分を三等分しては，その中央の 1/3 の線分をとっていく過程を繰返す。カントール集合とは，残った点の「塵」である。この埃の数は無限だが，全長はゼロである。

このような構造の逆説的な性質は，19 世紀の数学者たちを悩ませたが，マンデルブロはカントール集合を，電子伝送線路のエラー発生モデルと考えた。技師たちはエラーのまったくない伝送期間と，エラーの連発期間とが混じっているのを目にしているが，それをもうすこし詳しく調べてみると，そのエラー連発期間の中にも，エラーの全くない期間が含まれているのである。そしてその部分にまたもや……という調子で，結局これはフラクタル的時間の例に他ならない。マンデルブロは数時間から数秒にいたるどの時間的スケールにおいても，エラーのある期間とエラーのない伝送期間との間の関係がいつも一定であることを発見した。このような「塵」は間欠性をモデル化するのに不可欠だと，彼は主張している。

ジェイムズ・グリック『カオス――新しい科学をつくる』から再掲

部分1　美学

部分1　喚起としての民族誌

部分1　喚起

部分1　表象と喚起

伝統的な見方にならえば、民族誌的な報告とは、「そこにいた」フィールドワーカーの経験と観察に何らかの形で基づく、ある特定の社会と文化についての記述である。かつてそれは、社会や文化の組織化のありようを表象し、分析や理論化の対象を提供するものと見なされていた。しかし今日、人類学者は、表象の性質そのものに頭を悩ませている。出発点として、スティーヴン・タイラーの喚起としての民族誌というイメージをとりあげよう。彼は、喚起を表象と対比することによって自らの主張を明確にしている。この対立はそれほど型破りなものともいえず、他の学問分野にも共鳴がみられる。ある人物の言葉によれば、問題化されているのはまさに指示作用のはたらきそれ自体なのだ。(11)

表象をめぐる人類学者たちの思考は、ここでも、二つに枝分かれして展開する。人類学者はまず、研究対象となる人々がする行為、作りだす物、発する言葉など、彼らが自らに対して表象する価値や質として理解できるものを、どのように解釈したらよいかについて議論している。同時に人類学者は、書くという技芸において私たち自身がこれらの意味をいかに表象するのかについても議論している。今日の批評ではさらに進んで、「表象」という活動自体が問いにふされ、研究対象の人々と同様に民族誌家もまた著作物の外部にポジションを占めることはできないとされる。この見方によれば、書くことは事実や観察を記録するよりもはるかに多くのことを含んでいる。それゆえ、民族誌家はもはや情報を運ぶ中立的な媒介者を装うことはできず、語りを組み立てる際の自らの参与を明示しなければならない。人類学的な語りは、他の方法によっても把握可能な独立したリアリティを指示するのではなく、語るという行為のうちでリアリティの感覚を生みだすのだという。現実を把握するためには、予めそれ独自の形式をもった媒体を介するしかないことになる。そして、人間の対話、とりわけフィールドワークという対話的な過程の性質に忠実であろうとするならば、書き手／民族誌家は自らが参与しているもの、つまり言説に、読者もまた招き入れなければならない。

このような批判にただ上塗りするのに比べれば、タイラーの主張ははるかに人目をひくものである。彼は、民族誌においてなされていることを人類学者がどのように理解しなければならないのかについて処方箋を提供している。彼の出発点は、「言説の要諦は、どのようにより良い表象を生み出すかにあるのではなく、どのようにすれば表象することを避けることができるかにある」（タイラー一九九六：二三八）という点にあった。タイラーによると、民族誌は、書き手の反応と同じではありえない読者の反応を喚起することで作用する。書き手は異なる社会や文化を「表象」することはできないのだから、書き手と読み手が共通して把握する「対象」は存在しない。書き手が読み手に提供しているのは、むしろ社会や文化とのつながりであり、民族誌は提示可能ではないが想像可能な何かを読者に差しだしているのである。つながりは、ひとつの経験（民族誌家が読者のために喚起したもの）を読み手が実感したときに現れる。「喚起は非表象的なものであり、「～の象徴」であったり、喚起するものを「象徴する」のではないため、記号の作用としては理解されない。〔……〕民族誌的な言説とはそれ自体、表象の対象ではないし、対象を表象するものでもない」（タイラー一九九六：二四〇、二四二）。多くの批評が、民族誌生産における対話的なプロセスを明確にするために民族誌がとるべき特定の形式を提案して処方箋としているのに対し、タイラーによる民族誌の再概念化はどんな形式にも適用することができるだろう。彼が変化させたいと望んでいるのは、民族誌に対する反応なのだ。

タイラーはつづいて、現代民族誌の興味深い試みを例示してみせる。彼が取りあげるのは、筆者を含めたあまりにも多くの研究者が言及するだけで満足している同時代の展開に、正面から参与していこうとする模範的な民族誌である。ここでいう同時代とは、彼の自覚的なポストモダニズムを捉えた表現である。人類学をめぐるタイラーの主張の基盤には、喚起を「ポストモダン世界の言説」（タイラー 一九九六：二二九）と概念化し、民族誌をその典型とみなそうとする考えがある。ポストモダンの世界では知識の統一にいたる科学的な探究というヴィジョンが失われてしまったのだと、彼はいう。

しかしながら、読み手と書き手を小部屋に囲い込むようなタイラーの民族誌の再概念化は、人類学的な営みのうち、特に比較分析のための場所を与えていないように思える。比較分析は、かつて、社会諸科学のうちで人類学がその独自性を主張する際の拠りどころだった。ラディスラブ・ホーリーが述べているように、人間行動について一般化し、文化の翻訳をしてみせる人類学の能力は、通社会的な比較に依存していたのである（Holy 1987）。しかし、民族誌家が事実の表象や知識の対象を提供していないというのなら、一般化も翻訳もその土台を崩されてしまうのではなかろうか。民族誌の目的が喚起だとすれば、どのように比較に従事することができるだろう。喚起の比較はあり得ないことではないが（ナイジェル・ラポール 私信）、それはもちろん、喚起がもたらす共振や影響、つまり美学的な効果を比較することになるだろう。

実際、ホーリーが明らかにしているように、伝統的な比較法そのものが今日行き詰まりをみせている。ここにタイラーは、新たな出発点を見いだしてきた。望む望まないに関わらず、かつてのポジションを回復することはできないのだから、私たちは新しいポジションを必要としているのである。

部分2　美学的な行き詰まり

一般に再帰的と呼ばれる、人類学的思考に広くいきわたった近年の批評は、そのポジションを過去のポジションとの関係から引きだしている。それはかつて問題とされていなかったフィールドワーカー像《フィギュア》を、なにより問題化している。フィールドに「入り」、自身の観察を「文化」や「社会」についての真正な表象へと翻訳するために戻ってくるという人物像は、もはや説得力をもたない。そこにいたという権威は、正当な権威ではなく、むしろ著者性の買い占めであることが判明する。人類学者は独断でこの役割を担ってきたばかりか、独自に展開する理論的関心事に奉仕させるために、〔フィールドに関する〕最終的な記述を書きあげていくプロセスを隠蔽していたのだ。

誰も、人類学者がフィールドワークをやめるべきだとは主張していない。むしろ問題化されているのは、人類学者がどのような語りを生産してきたのかをめぐってであり、その解決策も如何に書くかということと関わっているようにみえる。言い換えるなら、信用を失っているのは、フィールドワーカー、書き手、著者、この三者のあいだの短絡《エリジヨン》である。あるべき著者の姿は、近年の議論においては、フィールドで築かれた諸関係、伝えようとする聴衆、論点となるメッセージの観点から導きだされなければならないとされる。著者性は、そこにいたフィールドワーカーという権威によっては決定できないのである。

しかし、人類学の過去から登場ねがったこの孤独な人物像は、たいへんに複合的な性格を有していた。合同プロジェクトや共同研究を除けば、なるほどフィールドワーカーは典型的には独りきりであった。しかし、彼女や彼の頭は多様な資料が集まる場となっていた。またしばしばフィールドワーカーは、自身を文化的な基本原則を学ぶ者であるとし、その仕事を当該社会の成員としての振舞い方を学ぶことであると提示してきた。しかしこれは、ある特定の誰かの知識をそのまま複製するのではなく、むしろ任意の成員になるとすればどうやってなりうるのかを学んだということである。つまりフィールドワーカーは、インフォーマントと呼ばれる人々よりも「多く」を知ることになり、多数のインフォーマントに共通する事項についての一般化された情報を、これこれしかじかの人々の文化として提示することができたのである。

だから民族誌家／人類学者(12)は、インフォーマント各々との一対一の関係と、文化全体との一対一の関係を同時に享受していたことになる。ひとつの全体としてシステムを記述する能力は、多種多様な個別事実をひとつに統合してみせる能力に由来する。個人的な経験をアレゴリーとして用いよう。最初のフィールドであるパプアニューギニア高地のハーゲンについて、私は氏族組織についての考えと結婚の際の女性の交換のあいだの体系的な関係に言及することによって、家内組織を政治とつなげることができる。私は社会を身体とする有機体の隠喩を字義通りにとってはいないし、もちろん歯車が噛み合うように効果が伝送される機械の隠喩で構造や体系を捉えてもいない。しかし、私がこれらの隠喩を研究中のすべての事項を潜在的に統合しうるものとして扱いがちなのも、**事実**である。統合が可能にみえるのは、モノローグがそうであるように、あらゆるものを纏《まと》めるさいに、私が自分を単独の人格と想像しているからでもある。

ひとりの学者は、別のひとりの人物の多種多様な経験をそのまま複製していたわけではなかったが、自らの人格のうちに、さまざまな人々のあいだに起こっていたこと、つまり**彼らの**相互関係を、省察の対象（彼らの社会／文化）として包含していた。学者は、この対象を複数の人格のあいだのつながりとして、そのようなつながりを想像できること以外は自分とさほど変わらない人々のあいだのつながりとして、想像することができた。観察者のヴィジョンが、意味を束ねあげる全体論的で統合的な前提だったのである。そして、通文化的な比較がより上位の水準での統合をもたらすものとして、それに続いた。通文化的な比較――諸社会のつながりを見いだすにせよ、複数の社会を横断する独立変数に着目するにせよ――は、個別経験の独自性を脇に置いておくならば同類とみなすことのできる同僚学者たちとのあいだの、コミュニケーションに基づいていた。同僚たちは、そこにつながりを見出すことはできるものの、その経験〔の固有性〕に足を踏み入れることはできない。それぞれが自身の一対一関係という権威に基づいて話すことができるというわけである。そこにはつまり、フィールドワーカーの個々の人格と彼／女が記述した特定の文化のあいだの、また、人格の集合としての社会の想像上の統合と人類学者が全体としてする統合への取り組み（外部の「精神」）のあいだの、潜在的な短絡があったのだ。

〔社会〕内外のつながりを操ることのできる、この単独でありかつ全体包含的なフィールドワーカー／人類学者像は、長いあいだひとつの美学形式として作用してきた。「ザ・フィールドワーカー」

は、経験を消費ないし受容する単独者の姿を強烈に具象化しており、その存在が多様な現象をひとりで語れてしまうことさえも、あるレベルでの統合を暗黙裡に保証していた（ひとりの人物がそれらすべてを作りあげたのだから、そこにつながりがあるのは分かるでしょう、というわけである）。それを美学と呼ぶのは、〔この形象《フィギュア》の〕形式がもつ説得力、そこから誘い出される適切さの感覚に、論及したいからである。

フィールドワーカーの権威に焦点をあてる継続中の批評は、ポストコロニアルな苦悩の遺産とみなすことができる。とはいえこの批評は、人類学者とインフォーマントの隠されてきた権力関係を暴露することにのみ焦点を当てているのではない。さらにいえば、それは、日常生活の厄介さや筋の通らなさをより鮮明に感受するのをただ想定しているわけでもないし、フィクションや空想を駆使して、オーソドックスなモノグラフ以上に、人々の仄めかしの曖昧な響きに接近しようとしているだけでもない。もちろん、人類学者の苦悩がそこにある権力関係にみあうことはありえないし、混乱したテクストが生活の混乱と同じであるはずがない。問題の核心はむしろ、表象が不充分だと捉えられるようになってきた点にある。近年の再帰的反省の重要な点は、〔隠蔽や不鮮明さ、曖昧さへの着目であるよりはむしろ〕それ自体が自明なものとして出現していることこそにある。私たちの営みは、かつてのような確信を伴っていない。変化が訪れたのである。

自明でなくなったときにパラダイムが姿を現すように、イメージはそれが議論の主題となったときに力を失う。議論の対象になった時点で、イメージはもとのままであり続けることはできないので、このイメージと格闘してみても、どうしてもそこには嘘っぽさがつきまとうことになる。これが、民族誌とは何かをめぐる私たちの感覚を変えようとした近年の批評家たちの発見である。単一の声としての単一の人類学者という形象《フィギュア》を解体し、多数の人と声からなる複合物としての民族誌の観念を導入するとき、新進の批評家たちは文学批評の観点にのみこだわっており、その彼らの作品も「自己陶酔的で、ナルシシスティックなデカダンス」であるとして片づけてしまえるようにもみえる（Sangren 1988: 423）。

しかし、自己耽溺の告発が問題の核心に達することはほとんどない。リゼット・ジョセファイズ（Lisette Josephides n.d.）はこの変化を、モノグラフをユニークで洞察力に満ちた、〔理論的〕主題について教えることの多い作品とするポジションから、アレゴリカルに理解すべき書かれたテクストとみなすポジションへの変化と、要約している。(13) 言い換えるなら、作品はテクストとして、その影響力の強さに基づいて評価される。再帰的な批評は、影響力や効果のありように没頭しているのである。

こうして人類学者は、自分が新しい美学のうちにいることに気づく。進行中の議論において、単独者としての形象が再帰主義者という形象によって退場させられているのだといってもよい。そこでは、「独りの著者」はもはや真正性のイメージではないし、「ひとつの文化」や「ひとつの社会」はもはや研究の単位としてふさわしくない。この変化の正否を議論する余地はもはやない。天秤にかけることができる正しい点と誤っている点があるのではなく、かつて説得的であったものがもはやそうでなくなったという意味で、正しかった何かが間違ったものになったのである。かつて真正な効果を作りだしていた形式は、もはや作用しないのである。

部分2　旅

部分1　反-美学的な断絶《ブレイク》

私が単身のフィールドワーカーを美学形式として考察したいと思ったのは、近年の批評の性質に誘われてのことだった。流行中の論評の一部でありながらも、さらに先へ進むタイラーの論考に戻ることにしよう。

批判のひとつは、人類学者は、フィールドワークの参与的な性質を明示しなければならないということであった。タイラーもまた、ポストモダンの民族誌は「協同的に生成されるテクストであり、読み手と書き手の双方の精神のなかに、常識的な現実が別様でもありうるという創発的な空想を喚起することを意図した、言説の断片から成り立っている」（タイラー 一九九六：二三三）と捉えられるべきという。書き手と読み手の参与は、テクストが最初に生みだされる際のフィールドワーカーとインフォーマントの参与に対応しており、これは「『観察する者／観察される者』というイデオロギーを拒絶する。〔……〕かわりにあるのは、言説、つまりある種の物語の相互的、対話的な生産である」（タイラー 一九九六：二三四）。ひとりの著者／フィールドワーカーに代わって、だから私たちは無数の声から成る多声性《ポリフォニー》を手にする。この多声性は、フィールドワークにおける互酬関係に基づいたものか、そうでなければテクストがアレゴリーとして読まれ、民族誌実践のアレゴリーがテクスト作成であることが明らかになるときに、隠されていた複数の声として光があてられるものである（クリフォード 一九九六）。複数の著者性は、読者にこれまでとは異なった真正性のありか、そして「執筆の参与者になるとはいかなることなのか」を得心させる。この見方にたてば、理想的な多声的テクストは最終形態や包括的な統合性を備えないため、読者は自らが人工物としてのテクストを作りなおし続けていることを自覚させられることになる。かくして多数性や可変性は、形式に対する挑戦と見なされることになる（民族誌は「テクストのうちに持ち込めないようなものを喚起する」（タイラー 一九八六：二五六））。

　この新らたな気づきへの招待は、別の場で提起される反－美学主義と似たところがある。『ポストモダン文化』という大仰なタイトルをもつ論文集の序論で、ハル・フォスターは次のように述べている。

「反－美学《アンチ・エステティック》」という標題は〔……〕芸術や再現《リプレゼンテーション》＝表象といったものの否定をまたもや主張しようとしているのでは**ない**。こうした「否定」によって特徴づけられ、〔……〕純粋な現在と

> いう時間、再現＝表象を超えた空間のユートピア的な夢を信奉していたのはモダニズムだった。したがって、こうしたことはここでは問題にならない。ここですべての批評家たちは私たちがけっして再現＝表象から出られないことを当然のことと思っている——あるいはむしろ、けっしてその政治学から出られないというべきかもしれない。したがって、ここで「反美学」と言われているのは、近代のニヒリズム〔……〕ではなく、再現＝表象の秩序を、それらを再登録するために脱構築していく批判の旗印なのである。（フォスター 一九八七：一四）

モダニストの「純粋な」美学形式の人類学における対応物は、決して民族誌ではなかった。それは、人類学者が書き手の姿をあらわにせずに描写してきた「文化」／「社会」それ自体だった(14)。だから人類学者にとって、〔ポストモダンの〕徴《しるし》づけをうけた「民族誌」を発見すること、つまり表象のうちに自分自身の場所を発見することは、かつてひとつの全体と考えられていたものをバラバラにするに等しい。ポストモダンの多声的なテクストは、フォスターに特有の意味において反－美学的である（フォスター 一九八七：一四）。

> 〔フレドリック・ジェイムソンは、〕なぜ古典的なモダニズムが過去のものとなり、ポストモダニズムがそれに代わることになったのか〔について考察している〕。このもうひとつの要因とは、普通「主体の死」と呼ばれているもの、あるいはもっと昔ながらの言い方で言うならば、個人

> 主義そのものの終焉と呼ばれているもののことである。偉大なモダニズムの諸形態は、〔……〕個人的で固有のスタイルを発明することを基礎にしており、そうしたスタイルはまるで指紋のように見紛うことのないもの、自分自身の身体のように取り替え不能のものとされてきた。けれどもこのことは、そもそもモダニストの美意識が、唯一の自我や個人の同一性、ユニークな人格や個別性といった概念と、どこかで結びついていたことを意味している。そしてそうした自我や人格が、世界に対する自分のユニークな見方、ユニークで他と見紛うことのないスタイルを生み出すことができると思われてきたのである。（ジェイムソン 一九八七：二〇六）

芸術におけるモダニズムが個人的で私的なスタイルに依拠しており、その人類学における対応物が、見紛うことの無いスタイル[15]をもった真性でユニークな他者の文化のフィールドワーカーによる表現であったのだとすれば、「フィールドワーカーの死」はこの断絶《ブレイク》にとって必須のものだった。

ポール・ラビノーは、意味するものどうしの関係への関心が崩壊《ブレイク・ダウン》することに、ジェイムソンが見いだしたつながりを強調する。主体の死はパースペクティヴの死、つまり自身を超えて存在し観念の指示対象たる世界へ向かう、知覚する有機体の死を意味している。しかし、「意味するものが一度外部の指示対象との関係から自由になったとしても、それは決して関連性を失くして漂うわけではない。むしろ指示対象は別のテクスト、別のイメージとなるのである」（ラビノー 一九九六：四六九）。こうして、ジェイムソンの有名な処方箋にたどりつく。

ここから、ふたたびパスティシュが登場することになるのである。スタイルの革新がもはや不可能になってしまった世界では、残されているのは死せるスタイルを真似ること、空想上の美術館のなかに陳列されたスタイルの仮面を通し、その声を借りて話すことに尽きるからである。

（ジェイムソン 一九八七：二〇八）

それぞれの文化が独自性を有し、したがって文化には多元性があるとするモダニズムの理解に代えて、ポストモダニストは、どんな文化も他の文化の変種《ヴァージョン》であるとの理解をしめす。そこでは、人類学者がある文化の言語とイメージを用いて、他の文化の言語やイメージを喚起してきたことが明らかになる（Boon 1982）。文化や社会を並置することは、それぞれを互いの模倣や反響へと変える。それら社会形式は、他の場所で「最初に」記述された出自集団や通婚縁組や階層体系と響きあっているというふうに（cf. Appadurai 1986; Marcus 1988）。かくして、ある特定の地域の民族誌的記述が、カーストや贈与交換といった現象の人類学的記述に、その響きあうスタイルを刻印する（Fardon 1990）。もはやスタイルの発明は不可能であるようだ。人類学者は、文化について文化を通じてしか話せないこと、例えばニューギニア高地の親族についてアフリカの親族と婚姻の体系を通じてしか話せないことに気がついたのだから。新しいのはこの気づきである。

このことは、比較分析のためのこれまでの足場が取り壊されていることを意味しているように思える。さまざまな分析的構築物について検討して、それらがあれこれのモノグラフにおいて配備されるやり方や、またひとつのモノグラフにどのように導入されてきたのかが分かれば、モノグラフのそれぞれは他のモノグラフに対する注釈へと変容する。もはや出自やカーストや贈与を、複数の状況での具体的な現れを比較することを可能にする、自立した構築物と「見なす」ことはできない。比較の目的は霧散する。そこには、人類学的なテクストの他のテクストに対する内的な参照行為しかなく、しかもこの置換には終わりがない。

これもまた、ポストモダンの反－美学にみずからを位置づけるタイラーが、私たちに与える印象である。どのように民族誌に取り組むべきなのかを問うタイラーの誘いにはまだ語るべきことがある。とはいえ、それはやはり私たちを充分に遠い場所へと連れていくものではない。

部分2　隠された形式

クラパンザーノによる南アフリカの白人についての著作は、多声的なテクストの文学的／人類学的モデルのひとつである（Crapanzano 1985）。そこで彼は、記述される諸々の現象の直接的な比較を避けているし、意図的なフレーミングや囲い込みも回避している。むしろ本書は、並置の手法によってまとめあげられる。彼は、ケープタウン郊外の小さな居住地の住民とのさまざまな出会いを並置するが、その住民の説明も、複数の話題、論題、主題の複合体である。本書はまた、南アフリカの政治体制下にある異なる「諸社会」の複合体でもある。これはパスティシュ――イメージに続くイメージは、先行する喚起の沈澱だけを伴って連なり、読み手の精神のなかで相互に結びつく――の社会学的な類比物《アナログ》といえようか[16]。ところが、この叙述にはもうひとつの次元がある。冒頭で彼は述べている。「私はそれらの物語に私自身の物語を添えている」(Crapanzano 1985: xiii)と。

クラパンザーノの著作は、彼自身に対する政治状況の効果、そしてそれら効果が彼自身の境遇に翻ってくるようすを扱っている。そしてタイラーもまた、複数のポジションの単なる連続や相互の重ね合わせ、あるいは、顕在的であろうがなかろうが他のポジションがあることへの仄めかし、共鳴、暗示によってのみポジションがつなげられていることに満足**しない**だろう。コラージュの妙味が、「他なる諸要素が一時的に複合体に組み込まれながらも〔……〕その他者性が決して抑圧されないことによって構成されている」のだとしても。

> 言語的であれ非言語的であれ、話されたにせよ書かれたにせよ（この対立は通常の意味において言うのだが）、またユニットの大小にかかわらず、いかなる記号も、**引用**されうるし引用符で括られうる。まさにそのことによって、すべての記号は、所与のいかなる文脈とも手を切り、絶対的に無制限な仕方で、無限に新たな文脈を発生させることができる[17]。
>
> （デリダ 二〇〇二：三二二）

実際、タイラーはこの無制限さから距離をとっている。彼は、ポストモダンの民族誌がその形式に基づいて定義されるのを否定しているのだから。パスティシュであろうがなかろうが、あらかじめ決められた形式は存在しない。彼の表象に対するいらだちもこの形式性と関わっていた。むしろ、喚起する力をもつがゆえにすべての民族誌はポストモダンの特徴を帯びるのだと、タイラーは主張する(18)。ここで喚起が意味するのは、民族誌を読むことが出立と**帰還**の過程と理解されるべきであるということである。

彼がいうに、民族誌的な喚起は治療として、自己と他者、主体と客体、言語と世界のあいだのよそよそしい断絶を癒すこととして想像可能である。形式に関する反‐美学であるポストモダンの民族誌は、にもかかわらず統合という考えへの帰還である。「ポストモダンの民族誌とは黙想の対象であり、常識の世界との断絶を引き起こし、**美的な統合**を喚起する。そして統合の治療的な効果は、常識の世界の**更新**の中で姿を現わす。〔……〕それは永遠のユートピア的な超越という誤った希望を与えるものではない。そのような希望は、常識の世界の価値をおとしめ、常識の世界を偽ることによってのみ達成される。〔……〕それに代えてポストモダンの民族誌は、常識の世界から出発して、常識の世界を再確認し、あらたになったその世界へ、我々の再生を見守るその世界へと我々を連れ戻すのである」(タイラー 一九九六:二四九 強調引用者)。タイラーは、経験や文脈の無制限の並置を想像するよう私たちを促しはしない。むしろ彼は、書き手と読み手が彼ら自身の世界へと帰還する再帰的な活動を想像している。民族誌のリアリズムであり同時にファンタジーでもあるのは、

「ファンタジーと常識のうちで、すでに私たちに与えられている〔はずの〕可能世界、すなわちそれ自体は知識の対象となりえないような私たちの知識の基盤」を暗示する力である（タイラー 一九九六：二四八）。

タイラーは、筆者の理解では、パスティシュやコラージュのイメージと袂を分かち、出立と帰還というイメージのうちに暗示される回帰的で置換的なポジション設定の感覚を提起している。しかし、その提起の仕方は不充分である。思うにタイラーは、書き手＝テクスト＝読み手を「個別の場をもたない現れでる精神」（タイラー 一九九六：二四六）とする認知的ユートピアに、このポジション設定が説得力をもつために必要なすべての仕事をさせることはできない。それは、目的に対して不充分な道具である。なぜなのかを説明してみたい。

タイラーは、すでに知られていることを民族誌がどのように作りなおすのか、民族誌を書きまた読むことで、それがこれまでの経験にどれほどのインパクトをあたえるのかに関心をもっている。しかし、彼は他の批評家たちとともに単身のフィールドワーカー／著者という形象を解体する一方で、民族誌的経験の統合を解体してはいない。つかの間であろうとも、民族誌的経験は、**その効果として**統合的である（「新しい種類の全体論」）。そしてその効果は、書き手／読み手の人格のうちに登録される。彼の論述において、関心をむけられているのは形式ではなく、民族誌が反応を引き出す力をもっていることであったことを思いおこそう。治療的な統合の効果がしめされるためには、誰かのうちにそれが登録されなければならない。旅がなされるのならば、旅する誰かがいなければならない（「日常的な現実からの離脱は旅」であり、それは「探究者の」意識を混乱させるが、最後には彼や彼女を「慣れ親しんだ、しかしもはや元のままではない、ありふれた世界の岸辺へと打ち上げる」（タイラー 一九九六：二三三―二三四））。そこで民族誌的な断絶は、空間と時間の転位として、旅人**に起こる**ようなものとして想像されているのである。

ここには、隠された美学形式がある。それは脱構築する旅という形式であり、まさにツーリストとしての人類学者という形式である（Crick 1985）。民族誌を書いたり読んだりすることは冒険である。人は出発点に残されるが、冒険が行われたことにより、その場所を違う仕方で認識するようになる。なるほど並置される旅人の経験は、「かつて」観察者が「観察対象者」に対してもっていたような遠くからのパースペクティヴを彼／女に与えることはない。むしろ諸経験は、旅人がきまって旅の終わりに以前とは異なった出発点に到達するという、時間の流れのなかで生起する。扇形操車場は、復古チューダー様式の切り妻や花崗岩の土台についての見方を変えてしまう。マリノフスキーを経由した「後の」フレイザーは以前とは違う様相で立ち現れるというわけだ（Tyler and Marcus 1987）。しかし、他者との出会いがどんなものであったとしても、重要なのは探究者の内的変容である。更新されるのは、これら場所の経験を自己の内部に並置する、旅人そのひとである。ここには、コラージュをひとつの複合体と捉えるポストモダンのまなざしとの類縁性がある。いかにも、「死んだはずの」主体が消費者像のうちに復活したかのようでなかろうか。旅人が消費者であるというのは、著者性との関わりからでも、出会いの形式との関わりからでさえもない。ただ出会いの効果が立ち現れる場所と想像される点で、消費者なのである。私たちは、フィールドワーカーの殺戮のはてに、ツーリストを発見しただけだったのだろうか。結局、問題になっているのは多声性でなく、自分自身にどのように作用するかを基準に経験を選ぶ、審美家の趣向のうちにある異種混淆性だったのだろうか。自分たちを特定のテクストの生産者として考えることに背を向けたすえ、私たちはただ、すべてを貪り食う消費者に巡り合うだけなのだろうか。

もしそうならば、出立と帰還について考える、あまりにも貧しいやり方であるように思う。消費者の胃袋をまえに、悲しいかな、結局すべてが肉となる。もちろんそこで、全的な経験が主張されているわけではない。描きだされていたのは、諸経験の永遠につづく変容であり、ひとつの出会いが他の出会いに完全に置き換わることはない。にもかかわらず、そのイメージは、あらゆるものを消費可能性の原則へ服させる消費行為へと私たちを連れ戻す。そこで出来事や観察の個別性は、経験する能力という統合されたパスティシュのうちに等しく吸収されるのである。

この審美家のまなざし、つまりツーリストのエキゾチックな旅程は、消費という行為がどこでどのように行われているのかについてはほとんど何も語らない。視界に収まり足元にあるものは、いうなればすでに消費されている。それらは、消費する身体のすでに「一部」であるのだ。そして私たちは、再度、経験の外部に経験が存在しないことを発見する。

しかしながら、「経験」はまた、ある特定の仕方で書かれ再構成されてもいた。それは他の観念を引き寄せている。経験が統合効果を発揮するという考え方は、自己《セルフ》という考え方を要請しているように見える。タイラーはいう――

（ポストモダンの民族誌の）目的は、知識の成長を促すことではなく、経験を再構成することにある。また、客観的な現実を理解することでもないし、あるいはどのように理解すべきかを解明することもでもない。というのは、前者は常識によって既に確立されているし、後者は不可能なことだからである。それが目指すものは、**自己を社会の中へと再統合**、再同化し、日常生活における振る舞いを再構成することである。

（タイラー 一九九六：二四九―二五〇 強調引用者）

社会ではなく、「自己」が治療の対象として現れる。くわえて、社会が何らかの形で自己を超えて広がっている限りで、自己は有限である。ここでは二つの考え方が結合しているといえよう。第一に、統合の過程はそれ自体のイメージ、つまり、ひとりの人格が経験の多様性を認識できる可能性に依存している。しかし第二に、そのイメージは、その同じ人物が**同時に知っていること**を包含するのには不充分である。彼／女の経験は可能な経験の多様性と同じではない。旅人＝ツーリストの旅の「統合」がひとつの身体（自己）として認知されるものの内部で起きるにもかかわらず、その身体は明らかに、自身が消費できるものを超えて何ものかが存在していることに気づいている。身体はそれらの存在の気配には触れているものの、活用することはできない。それらは外部の参照点に留まるのだ。手短にではあるが、タイラーは自己を「社会」のなかに位置づけられたものとして言及せざるを得ないのである。

部分2　複雑な社会、不完全な知識

部分1　帰還した者

部分1　複雑な過去

タイラーに特有のポジション設定の背景として呼びだした一連の批評（「再帰的転回」）は独自の理論的起源をもっており、一九八〇年代の多くの人類学者の作品の背景を形づくっている。しかしながら、こうした言い方は地から図をあまりにもはっきりと区分しまうことになろう。目下の議論のひとつの特徴は、批評の提起する諸問題から批評自体が逃れられないさまにある。

興味深いのは、例えば、ジェイムズ・クリフォードとジョージ・マーカス編集の『文化を書く』（一九九六（原著1986））が刊行され、そこで展開された批判に対する再批判が立ち上がると、すぐさま本書がテクストに取り憑かれた文学研究由来の理論化の実例となったことである。(二)「文学論的転回」は、「再帰的転回」の典型例となった（cf. Sangren 1988）。これは、『文化を書く』の序論で文学の不安定性と、書かれたものがどのようにして文学的効果をもつと見なされるのかについて論評されているという事実に関わらず起きたことであるし、[19] テクストから言説への移行、つまり民族誌家の社会－歴史的な位置づけへの議論の移行が慎重になされているという事実にも関わらず起きたことである。本書で展開された表象批判が、ともかく〔再帰的転回の〕典型となり、〔本書への批判においてすら〕論点の練り直しは、本書における批判に準拠しつつなされることになった。[20] おそらく、これは越境する者たちの宿命なのだろう。[21] ジョセファイズ（Josephides n.d.）が指摘するように、マスターナラティヴの喪失は相補的効果を発揮する。クレイグ・オーウェンスは、文学にとって語りの喪失は、自身を歴史的に位置づけられなくなることに等しいと指摘するが、この指摘は、人類学における、語りの構成の対話的基盤を再生させることが歴史的次元を付加することになるという〔対照的な〕考えと、出会っている。

　今という時代の好奇心を掻き立てる特徴のひとつは、モダニズムとポストモダニズムの両方に類似した特徴を指摘できる点にある。ジェイムソンは強く主張している（ジェイムソン 一九八七：二二七）。「（パスティシュなど）われわれが述べてきたことはことごとく、そもそもそれ以前の時代、なかでも特にモダニズムのうちに見いだされうるものなのである」。違いは、それらが「文化生産の中心的な特性」となったことにある。だからおそらく、タイラーの論考を表象と喚起の「対立」を主張しているものとして読むべきではなかったのだろう。むしろ彼は、一方を他方によって召喚されたものとして提示しているのだ。喚起は、提示でも表象でもないものとして理解される。しかし、このことは翻って、いかなる十全な、あるいは完全な意味においても、表象が元通りにはならないことを意味する。表象はかつての座を奪われているのだ。

しかし、座を奪われたのは何だったのか？　人類学の過去には、リアリズム的な表象の鋳型にすっきりとは収まらないテクストが散見される。ジェイムス・ブーン（Boon 1986）は、『悲しき熱帯』のパスティシュに着目しているし、同様にクリフォード（二〇〇三：第四章（初出 1981））も民族誌におけるシュルレアリスムの時代に注意を促している。ヨハネス・ファビアン（Fabian n.d.）は、民族誌という考え方自体の歴史と、「民族誌」と「書くこと」の和解に先立って存在していた両者のあいだの興味深い乖離を跡づけている。いずれにせよ、レイモンド・ファースの『ティコピアにおける神の仕事』は、実際どんな種類の「モダニズムのテクスト」を例証したといえるのだろうか。私たちは、タレンシとヌアーの記述が、人類学の複数の思想潮流と、先達や同僚の著作によって媒介されていることを常に知っていたのではないのか。ならば、古典的な単一者としてのフィールドワーカーのイメージは、過去への投影にすぎなかったのではなかろうか。[21]

このように、現在の批評（再批評を含めて）の力強さとそれが過去を取り扱うやり方のあいだには、通約不可能性があるように見える。現在の関心が過去の世界を形づくることがあっても、驚くには値しない。しかし、倍率調整の二重の効果から逃れることは難しい。現在の関心に基づいて貧困化された解釈と比べれば過去は無限に複雑に見えるし、先達たちの直截的な作品と比べれば現在の繊細さと内省は無限に複雑に見える。この振幅を調停するのは容易ではない。ダブルバインドである。ひとつ目のポジションが促すように過去を複雑化するためには、二つ目のポジションが言うように（過去を汲み取り、包摂する）現在の感受性をさらに複雑化する必要がある。

この意味で、過去への帰還はあり得ない。そしてもちろん、そもそも人はネイティブとして帰還できるのかどうかも問われるべきである[22]。しかしここでも、私たちは同じ二重の効果に出会う。というのは、旅人にとっての困難は、どんなに旅が長くても彼／女が故郷を本当に離れることはない、ということにあるとも言えるからだ[23]。それではタイラーは、再認されると同時に更新された自身の世界へ、どのような意味で読者を帰還させるというのだろうか。彼／女が帰郷した時、旅人の「自己」をどのような種類の統合が待ち受けているのだろう。そして、彼女や彼を抱きしめるどんな「社会」がそこにあるというのだろうか。タイラーが仄めかすには、この包摂の本質は、常識の世界に、つまり日常のありふれた経験における振舞いにある（タイラー 一九九六：二五〇―二五二）。

部分2　コスモポリタン

ところが、この種の二重の複雑性のまとめあげをやってのけ、過去の機微を現在のための尺度にし、他の場所の機微をホームとなる場所のための尺度にする、私たちの時代の人物像がある。コスモポリタンである。コスモポリタンの語はラビノー（一九九六）から借用したが、ここでは異なる効果のために用いよう。この語によって論及したいのは、学問的技術や学術的慣習の自覚的なクレオール化[24]や、現在の書き手たちが過去の複雑性を示すことで世界についての自身の理解の複雑性を明らかにする作法、あるいは過去のただひとつの人物像を参照することでよしとせず、多数の像への参照からなる織物をよしとする様式である。コスモポリタンは消費者以上の、つまりはツーリスト以上の何者かである。彼女や彼が、いま述べた意味での複雑性を活性状態に保ち、それを個人的で専門的なアイデンティティの源であると主張するからである。

ウルフ・ハナーツ（Hannerz 1990）は、コスモポリタニズムをひとつのパースペクティヴとして、あるいは「意味のマネージメント」の様式として提起している。彼の考えによれば、コスモポリタンな〔世界との〕関わりは、ある種の多元的な文化能力を証拠立てている。他の旅人がしない仕方で、コスモポリタンは帰郷後においてもコスモポリタンであり続ける。彼／女らが、他の場所で身につけた多様な志向を維持して、自身の文化からの個人としての自律性を保つからだ。ハナーツはワールドカルチャーについて語り、そこでは人々が、相互の結びつきを強めるローカルな諸文化と、特定の領地への係留を求めることなく発展するトランスナショナルなネットワークから、自ら意味を作りあげているという。また、ハンガリー人の著者を引用して、インターナショナルな統合が普遍的とは何であるのかを定義する今日の世界で、国民文化〔への拘り〕が偏狭な地域主義の色合いを帯びさえすると、揺さぶりをかける。

学問的なコスモポリタンは、世界中の異質な他者たちから成る布置＝星座に由来する複合体に、現在のポジションを見いだしている。他者とは、人類学者や歴史学者や政治哲学者たちであり、彼らへの言及は常に更なる「他者」たちの銀河を暗示している。彼／女は、消費者でもツーリストでもない。差異は消費者の同質的な胃袋の内で溶解することもないし、ツーリストのために構成されたのでもない。多様性は常に活性化させられ、無数の中断《インタラプション》＝介入がいつまでも学者を多様な方向へと連れて行くがゆえ、コラージュがいわば住処となっているのである。おそらく、その道程が個人的なものであることについての自覚はあるだろうが、景観こそがまさに世界なのだ。

しかしながら、景観もまた構成されたものである。ハナーツ自身が指摘するように、人々はグローバルな多様性とそれぞれ異なる仕方で関係している。宇宙を構成する時空の多元性から、異なる地図を作りあげ、異なる発見をするだけではない。多元性の形式が異なっているのだ。ラポール（Rapport n.d.）は、北米の文化多元主義のステレオタイプとイギリスの社会多元性のそれのアレゴリカルな対比をしてみせている。彼が示唆するところによれば、前者では、民族的な多様性は民主的な意味での文化的差異を生み出すものとされていて、充分な文化的差異があるならば、特定の社会的利害が前景化することはないと考えられている。共通の分母が英語によって提供される反面、共有されるルールは最小限に抑えられ、ローカルな創意工夫が奨励されるという。対照的に、英国において英語は社会的排除と排他性の言語である。「英語」は標準であること、すなわち文化的／民族的単一性と社会的多様性を同時に表している。地方と「階級」が結びつくことで、「訛り」は「容認英語」からの逸脱とされ、標準との関連におけるランク付けに晒される。この寓話の教訓は、多元性はそれ自身の配置をもっているということである。北米の郊外で見られるような多様な食べ物と食習慣の並置は、イギリスの郊外における同様の並置の場合と必ずしも同じ仕方で住民をコスモポリタンにするわけではない。いずれにせよ、イギリスにおける社会的慣習の排他的な性質は、人々はいわば文化的には彼らの社会「の」一員となれるが、にもかかわらず、彼らが生きようとするどんな場所においても、社会的なはみ出し者となりうることを意味している。渡り労働者は放浪者というわけだ(25)。

そして実際に、「アット・ホーム」の地方《カントリーサイド》はいくつもの危険な旅で、常に私たちを待ちうけてきた。ホームはタイラーが仄めかした常識とありふれた世界にたいへん近いものだが、人類学者は決してそのホームを、フィールドワーカーが「ひとりの人格」として振る舞うことができる場所、あるいは単一の研究対象だと主張できる場所だと想像したことはなかった。つまり、それは作業するのに単身の民族誌家で充分であったことのない場所であり、郷土史や政治科学や社会福祉管理学といった異なる学問領域の他者の仕事によってどの程度フィールドワークが補足されるべきかをめぐって、常に居心地の悪さが生み出される場所である。もちろん、人類学者が向き合う人々はこの点を充分に知らしめてくれるだろう。例えば、アンソニー・コーエン（Cohen 1987: 9）が調査したシェトランド諸島民は、かつてウエルセイ島が世界の中心であったが、彼方の周辺世界との関係が逆転し、今は自分たちがどこか他の場所にあるに違いない中心に対する周縁に位置していると感じているのだという(二三)。

タイラーは非完結性に訴えかけていた。不完全性が喚起的で自己超越的な効果のための手段なのだから、ポストモダンの民族誌は決して完全には実現されえないのだ、と。帰還の際につかの間完結させられるのは、参加する書き手／読み手であり、私たちの旅するコスモポリタンだった。しかし、西洋社会の諸側面をホームで研究する西洋の人類学者は、特別な種類の中断＝介入に直面する。

西洋社会の仕組みに関心をもつ社会学者や経済学者や歴史家といった他の学問領域の同僚たちは、ホームで調査する民族誌家に洞察や参照点を提供するだけではない。彼らはまた、ややこしく厄介な存在としてそこにいる。実際、人類学者は、自らが包摂できない者たちの存在要求によって、脇に押しやられることもある。彼／女らを引き合いにだすことが、人類学の仕事を「完成させる」ことにはならないのである。彼らが作業の邪魔になるように見えることすらあるだろう。自己充足的な人格としてのフィールドワーカー／人類学者のイメージをかき乱して、統合の感覚を妨げるからだ。これらの他者の声についていえることは、研究の対象にもあてはまる。人類学者は自国のフィールドにしばしば気後れしながら臨む。社会は複雑で御しがたいように見え、彼／女はその技能を申し訳なさそうに、あるいはふてくされたように、特定の部分に集中させるのである。またひとつの倍率調整だ。このようなミクロ人類学と大理論のマクロ人類学のあいだをつなぐものは何もないように見える（Hannertz 1986）。

このように、ホームにおける私たちのコスモポリタンは、中心をひとつにまとめあげることができないようにみえる。いずれにせよ、もし世界がホームであるならば、あるいはまた、西洋のヘゲモニーの危機と資本蓄積の中心の変化についていうジョナサン・フリードマンの言葉を信じるならば、私たちは「世界システムの断片化」を生きている（Friedman 1988: 427）。彼が西欧とアメリカのエスニック化と呼ぶ無数のローカル文化の生産には、トランスナショナルのイメージよりも分散のイメージが相応しい。

　タイラー（一九九六：二四三）はいう。ポストモダンの民族誌が断片的なのは、フィールドでの生活が断片的だからなのだ、と。しかしおそらく、統合として想像されるものが予め全体性をもった世界に由来しないのと同じように、断片的と想像されるものは断片の世界から引き出されていないのだろう。ホーム、例えばイギリスで調査するフィールドワーカーが他者の社会的存在に悩まされるようすは、フィールドワーカーと他者の関係性についての認識のもうひとつの次元を示唆している。耳が開かれているというのは、ただ銀河を走査するパラボラアンテナのようであるということではない。人々はそれに向かって怒鳴っている。彼らは主張をもっている。彼らは、ただ並置されてそこに立っているのではない。人々はつながっていて、自らを絶え間ない中断＝介入に**いつでも応じられる**《アヴェイラブル》ようにしているように見える。統合のイメージも断片化のイメージも、ホームに帰還することがどんな感じであるかを伝えてはいない。どちらの比喩も侵害してくる存在の性質を適切にとらえていないのである。

部分2　場所に置かれた者

部分1　村を共有する

それでもやはり、なじみ深くひろくいき渡ったさまざまな考えが、統合と断片化の見たところの対比を是認しているように映る。

中流階級文化の社会学化された語彙においては、役割演技のなかでペルソナからペルソナへと人が移動するのは当たり前になっている。これは複雑な社会に関するひとつの見方である。私はこの聴衆に対してはメラネシア研究者であり、あの聴衆に対しては農村研究者である。文脈が変われば「役割」も変わるのであり、そこに特筆すべきことはない。しかし、人格をいくつかの異なる方向をむいた複数の役割の布置の中心にあるものとして考えることもできる。あるいは、多様な見解の支点や集積点として、ネットワークの中核にある管理者として考えることもできる。二つの想定をつなげているのは、個人として想像された人格である。この形象は、**同じ理由で**、断片化されたものとして、**もしくは**統合されたものとして現れる。個人として彼女、彼はいつでも、社会中心的な構造にせよ自己中心的なネットワークにせよ、それらの「中」での自らの位置づけ《プレイスメント》に対置されるからだ。ネットワークにその人なりの一貫性を与える個人は、同時に、彼／女の場所を決定する構造の粒子でもある。興味深いのは、〔ネットワークと構造の〕どちらにポジションを占めるかが、人格が統合されるのか断片化されるのかの源泉にあることである。

さらに興味深いのは、いましがたの記述がイギリスの村落の記述にそのままあてはまることである（M. Strathern 1981）。一方で、イギリスの村は依然として固定された中心として想像される。イギリスの村々は、長期にわたる愛着の焦点を形作っており、住人たちは入り組んだつながりの網目のなかで絡みあっており、対外的にはそれぞれの村が個別のユニットである。他方で、イギリスの村は消えゆく制度に見える。村が消え去るのは、人々が村とは無関係の世界へと出ていくことで捨て置かれるか、あるいは他の場所から移動してきた人々の侵入によって沈下させられるからである。移入してくる人々は、かつての共同性と現在の匿名性のあいだに徹底的な断片化をもたらし、村を異なる場所に変えてしまう。仮想的に描き出したこの村のありようは、親族関係においても反復されている。村人たちは、自分たちを個人的な系譜の要であると考えると同時に、個別家族に分断されており、またその家族もが散り散りになり、自分たちもまたそこから立ち去ることができると考えている。

したがって、個人と場所と親族についてイギリス人が抱く考え方のあいだにはつながりがある。個人は位置づけられるか複数の場所を旅するものとされ、場所は留まるか移動するかする個人を含みこむものとされ、親族の紐帯は変わりやすいものであると同時に変わらないものでもあるという性質をもつとされている。人格は、固定されているか動いているかによって、全体でも断片でもありうる。だから、「イギリス」社会の中で調査している人類学者が断片化を感じるのは、おそらく、彼や彼女が他の場所においてのみ完全な社会を研究する完全な人類学者でいられるという幻想をもっているからなのだろう（Cohen 1985: 28f）。単純な社会における単身のフィールドワーカーという想像上の形象は、ホームに帰還して、複雑な社会における断片化されたフィールドワーカーに付きまとうのである。

ここで再び、常識が介入してくるように見える。遠くから見れば、この単一者の形象は、例えばハーゲンを含めたメラネシア社会のような小さな「統合された」社会に有効であるように見える。ステレオタイプによれば、いくつかの氏族から学べることは、おおむね全体の人口集団に対して反復することができ、したがってハーゲンについて単数形で語ることができる。なるほどこの人口学的な単純さは幻想である。ところがそれは、ハーゲンのいち氏族と同じくらいのサイズの村であるエセックスのエルムドンについて筆者自身が記述したさいの状況との対比を促す。どんなに想像力を膨らまそうとも、筆者はエルムドンをイギリス社会のミクロコスモスと想像できなかったし、イギリスの白人社会のそれとすら想像できなかった。そのような広がりをもった社会は、単独のフィールドワーカーの射程には収まりきらない。筆者はハーゲンと、パプアニューギニア高地におけるあれやこれやの隣接集団を比較できるかのように振るまうが、イギリスを（例えば）北米とのつながりで「ひとまとまりに」考えようとするときに、エセックスの村をダラムの炭鉱居住区やマンチェスターの郊外と「同じ水準で」比較できるとは思いもしないだろう。正確な言いかたをすれば、理論的な意図を人口学的なスケールにすり替えることができないのである。

事実、場所は比較のための適切な単位とはまったく考えられていないのだ。農村のコミュニティとしてのエルムドンと、一万人の住むダラムの炭鉱「村」の住民や、マンチェスター郊外の人口密集地で住民がただそう呼んでいるだけの「村」のあいだの、類似と差異を数え上げるのは馬鹿げている。共通したコミュニケーションの慣行や国家経済への参加（Fabian 私信）や「疎結合」（Schwimmer n.d. Goffman に依拠して）といったつながりを見つけることはできる。しかし、それらのあいだの釣り合いはとれていない。これらの場所を比較可能な単位にするような包括するスケールや共通の文脈は存在しない。また、これらの場所は同じ内的構造ももっておらず、異なる種類の存在なのだ。人々の行動や相互作用は別様に文脈化されているため、例えば人々がどのくらいの頻度で親戚を訪ねるかといった類似した活動も、通約不可能である。これらの異なる場所について考える際に、自分を異なる人格として経験しているとも言いたくなるくらいである。

しかし、この経験はどのように構築されているのだろうか。この説得力のある常識はいったい何なのだろう。筆者がこれらの断絶を感じている理由は、私もまたこれらの場所の住民とおそらくは**共有しているイメージ**に実のところ埋め込まれている。異なる水準の複雑性のあいだを移動する転位の感覚は、慣れ親しんだ村と余所者を押し込み村人を吸い出す外部世界とのあいだの移動に似ている。エルムドンの人々はそのように考えるし、ダラムの鉱山村やイギリス最大の住宅地の一角を占めるマンチェスターのハルムでもそれほど変わることはないだろう。筆者は、エルムドンの曲がりくねった小道とハルムの高層住宅を比較することはできないが、心の内にそれらをただ並置する以上のこともしているに違いない。住民たちが見たところ類似した考えを抱いているのならば、これらの場所のあいだにはつながりがある。筆者が見つけたつながりに加え、村とは何かについて共通の概念化のような、彼ら自身が声にするつながりもある。彼らは「村」の観念を共有している。しかし、これらの類似した諸観念は姿を変えており、非類似性**についての**観念として現れる。それらの観念は、人々がお互いにどのように異なるのかについての観念であり、異なる場所がいかに異なっているのかについての観念である(26)。

要するに、ここには多元社会の成員がおり、彼らはお互いに「村」の外ではいかにすべてが多元的なのかを語りあっている。おそらく、複雑な社会を調査する際に対象を一部に限定する人類学者によくある自己防衛も、部分的には同じ現象である。しかし、村を居心地の良い/侵入されたコミュニティとして対立化して捉えたり、親族をネットワークか家族集団のいずれかとして問題化したり、あるいは、社会は個人を超越した広大で複雑なものであるとするような考えには、完全に説得される必要はない。同様に、個人としての人格が、固定化された中心と脱中心化された断片のどちらかに二者択一的に画定されるのだと、必ずしも考えなければならないわけではない。

人格と場所に関するこの種のなじみ深い考え方に与することはまた、このような認識が浮上するひとつの状況が、類似の認識が可能である他のすべての状況と等しいわけではないことを、正しく理解することでもある。それらは多様な効果をもたらしている。認識とその効果が現れた状況の特徴をつかむためには、例えばエルムドン住民とハルムの住民がこれらの〔類似した〕認識をしめすときに、その両者のあいだに横たわっている、つながりの部分的な性質を概念化する必要がある。そして、旅というタイラーの美学形式は――単一存在のうちで統合が起こるとの付随仮定を捨て去るならば――つながりについて考えるための想像力に富んだ装置として活用されうるだろう。

おそらく、多数の声の複合体を聞くことの治療的な効果にタイラーが頼ったのは、権威的なヴィジョンをもったフィールドワーカーという「単一形象」を排除することに注意を払いすぎたからなのだろう。しかし、フィールドワーカーの原像は、いつもある特定の場所でしか見ることはできなかった。人類学者はいつも、このフィールドワーカー像が「ホームで」通用することはないと主張することで、その原像を裏返しにし、断片化されたもうひとつの表面を晒してきた。遠近法《パースペクティヴァル》的なヴィジョンをもった単身者として、フィールドワーカーが外から覗き込むというイメージはうまくいかなかった。この人やあの人のパースペクティヴを異なる人格のパースペクティヴとして経験することができるならば、その複数のパースペクティヴの無媒介な統合など存在しない。しかし、原像の裏面を、単に複数の声の複合体というのでは不充分である。これは、多元性である。経験のコラージュではなく、内的に断片化されていると同時に、外的にはひとつのユニットであり無数のユニットのうちのひとつとなっている。言い換えるなら、統合と断片は数の人格化された形式として融合するのである。

個人としての人格というイメージは、数を特定の仕方でとり扱うよう促す。私たちは複数の一（複数の単一存在）を扱うか、そうでなければ複数の一からなるひとつの多数（無数の存在）を扱うかどちらかである〔we are dealing with ones (single entities), or else with a multiplicity of ones (inumerable entities)〕」。ここで二は、すでに多元的である。この慣れ親しんだ数学によってまた、私たちは全体を個別的な部分から成り立っていると見なし、中心となる人格のそれぞれが、中心化に対する断片である個別を、多元的に統合すると見なさざるを得なくさせる。結果的に、私たちは、原子論的な見方（全体は独立した要素の寄せ集めから構成される）と全体論的な見方（要素は全体的な構造や体系から離れて存在しない）の二者択一に囚われているようにみえる（Ingold 1986: 43）。

村と高層住宅は通約可能な単位とはとてもいえない。〔けれども〕人々の習慣と思考は、これやあれのコミュニティの慣習ではない。エルムドンの人々の考えは、彼らがエルムドンに住んでいるという事実に単純に帰することはできない。だから私たちは、場所のあいだにはつながりがあるという認識に至る。しかしながら、エルムドンとダラムとハルムの住民のあいだの類似性は、それらの場所それ自体の比較に基づくことはできない。これらコミュニティは、単一の現象でも多様な現象でもないのである。

部分2　厄介な存在

伝統的な人類学のレパートリーのなかでも、比較分析は切れ味をもっていた。それは、理論家に、比較可能なものと比較不可能なものの差異を特定することを可能にさせ、ひとつの種類の活動は必ずしも他の活動と同一ではなくそれ自体の文脈の中で考えなければならないという知見をもたらしていた。要するにそれは、強い意味での社会的・文化的文脈化と連携してきた。またそれは観察者の**身体の外側に**存在している統合についての具体的なイメージを提供していた。人類学者は、内的なつながりをもった体系を記述してきたし、複数の体系を比較する際にも、つながりを単に観察者が把握したものとしてではなくそれら自体に属しているものとしてきた。それは、綜合という学者の単一行為の対応物であった。このような指示活動の力は、外部にある指示対象、つまり研究の主題のための無数の文脈を提供する「社会」や「文化」の多元性を作りだすことにあった。

民族誌的治療による美学的な統合について手短に振り返ろう。筆者の先の解釈は、書き手たちもまた、「旅の」経験を、個別的な旅人／消費者の（身体の）外で起きていると想像していることを無視していた。クラパンザーノが書いたような本をもとに物事をまとめあげなければならないのは読み手だろうが、当然のことながら、彼や彼女は著者の招待によってそれを行う。著者の作ったつながりが、読み手自身によるつながりの作成を促すのである。タイラーがいう著者－テクスト－読者の創発的な精神は、個人としての場所を持たないが無限の場所をもつのであり、まさにこのような「外側の」出来事のイメージである。あるいはむしろ、著者の主体性《サブジエクティヴィティ》にも読者の主体性にも帰することのできないために、人格の内部でも外部でもない場所で起きている何かについてのイメージであるといえようか。

これらの考えを人類学的に活用していくためには、個人としての場所を持たない創発的な精神をもっと強い意味での外部性へと方向づける必要がある。つまり、人格を「三人称の誰か《サムワン》」と想像することだ（Burridge 1979）。他存在に対する知覚を回復させる必要がある。姿を消すことも自己と同化することもない具体的で特有の他者は、あなたを押しのけ、介入してくる人々である。（特定の場を持たないが故に）どこでもない場所で起こる出来事と個人的な治療の主体の狭間で、民族誌的経験を人格化する第三の道を提起したい。そのために、ひとりの人格**以上である**ような、さらにいえば、むしろ人格を超えた何かであるような形象を描いてみたい。出来事は、どこかで生起する以上、「場所をとる《テイク・プレイス》」。そして、出来事が介入となり、異なる人物の主体性が問われるからこそ、それは他者の現前とともに生起するのだ。しかしながら、これらの自己に対する中断＝介入は、慣れ親しんだものへの治療的な帰還を保証しはしない。そこにあるのはむしろ、つかみえないものをその手につかむ感覚、身体にそれができる以上のことをさせようと試みる感覚、部分的な仕方で他者とのつながりをつくる感覚である。

この場合、どのような形式や形象が、どんな種類の社会関係が記述されるのだろうか。どんなイメージが、他者経験の内に他者が完全に組み込まれることがないことを知りながら、同時に「他者との」つながりをつくることのできる人格の観念を、その内に含みこむのだろうか。それ自体として一となることもなく、複数から成る多数のなかの一粒子でもなく、また、総和でも断片でもないイメージだろうか。筆者がこのように問うのは、部分的なつながりをどのように維持したらよいかについてのモデルが手元にあり、状況によっては美学的な説得力をもつかもしれない著者《オーソリアル》＝「人格《パーソン》」

のイメージがあるからである。そのモデルは、アカデミック・フェミニスト言説が提供するものであり、イメージは半人間にして半機械たる、ダナ・ハラウェイのサイボーグである。

部分2　政治

部分1　フェミニズム批評

部分1　声

部分1　利益集団

「物語には良し悪しがある」とハラウェイはいう（Haraway 1989: 331）。そして、語りへの注目は、科学への着目にとって代わるのではなく、むしろ、ある種の科学的実践の物語性を帯びた形式を「良き科学を行うための条件として」理解しようとすることだと続ける。この言葉は霊長類学に向けられたものだったが、より一般的な論点が示唆されている。

ハラウェイは、フェミニズムにおける科学論争をあつかった論考で、アクティヴィスト・フェミニストが他の歴史上の諸集団とならぶ「特定利益集団」であり、その探究の性質を「スター・ウォーズ、大型スーパーマーケット、ポストモダン、メディアがシミュレートする市民像の、あからさまなアトミズムにあえて抵抗する」点に見定めている（Haraway 1988: 575 ハラウェイ二〇〇〇b：三五一）。そして、すでに構築された客観性に異議を唱えることは、それを構築するレトリックの舞台に参入することだというおなじみの論点を示したうえで、そこに捻りをくわえる。肝心なのは、知識に対するあらゆる主張は根源的に歴史偶有的だとの説明と、世界についての誠実で正確な説明への（釣り合いのとれた）コミットメントとを、いかに両立させることができるのかという点にある。フェミニストはマスター・ナラティヴを作らなくてもいいかもしれないし、グローバル・システムを理論化しなくてもいいかもしれない。だが彼女たちは、「地球規模のつながりのネットワーク、それもきわめて異なった、しかも権力差のあるようなコミュニティ同士のあいだで、知を部分的に翻訳する能力を備えたネットワークを必要としている」（Haraway 1988: 580 ハラウェイ 二〇〇〇b：三五九）。この解体された、そして解体されつつある時代に、どのようにフェミニスト版の客観性を提出することができるのだろうか。

利益集団の概念は、パースペクティヴという考え方を非常につよく暗示している。利益集団が推し進めているのはまさにパースペクティヴそのものであり、世界を評価する起点となり、主張の基となる「視点」なのだから。利害＝関心――係争中の具体的目標や抗議内容、生活状況であれ何であれ――が、活動家の視点を決定する。したがって、争われているのは、何を見ることができるのかについてであり、それがどのように見えているのかについてである。ハラウェイが注意を向ける問題は、しかし、見るべきものが多すぎるという現代的な感覚である。多様に異なるパースペクティヴから構成された世界においては、ひとつのパースペクティヴを主張することそのものが平板化につながってしまう。同様に、聴覚のメタファーも使えるだろう。話し声のざわめきと、論争下にあるポジションを代表する声を思い浮かべてもいい。ハラウェイ自身も聴覚のレトリックに訴えるが、それについては後ほど触れることにしよう。ともあれ、ハラウェイが視覚化＝映像化に関心をもつのは理にかなっている。彼女が、限界と可能性を知覚することについて、そして限定的な視界の可能性についての議論を進めるために、視覚化を活用しているからだ。

ハラウェイは、多国籍主義的でポストモダンな文化の視覚的貪欲さについて次のように述べている。(27)

> 視覚は、この技術的饗宴のなかで野放しの暴飲暴食となる。その様相は、どこからともなくすべてを見渡す神の御業を思い出させるだけでなく、その神話を日常の営みとして実現してしまったようにみえる。（Haraway 1988: 581 ハラウェイ 二〇〇〇b：三六二）

しかし、無限の視界などというのは幻である。それは見る目を脱身体化してしまう。

> ［むしろ、私たちは］霊長類の色覚と立体視を備えた身体で、客体＝客観性をどのように自分たちの理論的、政治的スキャナーに組み込むのかを学ばなければならない。どう呼んだらいいのかほとんどわからない精神的、肉体的な空間の次元のなかで、自分たちがいる、あるいはいない場所を名づけるために。（Haraway 1988: 582 ハラウェイ 二〇〇〇b：三六三）

ハラウェイの議論では、客観性とは、超越性ではなく、特定の具体的な身体化＝具現化であることが判明する。私たちが描く世界像は、肉体組織と人工器官の能動的な知覚系に依存している。それら多様な像は、無限の移動性や互換性のアレゴリーであってはならないが、ハラウェイがいうように、「細微にいたる特異性や差異の、そして他者の視点から誠実に物事を見ることを学ぶ際に人々がしめすであろう愛のある配慮の」（Haraway 1988: 583 ハラウェイ 二〇〇〇b：三六五）アレゴリーである。この視点にたてば、合理的知識は中立的であることを装わないだろう。部分的であること＝肩入れをすることは、意見を聞かれ、主張を行うポジションをとるということであり、それは上からの眺めではなく身体からの眺めである。だから、あらゆる視覚的な可能性は非常に限定的にならざるをえない。ハラウェイは宣言する。ただ部分的なパースペクティヴのみが客観的なヴィジョンを保証する、と。

だとすればハラウェイの著作は、自らが関与する言説の内部に自身を位置づけながら、同時に当事者として熱を帯びた批評活動をする権利を保持する、私たちの時代のもうひとつの民族誌である。彼女の科学文化に対するスタンスは、科学文化に居場所を与えると同時に、彼女の住処をそこに限定しないようにすることだった。そこでは他者の視点のためのポジションも確保される。しかし彼女の説明には、さらなる捻り、予想外の次元がある。

他者の視点から誠実に見ることを学ぶことは、ハラウェイいわく、「他者が私たちにとって機械であったときですら」(Haraway 1988: 583 ハラウェイ 二〇〇〇b:三六五)誠実に見ることを含んでいる。機械という言葉で、ハラウェイは身体化に対する二重の気づきに言及しようとしている。すなわち、目のような高度に専門化した装置も含め、人間の身体とその臓器が「機械的」性能と可能性を有していること、そして機械を介することで、私たちが異なる「知覚」のありようとものの見方を獲得できるということである。身体と機械はそれぞれ、それ自体でシステムである。そして、身体と同様に、機械の感覚的能力を知るためには、私たちは機械に対して充分な愛着をもたなければならない。いかにして、人工衛星のカメラから、目によって惑星体として合成されうるカラー写真を取り出すことができるのか——非常に詳細で非常に部分的な画像の数々から。(一四)

宇宙飛行を喚起することは、すでにみた旅の隠喩を思い出させる。旅のポジション設定、私たちが想像するかもしれない出立と帰還は、タイラーの言うところの場所のない、創発的な精神を経由することでのみ想像されるのではない。統合を行う臓器は頭のなかにだけあるのではない。身体こそが、いうなれば、常にこの想像の当事者なのだ。

部分2　部分的参加者

けれども、振り返ってみると、まさにその創発的な精神として想像できるかもしれないフェミニズム運動の領域がある。その領域は、自らの脱身体化の感覚から生みだされていると言いたくなるほどである。そしてその力は、ある特定の転位《ディスロケイション》に由来する。

フェミニズム研究の近年の歴史を振り返ると、それをポストモダニズムへの最も痛烈な批判者であるとともに、ポストモダニズムの賛同者であると主張することもできる。この点には立ち入らないが、ハラウェイが輪郭を示しているように、「ポストモダニズム概念や理論の主流派」がフェミニズムを領有／流用することに対して、フェミニズム内部に広く行き渡った抵抗がある（Lee 1987: 9, cf. Hawkesworth 1989）。にもかかわらず、フェミニズム研究は、いま私たちがポストモダンの名の下にまとめるいくつかのポジションの前兆であり実演でもあるようにみえる。たしかに、人類学に対してもそうであったように、フェミニズム研究のいくつかの形態は現代における実験の先駆けであったし、多くの点でさらに先へ進んでいった。そのうえで興味深いのは、学術雑誌や文献上で交わされるようなフェミニズムの論争が、個々の参加者を超えたところで構築された論争でありながら、必ずしもそれ自体が「身体」といえるような共同体ないし集団の企図の対象とはなっていないということだ。

第一に、フェミニズムにおいては、論争が対象すなわち関心の焦点をつくる。それは、多様な利害関心からつくりあげられるが、しかしそれらが〔同一のスケールで〕対立していたり調停されていたりする必要はない。個々人が貢献していると感じるであろう合意された知の母体《ボディ》が存在しない〔からである〕。フェミニズムの知は、人類学の知がそうであると見なされるようには、蓄積的な性質をもったものとは捉えられず、一般的な吟味に開かれた資料を生みだすこともない。アカデミックなフェミニズム思想のそれぞれの潮流は、歴史学、心理学、文学批評、生物学等々といった、特定のポジションに由来する。それは、女性の社会的認知度を高めることへの関心という共通の地平で出会うが、各研究者はそれぞれが自身の属す分野の研究者であることによって役割を果たす。一方、「フェミニズム理論」の構築に焦点をあてる人々は、ラディカル、社会主義、マルクス主義等々といった、政治的ポジションによって分断される――それぞれの用語は、昨今の政党の名称と同様、すでに時代遅れにみえるのだが。内部の関係は同質だとはみなされていないのである。アン・ゲイム（Game 1985: 129）は「単数形のフェミニズム理論について語ることはできない。数々のフェミニズム諸理論があるからだ」といういまや充分に定着した見解を概説のなかで繰り返している。「多面戦線の同時展開」（Craig 1985: 63）だけでなく、それらの戦線間で保持されている差異、すなわち「内部の多様な差異」が重要なのである。

第二に、ある学問分野におけるフェミニズムの知は、その分野においてこそ本領を発揮する。つまり、それは（外部の）源にはりついたままなのである。人類学者にもたらされるかもしれない洞察も、科学史家や文学批評家にはそれほど興味深いものではない。私たちがすることと彼らがすることのあいだには単なるアナロジーか並列性があるのみだ。「彼／女らは異なった知の方法を産出する」（DuBois et al. 1985: 201）。サンドラ・ハーディングの態度はさらにはっきりしている。フェミニズム批評による科学論の二つの潮流を描きだすなかで、彼女は「それぞれの潮流のなかに、衝突する傾向を助長する相応の理由」があると指摘する（Harding 1986: 654）。

第三に、フェミニズムの企ての性質として、学術的な実践者たちは、定義上統合された「ひとりの人格」、「ただの」フェミニストにはなりえない。逆に言うと、誰もひとりのフェミニストとして決して十全な人格とはならない。

フェミニストのポジションは、人類学者の遅ればせながらのポストモダンの構えと単に並行しているだけではない。両者の企ては互いにつながっている。どちらも同時代の西洋的な歴史文化環境に属しており、これまでなかなかお互いを参照してこなかったとしても（cf. M. Strathern 1986）、同じような源から刺激を受けてきた可能性がある。(28) アカデミックなフェミニズムの活動は成果としてテクストではなく言説を構築するし、フェミニズムの多声性は人類学者による「単声的な権威」（クリフォード 一九九六：二六）の拒絶を予期していた。タイラーの「ポストモダンの民族誌の例などありはしない［……］あらゆる試みは常に不完全である」（タイラー 一九九六：二五二―二五三）という主張と、ジュディス・ステイシー（Stacey 1988）の常に「部分的にフェミニズム」でしかない民族誌で満足しなければならないという主張に、対応関係を見るものもいるだろう。実際ステイシーは、クリフォードによる民族誌的真実の部分的な性質についての重要な言明（クリフォード 一九九六：一二）を、たいへん興味深い仕方で拡張している。カリフォルニアのシリコン・バレーにおける家族とジェンダーの社会学的研究が直面した逆説は、民族誌家がいかにしてインフォーマントとのあいだに芽生える共感を克服することができるのかというものだった。成果として民族誌は、部分的にしかフェミニズムたりえない。民族誌家は拡張され、民族誌には回収できない相互関係に巻き込まれ、共にフェミニストになることとは別の形で、エスノグラフィーを書くことになるからである。

民族誌的真実の部分的性質が、人類学者のフィールドでの出会いから導き出されるとする考えは、フェミニストが互いに異なるポジションから対話する仕方に先取《プレフィギュア》りされていた。彼女たちを部分的な人格にするのは、これら無限に差異化可能なポジションである。そこには、フェミニストであるためには、他の誰かにもならなければならないという感覚がある。フェミニズムは、したがって、アイデンティティの他の側面に対して「自らが作る差異」にこそある。「いかなるフェミニストの立ち位置も必然的に部分的である」(Flax 1987: 642)。ステイシーがこれに応じて示唆するように、人は常に部分的にしかフェミニストではない。コミットメントやひた向きさではなく、まったく異なった言説のただなかでフェミニズム言説をネットワーク化することが問題なのである。

フェミニズム研究は、その文化的人工物に、つまり自らの関心の境界内に社会生活の多声性を再現したところに、いうなれば切れ味をもっている。重要なのは、その外部に向けた関心がもつ、学際的、脱領域的、領域横断的な性質である。いかなる単一の視点とも対応せず、「それ」がひとりの人格の(集合的な)声としては想像されえないからこそ、それが提供するポジションが一層際立つのである。「議論の多様性にも**かかわらず**、フェミニズムは男性権力への異議申し立てをとおして団結している」(Currie and Kazi 1987: 77 強調引用者)。とはいえ反対に、フェミニズムが個々の研究者の理解や把握を超えたところに確かに存在するともいえ、その多元主義は単一の参加者には包み込むことができない言説を作りだしている。その範囲が広すぎるとか、複雑すぎて把握できないからではなく、外部の差異と内部の差異のつながり方のために、そうなのである。

くわえて重要なことに、異なる学問分野間を横断するフェミニズムの論争が、それら学問分野によっても規定されえないからでもある。外部の参照点たるそれら学問分野は、フェミニズム内部の政治的想像力によって、つまり、どの「種類」のフェミニズムが問題化されているのかによって、媒介されたり、覆い隠されたりしている。内部の差異は、それぞれが互いの関係において構築されるかぎりで、対抗的な差異化の源泉として介入してくる[29]（Eisenstein 1984: xix）。内部の複数のポジションは単に並置されているのではないので、ハーディングには申し訳ないが「相対主義の一表現」（Harding 1986: 657）でもない。それらはパスティシュや、「ユーモアのセンスを失った空虚なパロディ」（Jameson 1985: 114）でも、「批判的次元を捨てたアイロニー」（Webster 1987: 58）を構成するわけでもない。ハラウェイは別の見地から、アイロニーに異なるイメージを担わせている。「アイロニーとは、弁証法をもってしても、より大きな全体に回収されることのない矛盾であり、**相いれないものをまとめる緊張である**。どちらも／すべては必要で真実なのだから」（Haraway 1985: 65 ハラウェイ 二〇〇〇a：二八六）。なるほど複数のポジションはまとめあげられる。しかしそこで私たちが見つめるのは、入れ替わりたち現れて互いに反響するように作用する複数のスタイルだけでなく、なんとかなっている作業上の共在性《ワーキング・コンパティビリティ》なのである。

フェミニストの論争を特徴づける共在性《コンパティビリティ》は、そこに参与するということ以外には、参与者たちのあいだに比較可能性＝等質性《コンパラビリティ》を要求しない。内部の差異**あるいは**外部の差異いずれにおいても、人々は異なるポジションのあいだを旅する。まるで不釣り合いが意図されたものであるかのようだ。フェミニズム研究は他の学問分野と同列にならべられる一分野ではなく、単に他分野に侵入しそれを利用する。だから、私はフェミニズムで人類学を代用することはできないし、逆もまたしかりである。一方に耳を傾けて他方を忘却することはできない (cf. Moore 1988)。それぞれが同時に、そこからカウンター・ポジションを見い出すポジションとなるのである。

　さて、このフェミニズムと人類学の分断ないし区分は、場所性の隠喩であらわされるような類の区分ではない。ある「場所」から立ち去って別の場所へ行くというようなことはない。いずれの分野も、私が全的人格として構成されうるような避難所の余地を提供しはしない。いずれも全体的な文脈ではないし、それらが私の行為の文脈だと考えられる時でも、私はどちらとも同一でない。同時に、それらは全体の半分でもない。私は人類学者としての側面とフェミニストとしての側面という、交互にたち現れるうわべをもっているのではないのだ。討論や会話といった隠喩にもすべてを担わせることができない。誰しも、自らが複数の参加者の集合体であるかのように内部の絶え間ない対話を操り、順繰りに違う自分になることなどできない。そして最後に、これは単に二つのパースペクティヴの問題でもない。経験されるのが二人の異なる人格でもなければ、二つに分けられたひとりの人格でもないのだから。

　この主観の視点から見れば、異なる声に気づくことは、別々の場所、別々の会話という、脱身体化が示すイメージ以上でもあり、また以下でもある。しかし、もしそれぞれの「側面」が、そこから他方を見るポジションを提供するのならば、身体化のアナロジーを使うことが、あるいはできるのかもしれない。各ポジションが、そこから、そこを通して他方を知覚する基盤と媒体になるとき、そこでの気づきは、彼／女が住まう身体から、身体を通して見ていることを知る、人格の意識として想像することができる。

部分2　身体

部分1　一つは少なすぎるが二つは多すぎる

ハラウェイによる身体と機械のあいだアナロジーは、世界のあらゆる視覚化がもつ機械的もしくは物理的な特異性に注意を促すためのものだった。とはいえ、彼女のアナロジーは以前に書かれた、その中心的イメージによっていまや古典となった論文（Haraway1985 ハラウェイ 二〇〇〇ａ）と共鳴している。そのイメージとは、身体でも機械でもない存在、サイボーグである。

サイボーグは、異なる部分が作用するための諸原理が単一のシステムを形成しないため、身体でも機械でもない。各部分は互いに釣り合いがとれてもいないし不釣り合いでもない。内部のつながりは集積回路《インテグレイティド・サーキット》を構成してはいるものの、単一のユニットというわけではない。ハラウェイのイメージもこのように作用する。それはひとまとまりのイメージではあるが、全体性のイメージではない〔a whole image but not an image of a whole〕。想像と現実とを接合するからだ。サイボーグは、仮想存在のイメージであり、その文脈や参照点のイメージである。つまり、想像上のサイボーグたちの世界における、他者とつながっているサイボーグのイメージであると共に、そのイメージを用いて思考するに相応しい今日の世界におけるさまざまな状況のあいだのつながりのイメージである。

サイボーグは、SFが夢見たサイバネティックなファンタジーであり、部分的に生命を与えられ部分的に技術化された生き物だ。それは装置を埋め込まれた人間、ないし人間の臓器を組み入れた機械であり、移植と遺伝子操作のハイブリッドである。同時に、そのフィクションは、すでに存在しているポスト科学世界において実現されている。そこでは、

> マイクロエレクトロニクスの媒介により、労働はロボット工学と文書処理に、性は遺伝子工学と生殖技術に、精神は人工知能と意思決定作業に翻訳される。
> (Haraway 1985: 84 ハラウェイ 二〇〇〇a:三一七)

もはや、自然と人工物、物質と意識、もしくは人間と機械の関係において作る側と作られる側の分離を維持することは不可能となった。「コード化へ還元される機械において、何が精神で何が身体な

のかは明確ではない」(Haraway 1985: 97 ハラウェイ 二〇〇〇a:三四〇)。生物学的有機体は知の対象としてのまとまりを失い、知の対象としての位置を生物の構成要素に譲ることになった。「私たちの形式的知識によっても、機械と有機体、技術的なるものと有機的なるものとを、根本的、存在論的に区別することができない」とハラウェイはいう(Haraway 1985: 97 ハラウェイ 二〇〇〇a:三四〇)。精神と身体、自然と文化の差異の喪失が、有機体と機械の融合、すなわち「人工器官、親密な部品、馴染み深い自己」(Haraway 1985: 97 ハラウェイ 二〇〇〇a:三四一)としての機械像そのものに、映しだされている。この同盟があれば、有機的一体性を懐かしむ必要はない。

ハラウェイの批判を突き動かすのは、フェミニストを含めて、人々が二分法を克服するために用いてきた一体性の観念である。人々は、分断された世界という考え方を、社会はコミュニティであるかもしれないし、労働は疎外されないかもしれないという考え方で乗り越えようとしてきた。けれども、そのような全体性のヴィジョンは、壊そうとしているはずの基盤にある二元論をどうしても永続させてしまう。サイボーグは、異なる思考の手はずを整える。

サイボーグはつながりに飢えている一方で、有機体論に油断をみせないと、ハラウェイはいう。「有機体論は、自然な身体への、『人工的なもの』による混乱の外側にある純粋さへの憧れの理論化である。それは、他の形式による超越への憧れの、裏返しであり鏡像である。〔……〕フェミニズムが、有機的支配の論理と実践を避けるのならば、全体論的有機体論に対抗しなければならない。〔……〕私が望むのは、サイボーグが、拮抗的対立、機能的制御、神秘的機能によってではなく、むしろ部分的なつながりによって差異を関連づけることである」(Haraway 1986: 86)。サイボーグは、「統一的なアイデンティティを求めて終わりなき二項対立を生成することはない」(Haraway 1985: 99 ハラウェイ 二〇〇〇a：三四五)。サイボーグは単一の境界をもたないし、その部分部分は内部の分断からなるものではない。原初の家族やエデンの園を夢見たりしない。「サイボーグはポスト‐ジェンダーの世界の生き物であり、バイセクシュアリティとも、前エディプス的共生とも、疎外されない労働とも関係がない。そのような、部分の力のすべてを最終的に高次の一体性に取り込もうとする有機的全体性への誘惑とは無縁である」(Haraway 1985: 67 ハラウェイ 二〇〇〇a：二八九)。部分から全体を形づくるような関係性は疑問視される。自己と他者、公と私、身体と精神などの包摂的な二元論によって駆りたてられる、支配とヒエラルキーの関係性も同様である。[30] なにより「自然と文化は再編され、もはや一方が他方に領有されたり組み込まれたりする資源ではなくなったのだ」(Haraway 1985: 67 ハラウェイ 二〇〇〇a：二九〇)。従来の知覚は、分断と二分法によって構造化された世界のものだった。そこで私たちは、機械から自由になろうと闘いながら、機械によって支配されていると感じていたのである。

彼女は「機械は息を吹き込まれ、崇められ、支配される**何か**《イット》ではない。機械は私たちであり、私たちのプロセスであり、私たちの身体化の一側面である」(Haraway 1985: 99 ハラウェイ 二〇〇〇a：三四五 強調引用者)と付け加える。機械は人間の経験を複製しないし、有機体が機械をモデルにしているといっているのではない。それどころか論点は、〔両者の〕差異をみるところにある。異なる方法で作られ、あるいは生殖＝再生産され、この意味で異なる起源をもちつつも共に作動する存在のあいだに、どんな種類のつながりを思い描くことができるのかが問われなければならない。彼女はコミュニケーション科学に寄せて、精神、身体、道具は、とても親密な間柄になりうるとも述べている。

おそらくサイボーグのイメージも、この親密なセットに加えることができるだろう。筆者は先に、時代遅れになったイメージが失ったもっともらしさを回復することはできないと論じた。ハラウェイもまた「サイボーグ宣言」において、ポストモダニズムは、いち選択肢、すなわち数あるスタイルのうちのひとつではないこと、かつてモダニズムがそうであったように賛成したり反対したりできる何かではないのだということを、強調している。むしろ私たちは、物事を違うように見ざるをえない文脈のうちに生きている。失われた確信の代わりとなるのは、新しい確信でしかない。そして私たちの現下の確信は「批判的距離という心地よいフィクションに意味をもたせるような外部の場所はもはや存在しない」（Haraway 1985: 69 ハラウェイ 二〇〇〇 a：四八二）というものだ。ハラウェイはいう。

私のポジションは、フェミニスト（をはじめとする人々）には継続的な文化の再発明、ポストモダニズム批評、史的唯物論が必要だというものだ。サイボーグだけがその可能性を握っている。

ハラウェイの説明は、有機的一体性に訴えることでしか差異を解消できないという想像力の限界によって突き動かされている。彼女は政治を単一のヴィジョンという不吉な遺産を超えたところに位置づけようとしているのだ。

サイボーグの世界は、生きられた社会的・身体的リアリティを指すかもしれない。そこで人々は〔……〕永遠に部分的であるアイデンティティや相矛盾する立場を恐れない。政治的闘争とは〔「動物」と「機械」の〕両方のパースペクティヴから同時に見ることである。それぞれが、別の立脚点からは想像もできないような支配と可能性を明らかにするからである。
(Haraway 1985: 72 ハラウェイ 二〇〇〇a: 二九六)

私はハラウェイの政治的サイボーグに私なりの利害＝関心をもっている。サイボーグには美学的な確信があり、その形式が説得力をもつ。ハラウェイの著作が目指していたのが、共通の一体性や起源に訴えることによって結びつく必要はないが、互いに異なる外部の存在としてつながる人々のあいだに、コミュニケーションのネットワークを作ることだったとしたら、彼女は、私たちが社会関係の振る舞いをいかに思い描くことができるかについて、想像力溢れる入り口を与えてくれている。

部分2　隠された拡張

サイボーグは、比較可能性《コンパラティビティ》＝等質性を前提とせずにつながりを作ることができるのだとしたら、それがどういうものであるのか考えをめぐらせる。だとしたら、人類学とフェミニズムのあいだの関係を考えてみてはどうだろうか。一方が他方の可能性《ケイパビリティ》の実現ないし拡張なのだとしたら、その関係は同等でも包摂でもないだろう。その関係は、人と道具のように、人工装具的《プラステティック》なものだろう[31]。比較可能性＝等質性なき共在可能性《コンパティビリティ》。つまり、一方が他方を拡張するが、それは相手のポジションからのみ行われる。拡張が生み出すのは異なる能力である。この見方では人と道具のあいだに主客の関係はなく、拡張された、または実現された可能性だけがある。

　このように人と道具の互酬性を暗示することは、〔道具を人と同等に扱うがゆえに〕たちどころに不条理との非難をあびるだろう。けれども、しばしば私たちは、人間の〔脳と対比される〕身体には精神《マインド》がないといった〔身体を道具化するような〕考え方をしてきたのではないだろうか。たしかに、有機的な心臓が住まう身体は精神《マインド》＝脳も有しているのにたいして、機械の心臓は自らの精神《マインド》＝脳をもたないシミュレーションである。この機械に主体性や意図を帰属させるように見えたら、それは滑稽だろう。もちろん、筆者はそんなことを主張しているわけではない。これらは、私たち擬人が機械の視点から物事を見るために、つまり、機械を介して見るときの知覚プロセスの特異性を把握するために、生みださなければならない擬人の修辞なのである。

この修辞を学術的に翻訳すると、この見方は異なる世界、異なる聴衆にアクセスするための思考法を提供する。「私」が自分自身を人類学者だと考えるとき、フェミニズム研究は補助、もしくは道具になり、人類学者としては考えも及ばなかった思考に引き合わせてくれる。つまり、人類学者はフェミニズム言説を明確な外部の存在として、言うなれば身体の「外側」に位置づけることができる。なぜなら、フェミニズムは人類学の拡張であり、異なる素材から作られた手段であり、オリジナルな身体が単独ではできないことをしてみせるのだから。同時に、道具は何かに取り付けられている限りにおいて役立つことができる。道具は人が他者とやり取りするための手段だが、その人の使用と切り離されて包摂されたり所有されたりするものではない。

これは、会話の部分的つながりについての私たちの考え方を拡張するだろうか。先の例に戻ろう。フェミニズム言説は参加者のあいだにつながりを作る。しかし、自分たちを統一する基盤を作らないために、彼／女たちは部分的であり続ける。各人が作るのはポジションの拡張である。それは会話という手段を用いずにはなされえないが、最終的には各人が彼女や彼の**ために**占有するポジションからなされる。「部分的」という言葉は、全体性がないということに加えて、各部分が党派的《パルティザン》なポジションであるという、対話の性質をうまく捉えている。同じように、民族誌的真実が部分的なのも、不完全でありながら同時に深く関与しているからだった（クリフォード 一九九六：一二）。

サイボーグの部分どうしがつながっていないながら比較可能＝同質でないというイメージを、私は二つの意味で用いている。第一に、道具が身体を拡張するように、有機体につながった機械という概念は、一方が他方のために可能性を実現することに基づく存在間のつながりを示唆する。つまり、一方が他方を「作動」させる。例えば、人とその人の思考との関係性を、もしくはその人の思考とその人が他者と会話する仕方との関係性を、あるいはフェミニズム議論に参与している異なる分野の研究者たちの関係を想像するとよいだろう。いずれの場合にも、何かの実現や拡張は、その何かが付着していたもの、それが由来していた場所と同じではない。ハラウェイは、サイボーグは自己更新《リジェネレイション》はできるが自己再生産《リプロダクション》はできないという。ある部位は他の部位とは違う水準に属しており、他方を作り出すものによっては一方は作り出されない。各部位は、お互いのスケールに組み込まれていない。ハラウェイもいうように、ポスト科学世界の政治も同様に、再生産《リバース》つまり自分と同じものを生み出すことについてではなく、更新《リジェネレイション》つまり拡張《エクステンション》について語らなければならない。ちょうど道具が役に立つように、私は会話を自分のために役立させることができるし、会話を続けるために自分自身を役立たせることができる。

　第二に、この釣り合いの欠如は、部分／全体システムの観点から読み直されてはならない。一見すると「道具」という言葉は、その用途を定める作り手や使い手によって包摂される可能性をいまだに暗示しているようだ。しかし文化理論のいくつかが示してきたように、私たちは自由に使える手持ちの道具を**通して**、はじめてその用途に気づくのである。有機体と機械は、片方が他方を完全に規定することはできないのだから、部分と全体の関係としてつながっているのではない。例えば人類学からフェミニズムへとパースペクティヴを切り替えることで、残されたポジションは必ずしも消されたり組み込まれたりしない[32]。また、いずれのポジションも包摂的な文脈やすべてを見渡すパースペクティヴを提供しない。そうではなく、それぞれが特定の場所で、特定の形で体現された視覚として存在する。人類学者であるということは、フェミニズム研究を人類学的知見の資源として、もしくは拡張として用いることである。ちょうど、機械ではなく有機体であるということは、有機的な可能性を拡張することなのと同じように。

ここにきて、あるポジションは別のポジションによって構築されるのだと考えそうになるかもしれない。ある種の人類学的言説において、社会関係が人格を構成するのだと想像されているのと同じように。個人の人格に場所を与える外部の特定の他者たちの存在によって、彼／女自身の一部であると同時に一部ではない、つながりとしての社会関係の感覚が引き出される。おそらく、そうしたポジション設定の感覚は、諸存在（お互いに自己にとっての「誰か」）の特定のありようによってだけでなく、他でもありえたかもしれない歴史によってもまた生みだされているのだろう。私たちが知るべきは、それらの他者が「どこか」から来たということで、他者たちのパースペクティヴそれ自体も独力で成立したわけではないということである。

部分2　侵入と比較

部分1　侵入

部分1　支配の技術

ハラウェイがほとんど人間の次元にまでスケール・ダウンして作りだしたサイボーグの背後には、ぞっとするような技術と軍事の複合が控えている。その全体化する世界観に抗して、彼女は微かだが確かに聞こえるコミュニケーションの網の目を喚起しようとする。この点からすれば、筆者はサイボーグのイメージを、見たところあまりに親しみやすい《フレンドリ》ものとして提示してきたのかもしれない[33]。人間の可能性の拡張や実現と、その倒錯や破壊の違いをどのように見分けられるのだろうか。使用者の能力を拡張する道具と、自らの決定システムに操作者を組み込んでいく機械との差異を示すべきではないのか（Ingold 1988）。人格が機械のルーティンを通して支配されるとき、エンジンのリズムに縛り付けられることは、能力の拡大ではなく縮減である。この意味で、他者の支配下にある道具は、〔自己にとって〕もっぱら機械であると見なせるかもしれない。これは、筆者の読みでは、最近のフェミニスト・レビュー誌でも改めて表明されている論点である。

〔……〕物を生産するために必要な道具が私有される〔とき、〕労働者は自らの考えやニーズを表現する物をもはや自由に生産することができない。むしろ、自らの労働力を資本家に売らざるをえず、道具の抽象的な「拡張」になってしまうのである。自らの労働を通して、生産者は自らの考えではなく、投資した資本に見合う利益があがるように生産物を按じた他者の考えを、物質的に表現するのである。（Currie and Kazi 1987: 85）

ここで「拡張された」ようにみえるのは、すべてのプロセスを支配する人々の権力である。支配する人々は、統治の手段として、自らにとっての道具を他者にとっての機械に変える。

アイファ・オングは、ハイテク産業の生産行程に雇用された第三世界の女性たちをとりあげて、革新的技術が抑圧の新しい形式をもたらすようすを描きだしている（Ong 1987a）。オングによれば、電子機器製造の現場では、女性たちは文字通り機械に接続されることで自らのジェンダーそのものを解体させられている。事例とされたのは、マレーシアの工場の管理体制だった（cf. Ong 1987b）。一方で、仕事が極度に細分化されているため、労働者は延々と細かい作業を続けなければならない。他方で、管理者側は、彼女たちが仕事に耐えられる生来の能力を備えていると語ることで、女性たちの自己認識を支配しようとする（Ong 1987a: 622）。それだけではない。事業法人は、その文化的出自に応じて、女性労働者たちを管理者による保護が必要な娘と定義したり（日本）、女性としての性的アイデンティティーから特定の趣向にはしる消費者と定義する（アメリカ）。結果として、

ハイテク産業のもとに集められた女性にとって、ジェンダーは解体されている。マイクロチップの製造は本来的に「フェミニン」だと定義され、女性の指や眼は電子的手段の拡張としてコード化され、女性の可能性や主体性は純粋なセクシュアリティに還元され、〔……〕技術、男性、組織との彼女たちの関係が〔……〕官能化されるのだ。（Ong 1987a: 623-624）

ここで問題にされている機械と身体はたしかに拡張ではあるものの、機械に直接的に結びつけられる女性労働者たちの拡張ではない。これもまたサイボーグのひとつのあり方だとするならば、それが無害にみえるのは、目前の主体と人工器官のみに目を向ければ充分だとばかりに、通常人間の能力が発揮される場である、権力関係の網の目から切り離して抽出されたときに限られるであろう。

しかし、イメージの不快さだけが、何かが社会的真実であることを保証するわけではない。以上のことは、先述したツーリスト像にも当てはまるだろう。不可避的に、この形象は人類学的説明のなかで不吉さとともに現れるよう運命づけられている。筆者は「ツーリスト」を、彼女や彼自身の感覚を高めるような異文化のサンプリングや消費を行うことを通じて、個人的な経験を拡張しようとする人格とみなす。この観点では、彼／女はもっぱら消費者であり、世界の多様性を貪る文化的

暴食家だ。膨れ上がったイメージは確かに不快である。しかし別の観点からは、ツーリストは、ホスト社会の、そして他者の人格の拡張に、そうとは知らぬまになってしまっているようにも見える。

ツーリストが経験する社会的出会いについて考察するなかで、フレドリック・エリントンとデボラ・ゲワルツは政治に注目する必要性を指摘する（Errington and Gewertz 1989）。マルコム・クリックによる人類学と観光の軽妙な比較では不充分だ（Crick 1985）。エリントンとゲワルツは、クリックの記述が描きだしているようにみえる全体化する世界像、ひいては広く行き渡った「ポストモダンな認識」を批判する。それは「社会生活（社会生活を検証する学問分野も含む）を、断片的で多様であり、秩序だったものではない」（Errington and Gewertz 1989: 38 強調省略）と捉える。形式との交渉や戯れが、人々の相互作用を特徴づけているように見えるかもしれない。しかし、エリントンとゲワルツは、「相互作用すなわち交渉の条件を誰が支配するのか、そして誰が勝って誰が負けるのか、ということが非常に重要な意味をもつ世界で、人類学者が高める必要があるのは戯れの感覚ではなく、政治的なものについての感覚である」（Errington and Gewertz 1989: 39）という。

エリントンとゲワルツは、パプアニューギニアのセピック川沿いに住む人々が、ツーリストや自称「旅人」たちに応待するようすを描きだしている。彼らが特に焦点をあてるのは、チャンブリのポジションだった。定期的にチャンブリのもとを訪れるツーリストは、いまやチャンブリの生活に重要な役割を果たすようになっている[34]。一九八七年の調査旅行中に彼らが目撃した「儀礼」は、イニシエーション儀礼を受ける青年とツーリストの双方のために催されていた。加入者はからかわれてしごかれ、ツーリストは、その儀礼の写真を撮るようおおっぴらに勧められる。儀礼の主催者は、イニシエーション儀礼が申し分なく実施されるために必要な、多大な経費を補うために、ツーリストの入場料をあてにしていた。だから彼は行事が行われる一カ月のあいだに多くのツーリストを呼び寄せることを望んでいた。エリントンとゲワルツが観察した儀礼では、充分な数のツーリストが船で到着するまで、その進行が先延ばしにされていたという。

しかし行事は、こうした事情にもかかわらず穏便には進まなかった。儀礼の後、ツーリストと加入者はいずれも混乱し、いらだち、不安げな様子で男たちの小屋から出てきた。加入者はあまりに手荒く扱われたと不満をいい、ツーリストは儀礼があまりに暴力的で、自分たちの役割があまりに前面に出すぎていたと感じていた（加入者がほこりまみれで血だらけの状態で写真撮影のために並ばされたのみならず、ツーリストは拍手するように英語で指示された）。彼らは機械に取り込まれていたのだ。

エリントンとゲワルツの分析によると、外部者の存在により、実際のところ加入者へのしごきの厳しさは和らげられていたという。しかし、そこで起きたことはある種の愚弄だった。加入者たちは無力感に囚われただろうが、それはツーリストも同様だ。真正だと思えるものを目撃するはずだったのに、儀礼の行程に入念に組み込まれてしまったために、それが叶わなかったのだから。ツーリストは、最終的には自らも被害者となる儀礼を承認するよう求められた。加入者の頭に浴びせられた嘲りや愚弄は、どういうわけかツーリストにも降りかかってきたのだ。つまり、彼らは「部分的な標的」(1989: 50-51) であった。おそらく、加入者の身体が、しごきを行う年長者たちの自らの文化的形式に対する支配の拡張として使われていたのと同じように、ぶざまで汗だくのツーリストたちは、年長者たちの外部の身体の数々と同様に、ほかならぬ身体的支配の権力を誇示することに奉仕させられたのである。

部分2 通文化的な行き詰まり

エリントンとゲワルツの記述にはさらなる次元がある。彼らは、人類学者のための場所、つまりツーリストやそれに対置される旅人に先取りされておらず、ましてやその両者と対置されるチャンブリによっても占められていない場所を、見つけ出そうとしている。彼らが拒絶するのは、ポストモダン言説の全体化の誘惑に屈して人類学者がツーリストになってしまうことだった。彼らが提示する他の選択肢のひとつは、このような出会いに埋め込まれた権力関係にせめて敏感であり続けることである。彼らは、解決策が必ずしもダイアローグの提示に、もっというと「他者の複数の声」の提示にあるわけではないことを、明確にしている (Errington and Gewertz 1987)。むしろ人類学者は、状況に応じて他者の党派性に応じなければならないのであり、そこには、好むと好まざるとにかかわらず、人々のモノローグを、すなわち他者の特定の政治的関心を再現することも含まれるという。

ここで利害にもとづく他者の企《マシネイション》てに絡めとられた実在《リアル・ライフ》のサイボーグ女工のイメージを、そして自分たちが晒された状況に半ば無自覚なツーリストのイメージを喚起したのは、社会生活についてのいくぶん自明ともいえる点を強調するためだった。関係を結ぶことや、他者を自分のパフォーマンスの参加者にすることが、本来的に無害というわけではないのだ。個人の気づきや文化的な気づきを促すためという理由だけで、社会性の場を活用することが正当化されるわけではない。私たちアカデミックなコスモポリタンは、彼らの世界経験に、社会関係を〔権力関係に参与せずに〕ただ「付け足す《アドオン》」ことはできない。それどころか、現在の文化論の潮流に逆らうようにして、社会や世界システムといったパースペクティヴを取り戻そうとする声が、くわえて、支配と権力の社会関係や相互作用から生みだされる社会的客体についての新たな問いが、聞こえてくるのである。

なかでもファビアンは、たとえ自らの研究によって客体が作り上げられることに人類学者自身が自覚的であっても、研究対象となる人々もまた同時代に生きる存在とみなされないかぎりは、この自覚も人類学的説明を変容させる力たりえないと主張してきた(Fabian 1983)。過去と現在の両方を明らかにするために、せめて説明は同時代化されなければならない。また、「そこ〔遠くであれ近くであれ、エキゾチックな場所〕へ行く必要性があるというのは、本当は私たちのここにいたいという欲望のあらわれなのだ〔世界に私たちを位置づけるために〕」(Fabian 1990: 756 強調省略)ともいう。この〔過去から現在への、そしてそこからここへの〕運動はどちらも「現在《プレゼンス》＝現前」に合流すると、彼はつけ加える。これは文化の表象《リプレゼンテーション》についてのみならず、社会的な関係性についての

言明でもある。(一五)

なるほど、人類学の仕事は、文化の研究に尽きるわけではない。実際、ファビアンは、文化の研究による人類学の領有に対して表だって抗議している(Fabian 1985)。今日の再帰的転回に先立つ数十年間、つまりこの転回の形式の大部分が練り上げられてきた時期に、文化は「包括的な概念」として流通し、「知識についての理論の代名詞となることで、私たちの分野の旗印として歴史的な役割」(Fabian 1985: 7)を果たしてきた。人類学はもちろん、ファビアンの指摘するように、文化の概念を占有しているわけではない。これは、民族誌についてクリフォードがした次のような主張と同様である。「危機から生まれる近代の『民族誌』は、常に文化のあいだを移動する。しかし、それは西洋で民族誌の分身とされる『人類学』とは異なり、人間の多様性と広がりを網羅しようとしたりはしない」(クリフォード 二〇〇三:一二)。むしろ、二〇世紀における「これまでになかった伝統の重なり」のなかで、民族誌は変位し続ける。にもかかわらずファビアンは、人類学における文化と伝統の根強い同一視に懸念をしめす。彼によれば、文化という概念そのものが、失われつつある生活形式への郷愁であり、多くの場合、社会的差別や暴力の結果である事象を文化的「ヴァリエーション」として片付けるために楽観的に用いられているのだ(Fabian 1985)。

文化が人類学的探究の焦点として立ち現れたことは、議論の柱としての表象主義を生みだした。したがって、現在の表象批判が、文化経験を伝える何か他の様式に目を向けていることは驚くに値しない。それに対してファビアンが提起するのは、表象主義だけでなく文化概念そのものに対する私たちの忠誠を見直さなければならないという点だった。

フリードマンも、ほぼ同時期によく似た攻撃をしかけている[35](Friedman 1987)。文化は、さまざまな学問分野の結集点となり、〔分野を越えて〕研究者たちが議論に参加することを可能にする鍵概念になった。そして、すべての差異は文化的差異であるとするポストモダン版の人類学に忍び込み、人類学を席巻してきた。人類学の歴史そのものが、モデルやパラダイムの交替ではなく、ジャンルの連なりとして理解されるようになったのだという(Friedman 1987: 168)。しかし、フリードマンは、あらゆる可能な言明が文化的言明であるなら、理論的なものと文化的なものに認識論的差異がなくなると論じる。この診断には、おそらく彼の攻撃対象もまた同意するであろう。しかし彼が相応の場を与えようとしているのは、社会理論であり、〔文化論者の〕相対主義への傾斜をも含む、理論の自己生成過程を理解するような理論である。差異と差異の認識は、いずれも歴史的産物であるとフリードマンはいう。人類学はしたがって、人類学による客体の構築と、客体を作りだす社会システムや物質的条件の両方に、関心をむけなければならない。両方とも関係の所産なのである。

「文化」は、私たちの文明が世界を客体化する際に用いる特有の方法である。それは、他者性という普遍概念に還元することはできない。他者性〔の具体的ありよう〕は長い時間をかけて形成された「彼ら」に対する「私たち」の関係の特異性、物質的過程のなかに埋め込まれた概念の配置において理解されなければならない。(Fabian 1987: 165)

知識の社会的生産や、その裏面である、権力関係の文化的コード化をめぐるあらゆる議論を繰り返すつもりはない。むしろここでは、こうした学術的対話そのものに興味深い論評をくわえることができることを指摘したい。というのは、差異を見いだす作業を行うためには、「文化的」と「社会的」のどちらの形容辞でも用を足すように思われるからである。文化やジャンルの視点からでも、社会や社会形成の視点からと同様にラディカルにも批判的になることができる。

私たちはスケールの問題へ舞い戻ってきた。グローバル・システムを文化的に批判することは、知識の理論として文化に特権を与えることを社会的に批判するのと同じくらい効果的になりうる。ハラウェイが埋め込まれ身体化された知に着目したように、私たちは〔自らの知を〕位置づけようと躍起になるが、どの位置づけも、特異性というそれ自体の負荷をもっている。もちろん「歴史」を少し付け加えるだけでは不充分だろう。たとえ歴史を問うことで、権力関係や支配の特定の形式や生産関係に留意するのだとしても。新しい次元――「歴史的」位置、「物質的」状況、「社会的」関係の把握――は、具体に対する感覚を取り戻させ、理解を助ける文脈を提供することで一時的に機能するものの、しばらくすると自らの細部の渦のなかに拡散してしまう。そのとき私たちは、結局は「文化」や「レトリック」や「語り」の感覚が、いまや消散してしまった具体のいくばくかを回復させることに気づく。「社会的」次元と「文化的」次元は、人類学的営みの異なるスケールのように振るまう。いずれの布置も私たちに、ここに実在するもの、すなわち権力関係へのアクセスを与えてくれるようにみえる。

　スケールはスケールの切り替えによって目に見えるようになる。そうした切り替えのひとつの輪郭を、カーステン・ハストラップは巧みに描きだした（Hastrup 1992）。彼女はファビアンの同時代性への訴えに応答して、おなじく他者の現在＝現前を引き受けるという課題に取り組む。しかし彼女が提案するのは、記述の「歴史化」とは正反対に、民族誌的現在の復活だった。ポストモダン人類学の文学的関心は、ジャンルとしてのリアリズムを退場させはするが、認識論としてのリアリズムにとって代ることはないと、彼女は論じる。人類学はあくまで「リアルな」差異を想定し続ける。同時に、民族誌を書くことは特殊な知識、彼女の言葉でいうと経験的なものを超越する知識を構成する。民族誌の知識は必然的に「時間の外《アウト・オブ・タイム》にある」のだ。

　ハストラップは挑発的に「民族誌的現在を人類学的な言説の手法として取り戻さなければならない」（Hastrup 1992: 128）と提起する。歴史化アプローチの問題は、「歴史化の名のもとに」特定の瞬間を汲みつくしたと主張している点にある。[一六] ただし、これは決してファビアンの意図したことではないと断っておくべきであろう（反対に、彼は「自覚的に互いの現前＝現在にいるために」、互いの過去を共有しなければならないと述べる（Fabian 1983: 92））。ハストラップの論点の特徴は、フィールドワークの経験は文章になる前には記憶であるという点、そして書き手が取り組んでいるのがつねに彼／女の現在の記憶であり、その意味で過去は過ぎ去っていないという点である。「対話が『その時』であるのに対し、言説は『いま』である。時制の選択肢はない」（Hastrup 1992: 127）。目の前にないリアリティについての真実を表現する方法は他にはない。ハストラップは、民族誌はモダンともポストモダンとも見なされ得ないという。それは常に「非モダン」であったし、常にヒエラルキカルであった。そのヒエラルキカルな性質、党派性、著者の所有欲は、必要とされている。「言説のレベルで、『他者』はテキスト上に固定されている。そして、その不在の人々は別の文化を体現しているものとして認識されるのである」(Hastrup 1992: 129)。

この議論は、あらゆる他者の**あいだ**の(内的な)差異として私たちが認識するものをどう扱うべきかという問いに私たちを連れもどす。それはまさに、かつて人類学の仕事の中心に位置していた通社会的比較において、論点となるような関係やつながりをどのように定式化すべきなのかという問いである。比較分析は、かつての確信への郷愁を呼び起こす以上の何かなのかもしれない。しかし、何をスケールとして選びだせばいいのだろう。この問いに、ひとつの角度から手がかりを与えてくれるかもしれないのが、サイボーグの観念だった。友好《フレンドリ》的な含みからも抑圧《アン・フレンドリ》的な含みからも免れて、サイボーグは、つながりをそれ自体のスケールで想像する方法を提供してくれているかもしれないのである。

部分2　比較

部分1　比較分析のための単位

同じく一九八七年に、(一七)『アニュアル・レヴュー・オブ・アンソロポロジー』が通文化調査についての論文を掲載している。その論考が関心をむけているのは複雑なデータをより適切に処理する統計学の進展であり、例えば多変量解析の手法が革命的に普及したことに触れていた（Burton and White 1987: 148）。類似しているように見えるユニット間の比較がはらむ問題は、マードックによる既出の解決法を参照することで処理されている。諸社会、例えばティコピアと中国は、「複雑性やスケールにおいて異なる水準」に位置しているかもしれないが、「文化的地域」や「特定の共同体」をサンプル化することでこの問題は乗り越えられるという。(36)ところが著者たちは、以前のレビューでも取り上げられていたゴルトン問題を長々と論じている（J. Jorgensen 1979）。この古典的問題の歴史は簡単に振り返っておく価値がある。

それは、エドワード・タイラーが一八八八年に（王立）人類学協会で発表した論文とかかわっている。その論文は、世界中の三五〇の社会から集めたデータを組織化することで、婚姻と親族に関する一連の制度の発展について説明しようとしたものだった。当時の会長フランシス・ゴルトンはタイラーの発表を聞いて、各単位の独立性について、つまり「互いに比較されている人種や部族の慣習が、同じ起源に発する複製ではなく、独立的である度合い」(Stocking 1987: 318 に引用)について質問した。ジョセフ・ジョルゲンセンが簡潔に述べているように、タイラーはゴルトンの質問に答えることができなかった。

> タイラーは、サンプルとして取り上げた各社会を位置づける、あるいは変数の分布を位置づける地図を作成していなかった。変数をマッピングしていたら、タイラーは少なくとも類似した実践の近接性を決定づけることができただろう。そうすれば、例えば、ある社会の出自に関する慣習が他の社会の出自に関する慣習に影響を与えた可能性について評価する手段を提供することができただろう。〔……〕タイラーは、彼がサンプルとしている部族が有する制度的類似性のなかで、(姉妹語を話しており、起源となる社会から受け継いだ類似する文化的特徴をもっている二つかそれ以上の社会に見られるような)原文化から発生したものと、借用によって生じたものと、独立的に生み出されたものとを見分けることに失敗した。(J. Jorgensen 1979: 313)

バートンとホワイトによれば、著者であるジョルゲンセン自身も、「社会間のつながり」の問題を自らの研究課題のひとつとしていた。

　この問題に関する統計的モデル化について筆者は詳しくないものの、すぐ後で触れるスケールや数についての前提への関心から[18]、ここでマイケル・バートンとダグラス・ホワイトの言葉をそのまま引用しよう。

ゴルトン問題はサンプリングの単位が互いに独立していないことに関するものである。〔……〕この問題は通文化比較に固有のものではなく、**研究の単位のあいだ**に、親族関係や相互交流、生物学的なものを含めた共通の遺産といった**連関**がある場合には、いかなる研究でも起こることである。問題は、単に特性に応じて地域を分けること以上のことである。地域的なまとまりそのものは、地理的に区分された環境の特徴に対する社会の独立した適応の結果でありうる。諸社会からなる集団の特性の値が、機能的適応によって予測されるものと有意に異なる場合に限り、そしてそれらの逸脱が、地域的あるいは歴史的なネットワークにおける諸社会の位置によって説明できる場合に限り、ゴルトン問題が当てはまる。〔……〕ゴルトン問題に対してネットワーク自己相関分析は〔……〕**諸社会間の連関**がそれぞれの特性に与える影響を数値化して示す。この手続きには、歴史や世界システムなどの重要な現象をサンプルから消すのではなく、それらを通文化分析に取り戻すことができるという利点がある。ネットワーク自己相関分析の第一歩は、**諸社会間で観察された関係性のネットワークを算出すること**である。〔……〕歴史的関連性は〔……〕通常、言語間の関係性によって測られる。これは妥当なアプローチである。なぜなら〔……〕言語の類似性は、同一起源からの移民も含めた、共通の文化的歴史についての優れた指標を提供するからである。（Burton and White 1987: 146-7 強調引用者、参照文献省略）

統計分析は、ある意味で、独自のスケールを提供する。問題となる相関関係は、「諸社会間の連関」という**イメージに基づいて**モデル化された存在間の相関関係であるようにみえる。この相関関係を見出す洗練された技術の核心は、社会の相互依存関係を示すためのものである。そのため、社会は必ずしも独立したばらばらの単位として扱われる必要はない。むしろ社会の特質が、共通のスケール上に位置づけられる。異なる「レベル」の現象は異なる範囲の点＝目盛りを提供する。例えば、共同体、社会、地域がひとつのスケールを形成する一方で、無慈悲な／愛情深い社会化などのさまざまな行動の特性、もしくは父系制や戦争などのさまざまな社会制度は、それぞれ別のスケールを形成するだろう。どのレベル（スケール）でも、数値化できるようにみえる。つまり、もし「婚資と父系相続が一夫多妻制から予測される」（1987: 153）としたら、これらが現象を比較するための水準となり、その相対的な発生頻度が数えられるようになる。私はこの方法に異論を差し挟むつもりはない。興味深いのは、この方法を実践する研究者が、ある点では、通文化比較というアプローチにおいて他の研究者と共有しているようにみえる言語である。

一例をあげると、バートンとホワイトは、ペイジとペイジ（Paige and Paige 1981）（筆者は直接参照していない）の研究を引用する。

〔ペイジとペイジの〕主要仮説は、「儀礼は、権利を主張したり紛争を調停したりするためのより公的なメカニズムがない場合の、政治的交渉の一形態である」[Paige and Paige 1981: 69] というものだ。この分析においては、初潮儀礼、男子割礼、擬娩、月経禁忌などの再生産儀礼は、男性が女性や子供に対する権利を主張する異なる手法である。男性による支配形式の差異は、当該社会の資源基盤の質と男性親族が形成する利益集団の大きさに依存する。

(Burton and White 1987: 152)

バートンとホワイトは続けて、ペイジとペイジは二つの独立変数と四種類の再生産儀礼のあいだに強い関係性を発見したといっている。しかし、統計学の言語で表現された比較の意図が、非統計的=論弁《ディスカーシヴ》的な言語を用いても表現されえたことは間違いない。この事例はまさに、例えばメラネシア研究者が議論するような要素を取り上げている。比較されているのは(男子割礼の有無のような)社会文化的特性であるが、私のみるところ、その出現のいかんはそれぞれの社会/文化や共同体の「なかでの」これら要素=特性の位置に左右される(cf. J. Jorgensen 1979: 311-12)。当然のことながら、異なる変数は、それが取りだされた社会的単位を別様に位置づけるだろう。しかし、〔そもそも相関分析は〕最終的な総和〔といえるような社会や文化など〕を想定していないはずなのに、結果としてある時点で社会や文化を数えあげ可能な実体とせざるをえない。社会単位間の重複が統計的に示されるとしても、問題は「どこで」その特性が見つけられるかである。これは、私たちになじみ深い論弁的なやり方にも当てはまる。確率や相関といった統計的処理を用いなくても、事例の発生件数という見地から社会や慣習について考えがちなのだ。

部分2　部分的つながり

これまで飛躍したり横断したりしてきたさまざまなポジションは、比較の論弁的アプローチへの道のりに横たわる問いのいくつかを示唆している。語りの形式について、また研究対象の他者性についての省察は、それらの概念が可能にするつながりについての省察でもある[37]。相関関係は社会関係ではないが、社会関係は現象をつなげるモデルのようなものを確かに提供するだろう。それゆえ、以上の説明に一貫して登場してきたのは、人類学者であると同時に人類学者ではない、ある種の態度と存在様態を帯びたサイボーグなのである[一九]。

比較をする、あるいはアナロジーを用いることは、必ずしもつながりを見出すことではない。それは関係というよりはむしろ類似性を示唆するかもしれないし、その類似性は現実のものというよりは、むしろ幻想的で「魔術的」(Jackson 1987) なものかもしれない。とはいえ、比較するという行為そのものがつながりを作ることを構成してもいるし、隠喩的な関係を喚起しもする。マイケル・ジャクソンは、「モノが魔術的な類似性に基づいて使われるからといって、それが知的価値や治療的価値をもっていないことにはならない」(Jackson 1987: 21) と述べている。むしろ、類似性を活用することがモノに価値を与える。そして、知的なものであれ、治療的なものであれ、比較は多数性《マルティプリシティ》を生みだす。
英国人の日常世界への迂回、またそれにともなって西洋におけるフェミニズムとポストモダニズムへの傾斜に着目したことは、複雑な社会に生きる人々の問題、つまり彼らには複雑な問題があるということを際だたせることになるように思われた。単身のフィールドワーカーという伝統的なイメージは、少なくとも、単純な社会には単純な問題があるという反転像《カウンタ・レリーフ》を提示することで安堵感をもたらす。しかし、もちろん、安堵《レリーフ》など存在しない。それどころか人類学者は、数えあげ可能な社会や文化に満ちているという世界像によって、自ら大変な難題を作りだしてきた。問題として認識されているのは、いかにして諸社会や文化をつなぐのか、そしてそのあいだのつながりをどう扱うのかということだ。

ホーリーは、比較をめぐる想定が変化したことを跡づけている（Holy 1987）。比較は、個々の文化を超えた一般化を目的として「実証主義的」な機能的相関関係を立証することから、個々の体系の適切な分析的翻訳を目的として「解釈学的」記述を手助けすることへと変化した。いずれの手続きに対しても批判はあったし、比較可能性《コンパラビリティ》＝等質性については絶えず疑問が投げかけられてきた。一方では、機能的相関の追求は対象を定義する境界と分析の単位についてのいまやおなじみの疑いに悩まされてきたし、他方では、翻訳に関してありとあらゆる懸念がもちあがり、ひとつの世界観を別の世界観の観点から描写することの不可能性の問題が立ちはだかってきた(e.g. Overing 1987)。前者の問題群は個別の文化的状況を一般化することから、後者は見慣れぬ体系を西洋の体系に並置することから生じた。だが、さらなる問題がある。それは、ホーリーの論集の寄稿者たちが証明してみせるように、統計の応用はともかく、論弁的試みには一見もっともなじみやすそうな状況下で生じている。[38]ある特定の地域内部での諸社会と社会文化的諸要素の比較である。ところがここで、論弁的分析は、統計的分析と同様に、数の問題に直面するのである。

パプアニューギニア高地はこの問題についての一例を提供する。興味深いことに、パプアニューギニア高地の研究は、人類学の歴史において比較研究がこの学問の決定的な特徴だと自明視されていた時代に開始された。私たちは、この地域について、リーダーシップ、農耕実践、集団形成、交換関係、結社や儀礼生活の性質などのあり方に明らかなグラデーションをもった、いくつもの社会体系の情報をもっている。包括的な研究、儀礼の詳細や経済関係についての知見に満ちたモノグラフには事欠かず、無数の世界観が喚起されてきた。地域内部の比較にとって完璧な状況と言えるだろう。ところが、ほとんどの民族誌家は自らの民族誌的発見の特異性を明確化するためにたいてい隣接する社会や文化を訪れてきたし、さもなければ地域内地域と呼べるような二、三の集団をすでに比較しているのだ。事例はその厄介な多数性《マルティプリシティ》で私たちを悩ませるのである。

この厄介さはまた、一に取って代わるものは多であるという、人類学者が往々にして身につけてきた数についての独特の考え方にも由来している。結果として、私たちは複数の一を、すなわちそれぞれが単一である社会や特性を複数扱うか、そうでなければ特定の目的のために単一のものが集められた総体としてのひとつの多数性を扱う。諸現象を集めることがつながりを作るのだから、関係性はそれらの現象の外側か間《あいだ》に何らかの形で存在するに違いない。相関という概念自体が、どこか創発的な精神にも似て、諸社会のあいだの空間——そういう空間があったとしたら——に浮かび上がる実在らしきものにあてられた概念であるかのようなのである。(39) あれこれの変数に応じて社会を位置付けることは、「関係性」という想像上の線が横切る星々のあいだの真空《ヴォイド》のイメージを作りだす。

複数の一か、一の多数化や分割に囚われた世界は、関係性の概念化をめぐる問いを産みおとす。人格を、アトミズム的個人以上のものでありながらも、意味を共有する全体論的な共同体の一員以下のものと考えられるようにすることが、比較分析にとって喫緊の課題だろう。人類学者はすでに、個別の境界づけられた個人のごとく社会や文化を表象することがもたらす、あらゆる落とし穴について知っている。問いは、その前提に拠らない仕方で、いかにつながりについて考えることができるのかということである。

＊　＊　＊　＊　＊

行き詰まりが算術の単純さによるものだとするならば、私たちはさまざまな理論的転回を選択できるだろう。近さを測定する係数行列や尺度行列をもちいて諸社会間の類似や差異について考えることも可能であるし（J. Jorgensen 1979）、ポスト構造主義の言説に目を向けて、「差異」を旅として概念化して捉えることもできる。「差異はいつも私たちを**ここではないどこか**へ連れて行く、あるいは私たちを意味の転位と差延の永遠に広がり続けるネットワークに巻き込む、といえるだろう」(Moi 1985: 153)。すべての議論をレオ・ハウの所見のように短くまとめてしまうことも、また可能である。彼は比較をとりまくさまざまな混乱に切り込むため、簡潔に次のようにいう。比較作業において私たちは、まず似ているか異なっている事物を探しだし、そのうえでそれらを比較しているのではない。気づくべきなのは、そもそも比較は選択に基づくものであり、それ自体が類似と差異の関係を作りだしているのだ、と (Howe 1987: 136)。つまり比較可能性《コンパラビリティ》=等質性は何物にも内在していないのである。(40)

比較の要点は、ハウによると、より良く理解されている現象を参照することで、充分な理解をえていない現象に光を当てることにある。どういった現象を比べるのかという選択は、研究者の理論的目的を含む多くの要因によって決定される。だとしたら、手もちのデータからどういう目的のために類似や差異を作りだしているのかを知っているであろう、研究者「の理想的な形象」にゆだねてしばえばいいのかもしれない。ハウの主張はとても見事で、私たちの心を安らかにしてくれる。だが、理解の程度を思い描くということは、**すでに**研究者の意識に不釣り合いがもち込まれているということになる。研究者は、馴染み深い思考と馴染みのない思考を結び付けなければならない。この議論をさらに進める価値があるとしたら、それは人類学的な説明における釣り合いのとれた記述という問いが依然として残っているからである。

私がサイボーグにこだわったのは、その人型の像が釣り合いの感覚に対峙するからである。サイボーグはスケールに従わない。サイボーグは単数でも複数でもなく、一でも多でもなく、お互いに同形ではないがゆえに比較できない部分と部分を結合するつながりの回路である。単一の存在、あるいは複数の存在からなるひとつの多数体として、全体論的あるいはアトミズム的にアプローチしてはならない。サイボーグは興味深い複雑性を再現しているのだ。

パプアニューギニア高地諸社会とそれらを形成する諸要素は、互いが互いの複雑な部分であり、不ぞろいな《アンイーヴン》派生物《アウトグロウス》である。それらがつながっているとすれば、部分的にのみそうなのである。私が想定している連続性は、抽象的な類似性（Parkin 1987）というよりは、時空上の近接性（Fardon 1987）にある。高地社会のどれひとつをとっても、その現在の場所からは、特定の他社会は当該社会が変換されたもの《ヴァリアント》のように見えるだろう。したがって、すべては**他の具体的な形式の変種**に見える。それらの社会はそもそも人々のコミュニケーションの結果として存在し、コミュニケーションを通して人々はすでに自分たちのものである考え方を絶えず拡大したり縮小したり、古いものを新しいものに替えたりしている。それはまるで、社会そのものもまた互いの拡張であるがごとく、つまり、いわば避けがたい不釣り合い《ディスプロポーション》のなかにあるがごとくなのである。

もしそうなら、高地の人々は、歴史的出来事（の連続）をとおして、あるひとつの世界を覆い隠したり反転させたりすることで別種のものに変えながら、絶えず自己代替のプロセスの内にいるとみなすことができるだろう。その覆い隠しによって比較可能性《コンパラビリティ》＝等質性は失われるが、ある種の共在性《コンパティビリティ》は残る。アナロジーはまだ可能である。さらにいえば、この反転は人類学者が別の社会を念頭においてある社会について書くときにきまって反復複製しているものである。つまり、(例えば)ギミもしくは他の東部高地の民族のことを、西部高地のパースペクティヴから考えるというように。

ギミの民族誌的知識を念頭においてハーゲンについて考察するために、私はイニシエーション儀礼よりは政治活動について、結社ではなく男性がやりくりする氏族集団について、彼らが吹く笛ではなく演説について書くだろう。これらのハーゲンの実践は同じ形式を取らないとしても、別の場所の人々が結社について行うこととつながっている。〔だがそれでもやはり〕彼らには独自の形式がある。ハーゲンの男たちは、家内的事項から切り離されなければならない男の共同生活の独自の感覚を生みだしているのだ。だから、(例えば)政治活動と家内活動の関係性について分析的な問いを立てるときも、〔ギミとの対比を念頭に置くというよりは〕そもそもハーゲンの人々が最も関心を払っている事柄によって与えられた糸口に従うことになるだろう。それは諸社会のあいだになんらかの形で生起する問いではないし、ハーゲンの関心事の対応物がハーゲン山周辺やワーギ渓谷の対岸に見つかると推定できるわけでもない。もし推定したとしても、重要性の釣り合いはとれない。実際、同じ問題が他の場所では矮小化されたり、膨らまされたり《ブロウン・アップ》、吹き飛ばされたり《ブロウン・アウェイ》していることに気づく可能性は高い。ハーゲンの関心事から出発した場合、それが他の社会でどの程度拡張されうるのかをみることしかできない。だがしかし、ハーゲンについての分析的な問いは、単に当地の生活状況によって与えられたものではない。その問いは、私が他のポジションやパースペクティヴを保持することによって定式化され、設計《エンジニアード》されたのである。私はやはり「ギミを念頭において」出発したのだ。イニシエーション儀礼について、特に東部の状況を考えることは、間違いなく私がハーゲン社会をいまどのように書くのかということに影響を与えるのである。

そうした思考の始まりに気を留めないでいることは可能である。論争や会話は、そこに参加する者のポジションを拡張させ、歴史的プロセスを隠すことがある。(一〇) 思考に裂け目《ギャップ》があることを知ることは、もはや思い出すことのない何かがあることを知らしめると同時に、それが何であるかを覆い隠す（cf. Battaglia 1990）。実際、こんなふうに風変りな言い方をしてもいいかもしれない。誰もが自分たちがどこにいるのか分かっているのは、自分たち（の考え方）がいまや必然的に「忘れられた」どこかから来たと分かっているからである、と。

結局のところ、書き手としての人類学者をめぐるスティーヴン・タイラー流のイメージの内と外は裏返された。雑多な出来事や場所を統合する複合的な経験をもつ旅人を、私はサイボーグで置き換えた。人類学者の著作は、互いの拡張として働くような諸部分からなるある種の集積回路を形成する。自らがすでに拡張の場であるのだから、サイボーグは旅することなく移動する。ひとつの高地社会から別の社会に、あるいは社会生活の一側面から別の側面に思考をジャンプさせる効果を想像するように。しかし、その回路は依然として、人類学者が用いる認知手段の中核を占めているように思われる。(一一)

II　部分的つながり

シュミッツの『ワントアト』（Schmitz 1963）の写真35と36。パスムの女と男が担ぐ，精霊の「顔の図柄」が描かれたダンスの盾。女たちが担いでいる盾は精霊の動きを模して上下に動くようにできており，男が担いでいるそれは竹の神を表している。すべての盾は鳥の羽で縁取られている。

部分1　文化

部分1　木と笛は満ちみちて

部分1　木々

部分1　垂直

パプアニューギニアのフュオン半島にあるワントアト盆地の住人は、それほど山がちでも海沿いでもないところに暮らしている。高く険しい山々は、海岸線からほんの一〇マイルほどのところを連なっている。ワントアトの人々は熱帯雨林の農耕民であり、なかでも長いヤムイモの栽培に重きをおいてきた。ブタはそれほど重視されない。野生のブタなどめったにいないし、家畜としてブタを飼育することについても民族誌家は「副次的活動」だと報告している（Schmitz 1963: 27）。

民族誌家たちの分業慣習に準拠してみるならば、なるほどこの地域は、他の沿岸地域とも、固有名で「高地」と呼ばれる内陸の渓谷地域とも、特性を共有しているように見える（cf. Weiner ed. 1998）。またドン・ガードナー（Gardner 1983）は、オク山の少数民族ミアンミンの内的区分に高地／低地を流用している）。カール・シュミッツは、ワントアトの人々と近隣の住人を山岳パプア人と呼ぶ。ワントアトの名を冠した彼の著書（Schmitz 1963）の中心的関心は、宗教と美術だった。シュミッツは、ワントアトの人々が執り行う祭礼の説明を、高地中央部の典型的な祭礼とは異なりブタに焦点が当てられておらず、ブタを屠ったり交換したりすることもないと、まず短く断りを入れてから始める。人々の関心はむしろ、作物の成長と畑の肥沃さの方に向けられているようだ。

壮大な祭礼で披露されるワントアトの人々の踊りにとって、重要な次元は大きさ《マグニチュード》である。踊り手たちは文字通り、自らを拡大する。彼らは樹皮布と竹からできた拡張物《エクステンション》を身に着け、これをシュミッツはときに「ダンスの盾」と呼ぶが、そのなかには平らな面のものばかりではなく、繭や巨大なヘルメットや円の形をしたもの、さらにはヒクイドリの全身を模したものもある。それらは踊り手の身体に縛りつけられて、担がれる。顔の図柄で装飾されることが一般的なので、この拡張物は「像《フィギュア》」と呼ぶ方がふさわしいだろう。身体を拡大する像自体が、縁に取り付けられた羽によって拡大されていることもある。

ときに、これらの像は、踊り手の身長を三倍にもする。胸と背に支えられ、上方で揺れ動く巨大なアッサンブラージュは、踊り手の男性の二倍の大きさがある。その構成体を全体としてみると、根元に人がいる樹木のようだ。樹皮に覆われた骨組みは、実際には長い竹から作られているのだが、竹が個々の男たちのために切り出される際には、村の中心に大きな足場を建てるために樹木もまた多数切り倒される。

男たちが背中に縛り付ける竹竿は、通常一八から二〇メートルに達する。こうした巨大な揺れる竿は注意深く準備され、祭礼の場にはそれらを保護するための構造物が用意されなければならない［人々が身に着けないときには、竹竿はそこに立て掛けられる］〔……〕。

祭礼の数日前、男たちは林に入り、白光りする樹皮をもつ樹木を切り倒す。ある日の夕方、柱を支えるための穴が掘られる。女と子供が寝静まると、男たちは急いで森へ戻り、木の幹を取ってくる。そして同じ夜のうちに音を立てることなく組み立てる。朝を向かえ全員が眠りから覚める頃には、足場がそびえ立っているのが見える〔……〕あたかも精霊がそこに据えたかのように。

(Schmitz 1963: 88)

この高い構造物についていえることは、そこで行われる踊りにも当てはまる。踊り手たちは、自分たちを「樹木」へと作り変えるのと同時に、「精霊」に作り変えてもいる。「樹木」は精霊が立ち現れる唯一の形態《フォーム》ではないが、布や骨組みは必ず木や竹に由来する素材から作られる。樹皮布に描かれた模様それ自体も像《フィギュア》に対して独特の雰囲気や力を付与しているし、その「顔」は、「すべての竹の神」といったように、特定の名をもった神を表していることもある。本セクションの扉の二枚の写真は、そうした像をとらえている。しかし、それらは厳密にはワントアトの写真ではない。シュミッツは、ラム川上流を東に三日ほど歩いたところに住む近隣民族のパスムを訪れて、調査を拡大《エクステンド》していた。その地では、少年と少女の両方がイニシエーションを受ける。そして、男だけではなく女も、巨大な造形物を担ぐことがある。男たちは、頭部に顔つまり目と口がある、背の高い樹幹状の生き物として現れるが、二人の女の写真は、女たちが、はるか頭上に目と口だけを担ぎ上げているようすをとらえている。女たちの像が切り離しているように見えるものを、男の像は埋め込んでいる。そして、どちらの像も揺れ動くように作られている。

　これらのパスムの像は、苦痛と汗にまみれながら巨大な炎の傍に一晩中座ることを強制された、結社《カルト》活動への加入者に向けて披露される。シュミッツによれば、この催しは、ひとりの老人が竹に人間を作りださせたという神話上のエピソードと関連している（Schmitz 1963: 108）。（彼は、ワントアト版の神話によって、パスムにおけるイメージを説明する）

> 原初のとき、ある老人と彼の孫が二人きりで暮らしていた〔……〕ある日、老人は少年に、とある樹木のところへ行って、ハトを射るために横になって待つように言った〔……〕「樹木には多くの鳥がいたが、少年は」老人が説明したハトが、射るのにちょうどいい場所に来るまで辛抱強く待った。少年が狙いをつけ弦を離すと、矢はハトのちょうど胸の部分を射ぬいた〔……〕
>
> 　ところが老人は、少年が狩りにでかけると、まさにこのハトへと姿を変えていたのだった。少年がハトを拾いに行くと、彼は人間の姿へと戻り、少年の前に立っていた〔……〕胸に矢が深く突き刺さったまま。息をする度に矢は静かに揺れ動いていた。少年は自分をひどく責めたが、

老人は彼をなだめた。彼は少年に、いろいろな竹の丈の長いものを集め、小屋へもって来るように言った〔……〕

ここにきてようやく、少年は老人の胸から矢を引き抜くことを許された。すぐさま、傷口から真っ赤な血が吹き出した。二人は一緒になって、老人の血で竹を満たした。すべての竹竿が縁まで満たされたまさにその時、奇跡的にも、傷口から血が吹きだすのが止んだ。へとへとになった二人は座り込み、老人は火を灯した。老人は輝く火口に力強く何度も息を吹きかけた。大きな炎となって、熱さで耐えられないほどになるまで〔……〕彼らの肌には汗が滝のように流れ、地獄の苦しみを味わった。すると突然、いくつもの長い竹竿が、耳をつんざくような音をたてて破裂した。それぞれの竹の下には、裸の男と女が立っていた。最初の人間たちだった。裸で、自分たちを生みだした血にじっとりと赤く染まって、彼らはそびえる竹の下に立っていた。(Schmitz 1963: 58-59)

けたたましい音を立てて割れ、なかから人間を出現させた竹の描写には、惹きつけるものがある。背の高い造形物を身にまとった踊り手(本セクションの扉写真)を見れば、彼と高くそびえる像《フィギュア》は一本の樹木のように見えるだろう。あるいは、彼は上部で揺れる竹に結びつけられながらも切り離されて、この意味で竹によって創りだされたか、出現させられたかのように見える。像をまとった踊り手たちそのものが樹木/竹を表しているというのは筆者の見立てであることを付言しておかねばならない。シュミッツはそこまでは主張していない[41]。そして、もしそれがもうひとつのイメージの組み合わせを喚起しないのであれば、私は樹木にこれほどまでに着目しなかっただろう。それは、パプアニューギニアのまったく異なった地域、オーストロネシア系のマッシム群島地域のものであり、私たちはここでも、人々に満ちた木々に出会うことになる。

部分2　水平への転回

私が思い浮かべている木とは、まさしくカヌーである。それは、一本の幹から造りだされ、財を求めて海を旅する男たちを乗せる。ここで木々は、ちがった意味で可動性をもっている。木々は男たちの背中に担がれて運ばれる代わりに、その内部に男たちを容れて運ぶ。展示のために中心へ運ばれるのとは反対に、男たちの多様な**クラ**のパートナーたちがいる周辺に向けて放射状に拡がっていく。航海者たちは他者の財を持ち帰る。だから、木々は「より多くの」人々をもたらすのである[二二]。

この船には、さらなる社会的な次元がある。マッシム地方では、出自集団をはじめとする集団とカヌーが関連付けられていることや、カヌーの旅が集団の名声の目に見える拡張と考えられることが、かねてより報告されてきた。例えば、ナンシー・マンはガワ島の研究において、カヌーが個々の航海者の名声と同様に出自集団の名声をも運ぶことを明らかにしている（Munn 1986）。男は、海を旅することによって大きくなる《マグニファイド》。つまり彼がとり結ぶ諸関係によって拡張され増大させられる。しかしその度ごとに、男は中心へと、定まった土地をもつ出自集団へと戻ってくる。樹木が育ち、切られ、引き離された固い地面へと。

海をゆく装飾されたカヌーは、この特別な機会のために着飾ったひとりの人格であり、若く美しい男だと考えられている。この形象《フィギュア》は、神話の時代にひとりの女がもたらした素材から造られる。どのようにカヌーを造らなければならないか、どのようにしてそれを動くものに、旅するための俊敏な船にするのかを男たちに教えたのは、女だった。彼女は、自らの体液を塗り付けることで、カヌーを造るのにふさわしい赤い樹木を示した。それまで、神話時代の男たちは畑の土からカヌーを切りだそうとしていたのだった[42](Munn 1986: 139)。

マンは、カヌーと人間の身体と身体装飾のあいだにある特別なつながりを描いている。木製の素材は、隠喩的に体液と同一視される。「もっとも顕著なつながりは、〔……〕船体の赤い木と血のあいだに見いだされる。血は、母親から受け継ぐ身体の構成要素であり、ガワがいうに胎児を形づく《フォーム》る不可欠の媒体《ミディアム》＝素材である」(Munn 1986: 138 ガワ語は省略)。この媒体の視覚的なイメージは、カヌーが切り出される生きた樹木として、辺り一面にあふれている。カヌーを造る工程では、中空の容器を創りだすことが重視される。血は「事実上、胎児が作られる素材」(Munn 1986: 140)であり、神話において原初のカヌーが女性によってもたらされたのと同様、母親の身体に由来している。ただし、血の主要な特性はそれが内側にあるという点にある。ガワの人々は、母親の血が体内で凝結して子供を形づくるというのだが、おそらくカヌーのイメージもまた、母親の身体そのものの内部にある血を想像させる。カヌーの空洞は、出自集団の未だ生まれていない子供たちで満たされているのだ。

カヌーは特定の出自集団が保有しているが、それに乗って航海する者たちの出自は多様である。カヌーを姻族間で交換することは義務であるから、それらの容器によって運ばれる「子供たち」（船員たち）は常に出自集団の成員以上の存在である。彼らは姻族関係や他のつながりを介したアイデンティティもあわせもっている。そしてまさに、これらのつながりこそが、船を旅させるのだ。

カヌーのなかにはたくさんの子供たちがいるが（カヌーはときに、内部に農産物をのせて運ぶがゆえに「母」と呼ばれる）、器は全体として、それ自体が単一の人格としても扱われる（Munn 1986: 147）。そして航海の際には、もちろん、船団のなかのひとつの船として想像される。胎児と母体の関係のアナロジーから、内部で容れものを満たすこれから生まれる子供たち《チルドレン・トゥー・ビー》と、外部の形態《フォーム》として可視化された子供とのあいだにある、さらなる関係性さえ指摘できるかもしれない。カヌーそれ自体が、船体の外側に対してなされる男たちの活動の結果として「現れる」からである。外側は装飾され（彫刻され、塗装され、飾りつけられ）、船外浮は男らしさと結びつけられる白い樹木から作られる。赤い樹木もまた白塗りされ外側の塗装の下に隠される。カヌーの表面は、「同じ母系集団に属する」人々を個別化する父方の顔立ちを喚起し、この顔立ちが、個々の人格を出自集団の外部にいる彼／彼女の親族へとつなぐ。（二三）だから、カヌーに彫刻と装飾をほどこすのは、樹木が育った「母方の」土地を離れてカヌーが旅をし、他の土地の人々との実りある交換を達成するためなのである。

ここで私は、カヌーを満たすであろう（目に見えない）人格が潜在的に複数であることと、カヌーが僚船とともに航行しひとつの対象として外部から捉えられた際に、単一の（目に見える）人格に変換されることとの対比を暗示した。そうであるなら、パースペクティヴが内側か外側かによって、「多く」の子供たちは「ひとり」の子供でもあることになる。それゆえ、ひとつの出自集団や一艘のカヌーとして想像される単一の人格は、事実上複数の人格から成り立ち、また出自集団内部の多様性は、他の親族の外側のパースペクティヴからは、ひとつの統一体と見なされることになる。（カヌーや母といった）ひとつの形態《フォーム》は、自己自身の複数の形態を内包している。多くの樹木がひとつの土地で成長するように。カヌーは若い男であるだけでなく、母と子でもあるのだ。

ガワの人々は、これを変換したイメージ群のなかで、農作物の生長と生殖のあいだにアナロジーを描く（cf. Munn 1986: 296, n. 29）。畑は、女の身体のようにひとつの塊をなしており、出産するとも表現される。出自集団の成員たちは、そこに「植えつけられたもの」なのだ。マッシムの他の場所では、地中のヤムイモと女の体内で成長する子供のあいだに明示的な平行関係が見いだされる。ここできわめて重要なのは、内包されているものが誕生の瞬間まで隠されていなければならないことである。そうでなければ成長できない。ガワの人々は、産むために土地は重くなければならないと言い、美的な実践においても、土地の重さと土地に培われる人間の軽さが表現される（Munn 1986: 86）。実際、生育と隠されているものとの同一視がとても強いために、ガワの人々は食物を消費するよりも、それを思い描くことを好むほどである。食物を消費してしまうと餓えの可能性が増すが、土地で成長中の食物は空腹を満たしてくれる。目に見えるもの、つまり膨れ上がる畑という外的な形態と、目に見えないもののあいだには密接なつながりがあり、人々は、畑でいまも育ちつつある食物を知覚することから、身体の内側の満足、つまり満腹感を得るほどである。満たされた畑は、いうなればまだ掘り出されていない、満たされた腹なのである。これこそがより完全な、そしてより充足したイメージなのだ。

ガワの人々は、数量の逆説《クウォンティタティヴ・パラドクス》とでも呼べるものに、私たちをひき会わせる。「一」が「多」を内包しているのであれば、一は多のひとつのヴァージョンである。出自集団の複数の成員が、〔全体としては〕一として反復的に捉えなおされるのが良い例である。さらに言えば、成員同士は土地と血によって結び付けられているが、各々の身体の組成において成員たちはその結びつきそのものを反復している[二四]。ひとりひとりの成員が集団を内包している。同時に、拡張とつながりを生みだす能力において、潜在的に成員のそれぞれが放射状に拡がる関係のマトリックスのなかに置かれているのだ。

木は二重のイメージとして働いていた。複数の人格を容れる器（カヌーと航海者）であると同時に、運ばれる人格（出自集団／母体の内の、空洞におさまる胎児）でもある。この木がもつ二重性は、航海者たちが運ぶ財貨自体においても精巧に反復複製されている。人々は、呪文や呪術を通じて、これらの財貨に動きという性質そのものを吹き込もうとする（Munn 1983）。

デボラ・バタグリアによる貝殻製の首飾りの分析も、この議論を補強してくれる（Battaglia 1983）。

ガワからはるか南東に離れたサバール島の人々が交換する首飾りには、擬人的な含意があるという。海を旅して交換相手を探すサバールの男たちは、動きを内包した人格の複製を携行している。旅における出たり戻ったりする動きは、首飾りの白と赤のより紐に表現されているのだ。

紐は留め具によって「出ていく」側と「戻ってくる」側に分けられる。留め具は、〔紐に通された〕円盤状の貝殻財の流れを象徴的に「故郷へ戻る」ように「反転させる」〔……〕首飾りを既婚女性の装飾品から儀礼的な財貨へと変える「頭」〔において、それらはひとつにまとまる〕。頭をもつ首飾りは、貝殻の鈴という形態《フォーム》で「声」を獲得するとされ、この頭こそが首飾りを「より人間らしく」している。[43][二五]（Battaglia 1983: 300 サバール語は省略）

このイメージは語り、動く。つまり旅は、そのなかに内包されている。ちょうどパートナー間の互酬的な関係性が贈与のやり取りに内包されており、往復するやり取りの累積的な歴史が出自集団の名声に内包されているように。だから私たちは、人格を出自集団によって作りだされ、その出自集団の船によって運ばれる人々であると考えることができるし、あるいはまた、人格を、自らを構成し、またその拡張を可能にする諸関係であると考えることもできる。これは、ワントアトの踊り手たちが自分たちの源である精霊の顔から出現し、それへと合体するのと同じである。

筆者は、パプアニューギニアの北部と東部に事例を限定しなかった。ワントアト、パスム、ガワ、サバールという互いに異なる社会的－歴史的状況から手当たり次第に事例を引き出した。行事の度に作られる像や構造物から、何度も使われる船も扱ったし、神話と同時に受胎についての観念も扱った。唯一のつながり《コネクション》は、私の自由な連想であるようにみえる。ここで連想するということ自体が抱える問題にどうしても足を掬われてしまうようにも思える。人はその都度、自分が何を「見ているのか」について、どのように知ることができるのだろうか。

部分2　笛

部分1　イメージの行き詰まり

つながりの問いを前にして、私たちはいまひとつの問いに直面する。つながりは、どのような**形態**《フォーム》で認識されるのだろうか。もし私たちが色彩の繊細なディテールを無視し、カヌーもまた目と口の装飾を船首につけて航海することや、高くそびえる竹竿について指摘される特徴のひとつが演者の頭上で揺れ動くことであるのを忘れてしまうならば、ワントアトの造形物とガワのカヌーをつなげているのは、高度に一般化されたわかりやすい類似性だけだといえるかもしれない。「頭」、「目」、「身体」は、あらゆる地域の人々が利用していそうな図像である。だとしたら、比較しているかのように、それらをわざわざ結びつけようと考えるのはどうしてだろうか。

　比較について考えるのは、他の人もそうしているからである。例えば、**クラ**交易についての論文集から読み取れる交換システムの比較が挙げられるだろう（Leach and Leach 1983）。あるいは、ギルバート・ハートによるパプアニューギニアとイリアン・ジャヤ各地の儀礼的同性愛実践の検討——それはイニシエーション、新たな人格の創造、男たちを閉じ込め解放することなど、これまで取りあげてきた要素のいくつかを含むものだが——を思い浮かべる人もいるかもしれない（Herdt 1984）。贈与、祭礼、イニシエーション、性的実践。これらは、人類学者が比較の際に好んで用いる現象のスケールである。私たちはまた、身の回りにあるモノを個別にスケールとして取りあげ、しばしば疑問に思うこともなく分布図を作成している。かくして、ケネス・ゴーレイは、（パプアニューギニア全域の二二三に及ぶ社会、場所、もしくは地域における）数種類の楽器の分布を追跡し、記述する（Gourlay 1975）。そのなかにはうなり木《ブル・ロアラー》も含まれていた。うなり木はまるでワントアトの像《フィギュア》の縮小版のような細長い楽器であり、しばしば精霊の住処となる顔の文様が描かれている。それは、オーストラリア北部、イリアン・ジャヤ、高地とマッシム諸島を除いたパプアニューギニアの多くの地域にみられる。

　ただの「見た目」からすれば、これらの細長い楕円の形態は、パプア湾の祖先の板とも、高地における闘いの盾ともいえるかもしれない。しかし、ワントアトの像を気鳴楽器と考えることは、比較を特定の方向へとむかわせる。なにしろ、人間の起源はけたたましい音を立ててパックリ割れた竹であり、つまり音を立てる「樹木」なのだから。おそらく、木そのものが気鳴楽器であると普通は考えないのかもしれない。ただし、モクマオウの樹木の上を吹き抜ける昼下がりの風を聞いたことがあったり、果樹に鳥たちが、まるで樹皮や竹でできた飾り板の周りにつけられた羽毛のように群がるのを思い浮かべるならば、話は別だろう。男たちが鳥という形態をとった精霊として現れるとき、彼らの歌はまた鳥の歌である（e.g. Feld 1982）。他の場所では、木はまさに音を出すためにくりぬかれる。それは、セピックの男たちの小屋に横向きに置かれる割れ目太鼓、リズムに乗って上下に揺れる高地の踊り手たちのどしりとした砂時計型の太鼓、そしてトロブリアンドの若者たちがツーリストのために用い、売る小さな楽器にまで至る。

ゴーレイは、似たもの同士を比較するという方法論上の要請を満たすかのようにみえるスケールとして、自らの調査を、うなり木、割れ目太鼓、聖なる笛の三つに限定した[44]。しかし、パプアニューギニアのイメージが示唆する比較は、音を出す道具を調査するという前提の下でさえ、これら三つの次元に収まりきらない。囲われた空洞から響き渡る音は、例えば、仮面の背後から聞こえてくる音や、家のなかや柵の向こう側から聞こえてくる精霊の声を喚起する（Tuzin 1980: 56-57）。ゴーレイ自身、音楽と先祖の声が、そして風の流れと内部に包含された人格／胎児が、しばしば関連づけられることについて、充分な証拠を提出している。しかし、ゴーレイのスケールに基づけば、こうした連想は単に対象物の属性ないし「意味」になってしまう。

私たちはカヌーからかなり遠ざかってしまったかのように見える。岸辺でカヌーの到着を告げる法螺貝や、カヌーがシューシューと水面を移動する音を念頭におかなければ、誰もカヌーを気鳴楽器に分類しようとは考えない。しかし、カヌーを保有する人々は、その側面に割れ目太鼓と同じようなトーテム模様を刻み付けるかもしれない（e.g. Gewertz 1983: 40）。トロブリアンドの家の屋根は、何気なく見ても、ひっくり返された船体に似ている。メラネシア人のイニシエーション儀礼では、新入り〔の少年たち〕が「男たちの小屋」の出口より現れ、精霊の風が太鼓から放たれるのと同じように、少年たちを怪物の口から出現させることもある。ときに人々は、こうした含みをかなり文字どおり受け取っている。ジリアン・ギリソンが何度か報告しているように、ギミの笛は、明らかに口の拡張として咥えられ吹かれる竹製の気鳴楽器であり、男たちの魂を解放する楽器であるとともに、〔それ自体が〕胎児として放たれるものでもある（Gillison 1999）。それはまた、鳥の鳴き声を思い起こさせるものであり、母親の身体という包みから解かれた子供のようであり、子宮という筒に命を吹き込む母親のようでもある。

しかし、ここでいう家とは何で、木とは何なのだろう。しごく当たり前にみえる図像についてすら、私は少しばかり素朴過ぎたのではないだろうか。何をもって私はワントアトの造形物《エフィジィ》に目や口があるという確信をもてたのだろうか。実際のところ、私たちを見つめているようにみえるワントアトの「顔」は、現地の語り手の説明を聞けば、ばらばらに解体し、まったく顔ではなくなってしまう。

シュミッツは、現地の解釈に寄り添いながら、顔の具体的な図柄のいくつかを分析する（図1下段の中央にある顔の図柄を参照）(Schmitz 1963: 94f)。彼が議論を進めるにつれ、「顔」は、ばらばらの小さな文様として表面に現れるいくつもの塊に吸収され、人間らしさは消え去ってしまうようにみえる。彼は、顔の図柄の**内部に**、（人々が手にもつ）太鼓を表す砂時計型の模様を見いだした(45)〔図1の上段を参照〕。砂時計型の模様は体腔全体をあいだに挟み込んでいる。その一方で、一見して手にみえるものは手ではなく、（人々が身体を満たす）節くれ立ったヤムイモの根茎の輪郭であると言われる〔下段中央と右を参照〕。さらに人々は、シュミッツが目と鼻と「認識」した部分については進んで同意するものの、そのすぐ下にある帯状に開いた部分が口であることについては否定する。彼らがいうに、精霊たちは口をもたない。シュミッツは、パスムに行って初めて、下部の空洞を口だとみなす人々に出会うのだった。

それでもなお、私は素朴すぎるのではないだろうか。たしかに私たちはこれらの形態が何であるのか決めなくても良いのではないだろうか。それが何であれ、多くの機会に多くの人々にとって多くのことを「意味」しうることは、象徴分析がすでに充分すぎるほど明らかにしている。こうした無限に続きうるアナロジーのなかで筆者がしているのは意味の収集であって、もちろんのこと、誰も意味を比較しようなどと夢みたりはしない。人類学者は、〔人々が〕どのように意味を作り上げ、活用しているかを比較する。ありうるアナロジー〔の範囲〕を画定するのではなく、人々がどのようにアナロジーを描くのかを記録するのである。レベルとコンテクストのいくつかを導入しさえすれば、このフレイザーかぶれのパスティシュから逃れることができるに違いない。

シュミッツのドラム

ワントアトの「ダンスの盾」
左と中央が「顔のデザイン」とされる。
右は「ヤムのデザイン」

図 1　schmitz 1963 の図 14，15，16 より

部分2　レベルとコンテクスト

しかし、レベルとコンテクストもまた、同定されなければならない。（二六）イニシエーションの実践を一連の社会的コンテクストと画定したり、あるいは、例えばゴーレイが、男／女関係を、自身の象徴分析が扱う主要テーマに共通して現れる重要領域と定めるときのように、説明の「レベル」を見いだしたりすることができるだろう（Gourlay 1975: 94）。またしばしば、二つの異なった水準《オーダー》にある現象を結びつけて、お互いが他方のコンテクストないしは基盤を提供するように仕向けられる。テレンス・ヘイズが、パプアニューギニア高地における「聖なる笛複合《セイクリッド・フルート・コンプレックス》」の精緻で思慮深い研究に乗り出したときに採ったのもこの手法だった（Hays 1986, 1988）。彼は、単に物質文化の一部を目録化するだけでなく、成長と豊饒さをめぐる諸観念との関係でその意義を検討するのだと明言している。ヘイズは研究の意図を以下のように記している。

> 〔研究がめざすのは〕高地の多くの社会をつなぐだけでなく、ニューギニアで管楽器を用いる他の結社活動との歴史的なつながりを示唆する〔……〕特定の主題〔を同定すること〕、……〔そして〕こうした共通の主題〔に基づいて〕、他の分析を進めるための比較の基盤を打ち立てることである。
>
> （Hays 1986: 435）

高地全域において竹の笛は、儀礼手続きの中核にあるものとして、とりわけ男たちのイニシエーション実践において幾度となく現れる。さらにヘイズは、ほとんどすべての場所で、かつて男たちに盗まれるまでこれらの管が女たちの付属物＝器官であったという、笛についてのとてもよく似た物語が語られることを示している。盗みによって男たちには権力、特に、生殖に関わる力や人間の成長や繁殖を支配する力がもたらされた。いまや笛は、男たちが女たちから隠している秘密である。ある社会からもうひとつの社会へと旅するたびに似通った説に出会う。笛が発するのは鳥や先祖や子供の声であったりするが、男たちによって吹かれることによって笛はこの力を喚起するのである（Gewertz ed. 1988）。

つながりがあるのは明らかである。ヘイズが記録した高地諸社会のあいだでの対応関係は、無視するにはあまりに密接すぎる。ロジャー・キージングが指摘するように（Keesing 1982: 35）、それらが個別に発明されたものの寄せ集めではないこともまた明らかである。いわば、それらはある種の様式化されたレパートリーを構成している。一歩進んで、単一の広域文化を想定し、個々の社会が同じ主題のヴァリエーションを呈していると考えてみることはとても魅力的である。ヘイズは、まさにそのような「共通の主題」、すなわち連続性を解明しようとした。それは、高地の人々がこれらの楽器に帰す力や、男性秘密結社における楽器の役割、そして何より、盗みの神話によって男たちの支配を確かなものとするために、笛を特有の仕方で扱うさまにみられる連続性だった。聖なる笛複合を基層と捉えることは、分析者に比較を促す。例えば、高地東部で男たちのイニシエーション実践が長期に及び、そこで笛が中心的な役割をはたしているのに対し、高地西部では簡素化されていること、あるいはまた、ハーゲンのように、笛の物語に類するものは認められるのにイニシエーションが存在しないところもあるのはなぜだろうか、と。さらに研究者は、そうした実践の不均一な分布を説明し、共通の基盤のうえに多様なアナロジーを位置づけるために、共有変数を探りだすように促される。こうして、笛の出現様態を記録するためのスケールが生み出されることになるだろう。

しかしながら、この比較に伴う困難は、私たちが想定する共通の広域文化が、人々が楽器に付与する「意味」や彼らが設定するアナロジーという、まさに研究対象であるはずの特性そのものから構成されているという点にある。私たちは、文化を、合意された象徴的基層になんらかの形で基づいたものとして扱い、それ以外すべては付随的な展開＝彫琢《エラボレイション》であると見なしているといえるかもしれない。しかし、共通の文化的中核、もしくはヴァリエーションのあいだに共通する主題は、現地での使用から独立したコンテクストやレベルではない。言いかえるなら、どこに目を向けようとも、笛はすでにひとつのイメージなのだ。笛は一般的な形態として存在することなどなく、無数の特定の形態としてのみ存在しているのである。

困難の所在を例をあげて説明しよう。笛は一般的にはペアで吹かれ、そのメロディーとはまったく無関係に、常に擬人的な用語で語られる。ヘイズはそのヴァリエーションを記録している。笛は往々にして男と女の一組だと説明されるが、そうでなければ同世代の（男の）一組、夫を共有する

（女の）一組、もしくは二人の女の精霊でもある（Hays 1986: 438）。（この特定の調査に対してではないが）この分野の人類学的な分析に対する一般的なコメントとして次の点を指摘したい。

第一に、笛が男なのか女なのか、もしくはその両方なのかということが、人類学者が分析上のレベルで提示する男女間の〔支配／被支配〕関係にほとんど違いをもたらしていないように見えることに、どうにも当惑させられる。当の分析上のレベルが、男であることと女であることとが作りだす差異の知覚〔の産物〕**である**にもかかわらず。ひとつめの次元において、笛の性差の多様性はそれほどの意味をもたないように見えるのに、その多様性は、同じ多様性によって定義される〔はずの性差の〕次元に沿って位置づけられている。第二に、にもかかわらず、現地で笛の属性として描かれる力、すなわち人々がその音色を耳にするときの効果は、男性が女性に対して力を行使するために笛を用いていると人類学者が論じる際の、証拠の一部とされる。ここには驚くべき不釣り合い《ディスプロポーション》がある。第一の場合には、分析の「レベル」は、現地における差異の構築とは無関係に見える。〔その一方で〕、第二の場合には、権力関係の「コンテクスト」は、〔それが〕もともと現地の諸概念からの推定に基づいているとされるのである。

実際、コンテクストとレベルをめぐる問いは、また別の独特の仕方で自らのうえに崩れ落ちる。ある社会において意味の焦点や、鍵となる人工物として現れるものが、他の社会においては「副次的な活動」でありうる。この意味で、両者は同じではない。一方で、イニシエーションがどれほど簡素であるとしても、儀礼に笛が登場することそれ自体が、笛の重要性を推し量るのに充分であるようにみえる。しかし他方で、イニシエーションのような儀礼が実践されはするものの（西部高地のパイエラのように）笛が重要な役割を担わなかったり、あるいはハーゲンのように重要なイニシエーションがまったく存在しない社会もある(46)。パイエラの事例では、女の精霊の祝福を求める独身男性たちが、精霊について探りをいれるために用いる小さな竹筒を一種の笛とみなすことは、見当違いではないだろう。水で満たされていくにつれ、竹は彼女の存在を示す。アレッタ・ビアサックの説明を見てみよう。

竹の儀礼における最も重要な側面は、山の隠れ場所を訪れたことが以前に少なくとも一度はある少年たちと関わりがある。少年たちはその際、竹の筒を沼地に立て、そのままにしておいた。〔……〕そして彼らがいないあいだに、水が筒のなかに入り込む。その後の訪問の際にこの水は、（精霊の）女とその活動が少年の目に見えるものであったなら直接にしめされるであろう彼女のメッセージを、コード化して伝えることになる。水位が高く、水が透き通っており、さらに少年たちが見つめたときに動くようであれば、［彼女は］月経中ではなく、暗に少年の内なる肌を成長させていると解される(二七)。しかし、水位が低く、水が透明ではなく赤みがかっており、また見つめても動かないようであれば、［彼女は］月経中であり、暗に少年の内なる肌を成長させていないと解される。

竹筒は〔……〕その内部に［精霊の］女が住まう、まさに家なのである。

(Biersack 1982: 246 強調省略)

しかし、ハーゲンについていえば、おそらく、私たちは誤った方向をむいている。より適切なアナロジーは、他の儀礼のうちにあるのだろう。儀礼用の広場の地中深くにまで突き立てられたブタの杭はどうだろうか。杭はブタを「運び」はしないが、ブタは杭につながれている。これは、多様な交換パートナーたちへと拡散していく前の氏族の生産性の徴《しるし》である。実際、この杭は、ブタのエサとなるイモを大地に産みださせる、女性がもつ穴掘り棒(47)を思い起こさせるかもしれない。しかし同時に、少なくともハーゲンにおいては、ブタの過去のやり取りと将来の約束を暗示する儀礼用の土地に並べられた杭は、男たちが胸に着ける、貝殻のやり取りの記録札をも喚起する。(48)それらの札は小さく細長い竹の薄板からなっており、貝殻が贈与としてやり取りされるたびに、竹板がひとつ付け加えられる。目に見える竹板は、目に見えない貝殻を繋ぎ留めるのだろうか。

こうした喚起は、大してうまくいくわけではない。このように「他の方向」を探求することは、それによって高地の複数の社会を比較することができる何かなどない、という感覚をもたらす。基層となるような意味の組み合わせはないし、座標軸として使えるようなコンテクストやレベルの組み合わせもない。ハーゲンの男たちが娯楽として吹く笛は、別の所では男たちの小屋の内部に包んで置かれていたり、加入者の少年を威圧する道具である聖なる横長の楽器のように扱われているとも、いないともいえる。控えめに言ったとしても、つながりは部分的である。つながりが部分的なのは、笛の使われ方に、［一貫した］アナロジーを作るための基軸がないからである。私たちは、いかなる喚起を追うべきだろうか。威圧に用いられる笛の類比物《アナログ》を、ハーゲンの男たちの口から流れだす説得のための言葉のうちに見いだすのか。ハーゲンの娯楽のための楽器の類比物を、ギミのうわさや冗談のうちに見出すのか。さらに、イニシエーションそれ自体のハーゲンにおける類比物をどこに見出すべきだろう。男たちの儀礼的交換にか。出産に関わる女たちの実践にか。すべての事例を通じて保たれる、独立したコンテクストやレベルの組み合わせを抽出できないのであれば、私たちは自らが認識するアナロジーをいかに制御すればよいのだろう。ギミの笛が、ハーゲンの男たちが誇らしげに首に飾る竹の記録札のようであるのかないのか、パイエラで女たちから隠される儀礼場の囲いのなかの秘密のようであるのかないのかということを、どのようにして知ることができるのだろうか。あるいは、［ギミの笛は、］ハーゲンの女たちが、かつて背中に着けていた長細い房状の編み袋のようなものとさえいえるのではなかろうか。

　おそらく問題の核心は、人類学者が設定するコンテクストや分析のレベルそのものが、しばしば、人類学者がそれを使って組織化しようとする現象の一部でありながら、同時にそうではないということである。コンテクストやレベルが設定するパースペクティヴの横断的な性質ゆえに、ある特定のパースペクティヴは、また別のパースペクティヴに飲み込まれる可能性を常にもっている。聖なる笛は、イニシエーションや生殖をめぐる儀礼のどちらともぴったり重なり合うわけではない。笛であれ、イニシエーションであれ、生殖儀礼であれ、それらのコンテキストは何であれ、人類学者がまとめあげようとする資料に対し、各々のコンテクストに固有で非一般的なパースペクティヴをもたらす。結局、笛とは何だろうか。外部からもち込まれるいかなる基準も、現地の意味による汚染を避けられない。私たちが笛を、竹、器、音を出す道具、呪術的な力をもつ人工物、あるいは男性や女性の付帯器官のいずれとみなそうと同じことである。私たちが「それ」を、作られた目的から切り離された単独存在として認識できないのと同様に、その〔一般的〕属性を数え上げることもまたできないのである。

　筆者の関心は、どのような釣り合いによって人類学的説明の確信が支えられているのかという点にある。だが、これまで見てきた事例は、もはや手に負えないかのように見える。スケールの外にある／釣り合いを欠いている《アウト・オブ・スケール》とでも言いたくなるほどに。ただし、そこにもある種のスケーリングはあるのだ(二八)。

　私が明確に意図してきたのは、ゴーレイとヘイズの両者が、彼らの比較分析において見いだしていた問題を再現することであった。レベルを細分化したり物事をコンテクストに位置づけたりといった分析上の戦略をとることが、社会／文化的マトリックスから個々の事物（人工物や制度など）を引き抜いて、互いにはっきり区別された単位として扱うことはできないことを、明らかにしてしまう。そのような単位から自動的に生み出されるスケールなど存在しない。スケールは人類学者によって作りだされなければならないし、結局のところ、私たちは音を出す道具を数え上げるだけでは満足できないのである。しかし、私が選んだ事例には、特徴的な点もある。木と笛は、西洋人の目には、人格から本来的に切り離されたもの、さらにいえば個別の人格の身体から本来的に切り離されたもののように見える。しかし、木や笛と実際にかかわるメラネシア人が繰り返し語っているように思われるのは、私たちがその内側を見るか外側を見るかにかかわらず、像であれ、カヌーであれ、杭であれ何であれ、それらが人格に属すると同時に人格以上のものだということである。それらは、人が作りだす諸関係にとってなくてはならない拡張物であるという意味で「道具」なのだが、それだけでなく、肉体としての身体が、諸関係によって構成されているのと同じように、そうした道具によっても構成されていると理解されているのである。それらの関係（道具）は、身体に内在するものとして現れる。それらは「目鼻と同じく」身体上の特徴である。事例のそれぞれが、この言明の全体的な比喩＝形象化を提示しているのだ。だとすれば、論点となるのは、人類学者がいかにアナロジーを制御するのかではなく、行為者たちがどのようにそれをしているかであると、いえよう。

部分2　中心と周辺

部分1　予期－除去

部分1　先取りする《プレフィギュアメント》

全体的な比喩＝形象化《トータル・フィギュレイション》は、すでに私たちの手元にある語りの戦略によって把握できる。もっとも包括的なのは、おそらく、ロイ・ワグナーが予期－除去（obviation）と呼ぶ自己回帰的形式を解明してから(e.g. Wagner 1986a, 1986b)、それにならって予期－除去分析として知られるようになったものである。予期－除去は、「出発点に回帰することで閉じる弁証法の展開において、隠喩が一連の置き換えを経ることで神話(や儀礼形式)の筋書きをつくりだす」(1986a: xi)点に現れる。[二九] ただし、神話や儀礼だけでなく、社会過程一般がこのように捉えられてきた。ジェイムズ・ウィーナーはクトゥブ湖地域のフォイについてのモノグラフにおいて、この点に関し、「人類学者が社会的プロセスとして捉える出来事の流れは、比喩を他の比喩によって置き換えることとして、もっとも適切に描くことができる」(Weiner 1988: 9)としている。予期－除去「分析」は、人々が関係を繰り返し知覚することで、あるポジションから他のポジションへと移動する時間的・空間的な連《シークエンス》なりを、観察者〔＝読者〕に対して反復複製する。最終的に「明らかに《オブヴィアス》」(三〇)されるのは、人々の知覚の基盤が関係的であるということだ。

　こうした説明形式の対応物は、人間の意図の背景に社会性《ソーシャリティ》があることを自明視する社会の、関係的シンボリズムにはっきりと見いだすことができる。関係がモノや人格に内在するとされるところでは、人々は、モノや人格が露わにするアナロジーを通して関係を知られるようにする。かくして、人格やモノは、それらを構成する関係を露わにするために分解される。この営みは、人類学者に逆説をもたらすかもしれない。〔諸関係を、モノや人格にすでに内在しているものとして〕先取りすることは、「社会」や「文化」が予め存在すると想定すること、つまりあらゆる新しい人格自体がその再構成であるような配置《コンフィギュレイション》を想定することも同然である。とはいえ、このような配置は暗示的ながらそこにある。それは、いかなるものも他のものの外部であると同時に内部でもあるという、北メケオの生殖をとりまく空間イメージや（cf. Mosko 1985; M. Strathern 1989）、自分自身へと含み込まれた単一の原初的存在というイクワイェの概念、またそこから立ち上がる算術にも見られる。イクワイェは、人が数えることができるのは一の分数だけだということを知っている（cf. Mimica 1988; Gillison 1987）。私たちは、既に、つながりや関係性をめぐるこのような想定に接近するための理論的な道具をもっているのだ。

　こうして見ると、前セクションで筆者は一歩後退してしまっていたようだ。そこで提起した問題があのような形を取ったのは、筆者が既に確立した人類学的理解の一領域を丸ごと無視していたからである。まるで、人類学者が象徴の多様性を扱うためにここ二、三〇年ほど用いてきた解釈様式が完全に頭から抜け落ちていたかのようである。これは、予期－除去分析のみならず、その先駆けである構造主義からの後退でもある。予期－除去分析が社会的・文化的全体性の先取りを説明するのだとすれば、構造主義的分析は精神活動を構成しているように見える諸要素を先取りすることに基づいている。こうした可能性を見過ごしてきたことは、いまから見れば滑稽である。おそらく、筆者の説明におけるこの「空白《ギャップ》」は、諸事例が散らばっていたことの効果によって生みだされていた。

部分2　形式を引き出す《エリシト》

実際のところ、前セクションでとりあげた事例は、人類学がとうの昔に放棄した、あの埃をかぶったカタログ棚から取り出されてきたかのようでさえある。問題なのは、事例の対応関係が無意味だったり間違っていたりするというよりは、事例が位置づけられていないようにみえることである。(文化的行為者としての)パプアニューギニアやその他のメラネシアの人々が、つながりを扱う方法について何かを知るためには、それら事例を位置づける必要がある。

もちろん、メラネシア人が知覚する動きや、行為者としてする旅には、**特異性**がある。彼らは、世界中のさまざまな文化に酔いしれ、あちらこちらで手あたり次第にあれこれ試すコスモポリタンではない。メラネシアの人々は、名の通った貝殻製の財貨を求めて特定の島や交換パートナーのもとへと航海する**クラ**交易者のように、文化的な意図をもって旅をする。同じことは、踊り手が巨大な竹の造形物を頭上にとりつけても首を折らずにすむのは、その男がイメージによって現前させる特定の精霊の力のおかげであり、見る者たちがその精霊を、男と像《フィギュア》が一体となって示す動きに見いだしていることについてもいえる。これらはリスクを伴わないのんきな旅や振るまいではない。それらは、まさに、諸関係を知らしめるという特定の効果を指向している。ある状況で存在し提示されるものは、パートナーから特定の反応を、また、観衆から特定の認知を引き出すよう意図されているのである。

この反応は、予期された、ときには定型的な応答としてあるのかもしれない。それは演じられているのかもしれない。あるイメージが生みだす効果はさらなるイメージとして提示され、あるひとつの比喩＝形象《フィギュア》は対となる比喩＝形象を「生みだす」と目されている。私たちが通常パフォーマンスや儀礼の社会的コンテクストと捉えるものもまた、一連の比喩＝形象によって構成されているのだろう。隠喩や換喩の連鎖のように、ある比喩＝形象は、ひとつ前の比喩＝形象がまさにそうであったように、先行する比喩＝形象から引き出されるかのように提示される。このような引き出しを、先取りされた喚起《プレフィギュアード》と考えることができるだろう。それは、あてのない旅ではなく、予期された目的地へと至る旅である。

先のセクションで示された行き詰まりは、これとは対照的に、予期できない喚起を扱ったことに

郵便はがき

料金受取人払郵便

綱島郵便局
承認
2149

差出有効期間
2024年4月
30日まで
(切手不要)

223-8790

神奈川県横浜市港北区新吉田東
1-77-17

水声社 行

御氏名(ふりがな)	性別 男・女	年齢 才
御住所(郵便番号)		
御職業	御専攻	
御購読の新聞・雑誌等		
御買上書店名	書店	県 市 区 町

読　者　カ　ー　ド

お求めの本のタイトル

お求めの動機

1. 新聞・雑誌等の広告をみて（掲載紙誌名　　　　　　　　　　）

2. 書評を読んで（掲載紙誌名　　　　　　　　　　）

3. 書店で実物をみて　　　　4. 人にすすめられて

5. ダイレクトメールを読んで　　　　6. その他（　　　　　　）

本書についてのご感想（内容、造本等）、編集部へのご意見、ご希望等

注文書（ご注文いただく場合のみ、書名と冊数をご記入下さい）

［書名］	［冊数］
	冊
	冊
	冊
	冊

e-mailで直接ご注文いただく場合は《eigyo-bu@suiseisha.net》へ、
ブッククラブについてのお問い合わせは《comet-bc@suiseisha.net》へ
ご連絡下さい。

由来していた。そこでは、あまりに一般的であると同時に個別的なようにも見えるイメージを追ったために、分析の焦点を定められなくなり、釣り合いの感覚がすべて失われてしまったかのようだった。語りのなかで示唆した木と笛の類似は、別々の対応関係を次々と導き出しただけだった。空洞にされるものと彫刻を施されるもののあいだに、切り出されたものと成長したり成長を象徴したり空洞を伴って成長したりするように見えるもののあいだに、そして、外側を打たれることで音を発するものと内部から音を発するもののあいだに、などなど。語りによって生み出されている以上、こうした類似は人工的に見える。これは、翻ってみれば、メラネシア人が類似性や類同性——モノのあいだの関係——を自明のものとみなし、行っていることを、語りが行うことはできないからなのだろう。こうした類似性を背景に、彼らにとっては差異を生み出すことこそが「人間の行為の道徳的基盤」となる（J. Weiner 1988: 9）。この変換と差異化の連なりを模倣することで、諸形態が特定の連鎖をなして現れるさまを前景化することができるとすれば、ここでみた対応関係の恣意的な性質はおそらく解消されるであろう。

筆者が喚起したワントアトとパスムの像《フィギュア》は、覆い隠されながら形を与えられた他の多くの形態のうちの二つの例にすぎない。それ自体樹木でありながら樹木の下にいる男の他にも、男たちはヒクイドリの羽の下にうずくまったり、頭上に巨大な円形の巣を担いだり、月形の紋に組み込まれた形態で現れたりする。これらは行き当たりばったりの比喩＝形象化ではなく、西部セピックのウメダやヤファルの成長儀礼に現れる形態の連鎖（Gell 1975; Juillerat 1992）のように、同一視できる連なりのなかで、それぞれ異なった効果をうみだしつつ現れる。

ならば人類学者が取り組むべきは、これらのイメージを生みだしている当人たちに対して作用するような、特定の喚起でなければならない。彼／女は、人々が明示的にすることに注意を払わなければならない。ある契機や形態は、他の契機や形態を立ち上げたり、それらによって置き換えられたりする。仮面を被った踊り手が別の踊り手に取って代わられる効果のうちに、あるいは竹の笛が器として扱われる時と、編み袋に包まれて運ばれることが重要だとされる時とを区別する視点のうちに、いうなれば、イメージがどのようにイメージを生みだすのかを目の当たりにするのである[49]。これらすべての観念においてそうであるように、人々はイメージを他のイメージの拡張として利用する。意味はいくらでも存在しうる。イメージは「それらのすべてを**内包し**、また**引き出す**ので、必要なのはイメージそれ自体を維持することである」(Wagner 1986b: xv)。内包されているものが、引き出されたり喚起されたりするものを通して知られるのであれば、意味の解明はそのイメージの使われ方のうちに位置づけられなければならない。

行為者たちのパフォーマンス、そこに見られる継起的な連なりは、イメージそのものの創造性が発揮されるアナロジカルな枠組みを提供する。例えば、婚約の際の贈与から婚資、さらには出産に際しての支払いに至る生殖をめぐる一連の流れや、儀礼的交換においてパートナー同士が交互に送り手となり継続していくやり取りが挙げられる。成長と移行の感覚は、ある一組の価値が、別の一組の価値を「生みだす」(顕在化させる)と同時にそれに置き換えられることからもたらされる。マンがガワの事例から指摘しているように、女性の生殖力はあの貝殻の腕飾りやこの首飾りなど個別に記憶される人工物に変換されるし（Munn 1986: 145）、踊り手の身体を物質的に拡張する羽の頭飾りは、男の名声を拡張する**クラ**の首飾りの隠喩だとされる（Munn 1983: 287）。アナロジーを、つまり類似と差異のあいだの内的関係を明るみにだすことは、ひとつ前のポジションを、すなわち置き換えられた比喩＝形象を明るみにだすことと似ている。このような経路をたどるならば、人類学者はひとつの実践の連続体のうちで生じている周到な置き換えをたどることになるだろう。これまで示してきたように、現代のメラネシア研究は、いくつかの洗練された分析を既に手にしている。しかしながら、それらが自己充足的な次元を提供していると考え、メラネシア人が出発点とする先取りされた世界を、あたかもただ完成させようとしていると捉えるならば、それは思い違いであろう。というのは、メラネシア人は、人格のあいだの動きを用いて、彼らの世界を分解しもするからである。

ここでの筆者の目的のひとつは、人類学者たちの活動が自ら「残余《リメインダ》」を絶えず生みだし、見たところ新しいが完全には独立していない次元への出発点を作りあげる、その仕方を明らかにすることである。それゆえ、ここではあえて一歩後退し、ヘイズのポジションから、彼が比較研究においてしたように単一文化への排他的な焦点化を避けながら、これまでの洞察をどのように展開できるのか問うことにしたい。

部分2　コミュニケーション

部分1　複合的な知識

連なりの観念は、分析者による発見の旅にとって適切なイメージである。また、メラネシアの神話、儀礼そしてとりわけ交換関係に、継起的連鎖と〔暗示的だったものの〕開示《リベレイション》が見られるのは間違いないことである。しかし出来事は、もっぱら人々を前進させるのではない。リチャード・ワーブナーは、セピック西部の資料を再分析する際に、この点を強調している（Werbner 1989)。

彼は、アルフレッド・ジェル（Gell 1975）が描写しているウメダの**イダ**祭における出来事の連なりについて再論しているが、ただしその際、ジェルが中心的には取り上げなかった比喩＝形象について、独自のポジションから分析している。ここで私たちは、ワントアトの造形物と似ているといえなくもない形態と出会うことになる。巨大な構造体に包み込まれたり、羽によって引き伸ばされたりする、他の像《フィギュア》によって拡張される像である。ジェル自身の分析は、ある図柄が他の図柄に続いて現れる弁証法的な並置の重要性をうちたてており、それは「**多くの**儀礼的形象《フィギュア》があるのではなく、基本的には変換の過程にあるただ**ひとつの**形象があるという考えにすみやかに至る」（Gell

1975: 296）との見解を導きだしていた。これはワーブナーが、あとに続く多様な行為の帰結を先取りして再現する、一見重要に見えない予備的行為（誕生の上演）を前景化していたこととも合致している（Werbner 1989: 150）。かくして、時間はその契機に内包されているのであり、開幕を告げる振る舞いは［**イダ**祭］全体の比喩《フィギュ》＝形象化《レイション》となっているのだ。

枠づけられ、覆われ、縁どられ、羽飾りをつけられ、木製のラッパの伴奏に合わせてその姿を現す仮面は、樹木や植物と関連した素材で作られている（Gell 1975: 158）。ウメダの人々は男性とその仮面からなる比喩＝形象化の全体を解釈する際に、[50]樹木の構造と身体の構造のあいだに明確な並行関係を描きだす。例えば、ヒクイドリの仮面の上部に取りつけられている複数の果実は、男が婚姻の際に引き渡す娘たちと対応している（Gell 1975: 237, 241）。あるひとつの集落から見ると、他のすべての集落は、娘たちを交換する集落と仮面を交換する集落へと二分される。[51]そして、あるひとりの男から見れば、娘の差し出し手ではないコミュニティの男たちの仮面だけを被ることができる（Gell 1975: 52）。

ワーブナーは、この交換行為を彼の空間分析の中心的な事例として検討していく。そこで明らかにされるのは、時間だけでなく空間も、中心と周辺の往還的な関係において、自らを自らへとたたみ込んでいるということである。森のなかの集落に散らばって住んでいた人々は、祭礼の際に村に集まり、そしてまた散り散りになっていく。それだけではない。人々がつくりあげる中心は、彼らからみれば社会の周辺に位置する他の人々の中心の類比物《アナログ》だと見なされている。データが複合的であるため、彼の議論の一部を逐語的に提示しよう（原著における段落構成は無視した）。

仮面を被ることで、男は空間を通して象徴的に時間の移行を達成する。仮面の内側で彼は、時の始まりにおいて生命を生み出した内なる空間へと入り込む。その空間は、原初の存在に応じて、ある樹木であったり別の樹木であったりする。こうして時間と空間を逆転させ、彼自身が、例えばヒクイドリといった原初の存在になる。

互いの土地にとってよそ者《アウトサイダー》である男たちは仮面を交換する。こうして彼らは自らを内部者《インサイダー》へと変容させ、互いの内なる空間へと侵入する。一年〔……〕のほとんどを、彼らは実質的に隣あった一片の土地に内包されて《コンテインド》過ごす〔……〕。しかし、祭礼のあいだ、彼らは自らの境界を拡大する〔……〕。そこで男たちは、女と仮面を通して、複数の集落とのあいだに永続的な関係を打ち立てる〔……〕。女たちは、仮面と同じように、内部者である男たちの器《コンテイナー》なのだが、それぞれの器〔を利用するの〕はその〔器＝集落の〕内部者に制限されている。仮面は男性的な子宮であり、女たちは女性的な子宮なのだ。（Werbner 1989: 156 脚註省略）

社会的交換という観点からは、土地と女たちは生命－空間の提供者であると同時に、その器として扱われる。ところが、土地が非可動的であるのに対して、女たちは可動的であるという点で対照的である。生命－空間の器をめぐる互酬や交換は、人々に物理的な接触をもたらす。そして人々は、可動的な生命－空間の器の選択によって、自らを取り巻く物理的状況、すなわち非可動的な環境を再構成することができる（三二）〔……〕。仮面は、一方で女たちのように可動的であり、他方で土地のように永遠性と関係している。仮面の内側の空間への接近を共有することによって、［男たちは］女たちを交換しない土地とのあいだに、より高次の象徴的接触を確立するのだ。

（Werbner 1989: 195-6）

詳細に立ち入ると不釣り合いになってしまうだろうが、ワーブナーがウメダや他の隣接するコミュニティ（村や集落）の地理的な配置を描くのは、彼らのあいだでの交換関係を示すためだった。彼は、これらの関係性が二つの原理の作用を明らかにすると論じる。第一に、社会が、半族やここでは触れられていない他の二者関係にみられる、単純な二項的単位として表象されているという点である。第二に、それぞれのコミュニティが、自らを、複数のコミュニティから成る宇宙の中心と見なしているという点である（Werbner 1989: 218）。男は、単純に自身を自らのネットワークの中心に位置づけているわけではない。むしろ男たちは、**他の男たちの**複数の中心と**相対する**中心に位置づけられている。そのため、例えば、ウメダの視点からプンダの村は、ウメダのある種の鏡像であって、この二対のあいだの永続的な対外交換が、近接しない領域間の接触の規則にしたがって、より大きなコミュニティを形成している（Werbner 1989: 213）。それぞれが、他方にとって「もう一方の男の中心」である。

ワーブナーによる広域コミュニケーションの理論化において、プンダは要の位置をしめている。

プンダは独自の特徴をもっているので、ウメダの鏡であるが複製ではない。プンダ村は、アマナブ語を話す近隣のコミュニティとも接触をもつ。この地域は、ジュイレラートによる民族誌（Juillerat 1992）の対象であるヤファルの村を含む。プンダは、ウメダとヤファルの両方と通婚する。プンダと同様、ヤファルはウメダから豊穣性とかかわる結社《カルト》活動**イダ**を借用し、それを**ヤンギス**と呼んでいる。ウメダは、「娘たち」であるプンダとヤファルにとっての「母親」だとされる。

互いの結社活動についての知識が一見して不均一に分布していることをめぐる刺激的な議論を展開するなかで、ワーブナーは、ウメダの**イダ**とヤファルの**ヤンギス**とのあいだの差異は、ヤファルの視点から理解できると指摘する（Werbner 1992）。ここでのヤファルの視点とは、ウメダとの関係において自分たちを見る視点である**と同時に**、自分たちのために実践を再中心化する視点でもある。ヤファルは、ヤンギスを外部から借り受けていることを公に認めている。それは彼らにとってはエキゾティックであり、ウメダにとっては土着的である。それは、彼らを育むウメダ文化の果実だと言えるかもしれない。同時に、ヤファルは、結社活動が彼らを真に育むことを確実にするために、それを再中心化してきた。ワーブナーが指摘するように、**ヤンギス**は**イダ**を反復複製できない。二つのコミュニティは、同じ望ましい効果（豊穣性）のために儀礼を実演する。しかし「娘」が見ているものは「母」のそれとは違う。これは無意味な隠喩ではない。それは、ヤファルが産む側からの眺めではなく産まれてきた側からの眺めを再構築する際の、さまざまな次元を端的に表現しているのである。

ワーブナーの分析は、人々が互いの儀礼を解釈する仕方をイメージするためのモデルを提供する。人々は、世界が他の人々の複数の中心によって構成されていることを知りつつ、それを眺めるために自分たち自身の中心を作りだす。複数の中心をもつこの眺めはこうして維持される。複数のコミュニティは、互いにコミュニケーションをとっているが、自らの視点を他者の視点に押しつけることをしない。それぞれが自分たちのヴァージョンを打ち立てる。したがって、近隣のコミュニティにおける実践は、弁証法的産物とも系譜的派生物とも異なる、対《カウンター・プラクティス》となる実践を引き出す。コミュニケーションは効果的であり、回路は作動しているといえるかもしれないが、「メッセージ」は部分的にしか転送されていないのである。

このモデルは、もともと同一の言語を話す地域から導きだされたものだが、ウメダとヤファルのように異なる言語を話す地域にも拡張されうる。ワーブナーの分析は、ウメダの祭礼それ自体がもつ鼓動する動きから着想をえていた。コミュニティは膨れあがり、そしてまた分散する。そのとき、散り散りの土地から集まった人々は、自らの中心性について、また自らにとって周辺にある他の中心との関係を維持することの必要性について、一時的に意識的になる。これは、焦点の収縮と拡大の意識化ともいえよう。この収縮と拡大は、個々の男たちが自分たちを拡大するために装飾をまとい、その後人間の大きさへと縮小するやり方にも映しだされている。しかし、このことを見いだすためにワーブナーが用いるスケールは、常に中心からの眺めを維持しなければならない。周辺からの眺めは中心からのもうひとつの眺めであり、それは、男たちがとりくむ儀礼的集会や対外的交換に通じて互いにコミュニケーションをとりあうさまざまな名をもったコミュニティによって作りだされた、ひとつのヴァージョンである。この眺めは、すでに見てきたように、言語集団を跨ぐことができる。これら低地西部の人々にとっての関心事は、自分の固有の内面を、どこか別の場所で中心化されている人格の内面によってつくりあげること、すなわち文化を「借り受けること」がもつ更なる可能性である。

コミュニティ間の差異を包み込んだり消し去ったりすることなく結びつける中心と周辺のあいだの鼓動は、比較的限定された地域的な広がりにおいて機能するようにみえる。ところがそれは、過去の村落間のコミュニケーションが後に何をもたらしてきたか村人が振り返って説明するときのように、ある種遡及的な仕方で作用しもすれば、**クラ**交易の参加者が彼らのパートナーのパートナーのことを考えるときに心に描く、ある種の波及的な効果としても作用する。それでは、隣人やその隣人の隣人といった軌道から外れた場合に、そうしたコミュニケーションと比較可能な何かがあると示唆することは、不適切な隠喩に訴えていることになるのだろうか。例えば、いくつもの異なった言語が混在しているオク山地方ではどうだろうか。

相互に関係する六つの言語コミュニティについてのバルトの分析は、この問題を巡って、興味深い対となるポジションを提示している。そこでは、宗教的信念と実践がいちじるしく多様であるように見える。対照的に、家屋形態や衣服は「いくつかの示唆的な細部を除けば非常に良く似ており、ある村の写真が他の村の生活を説明するために用いられてもおかしくないほどである」(Barth 1987:

2）。ここでは、一例として、それ自体が鼓動する動きを描きだしている着衣をとりあげて、微細ではあるが示唆的な差異に目を向けてみようと思う。

部分2　輸出と輸入

イダをめぐるジェルの分析に対して、ワーブナーがする批判のひとつは、私たちが目にしているのが単にひとつの連なり（ひとつの変換）の展開ではなく、始まりの瞬間から枝分かれしている複数の連なりの融合や絡まり合いであるという点である。ワーブナーの指摘によると、ジェルはパフォーマンスの冒頭に現れるヒクイドリの像《フィギュア》にこだわっているが、実際のところそのヒクイドリ（「母親たちのヒクイドリ」）は、「娘たちの魚」を対とする一組の像のうちのひとつでしかない（Werbner 1989: 167）。ジェルがとりあげた道化にも同じように対のもう一方があったことに注目するワーブナーは、対の重要性を再確認することで、二項的な組織を理論化するための分析的な座標を作りだす。また彼は、ヤファルの視点から、一対の原初の像が、「同じ」（ひとつの）男性の形態をとりながら、男性にして女性でもあることを示している（Werbner 1992）。この点は、通常の男女の分離が、男女関係になぞらえられる男性の交叉いとこ同士の関係へと変換されることについてのJ・ウィーナーの予期－除去分析に明瞭に示されている（Weiner 1988: 142）。筆者はこれを別の仕方で表現しようと思う。**一であろうが二であろうが**、数に関係なく、完全なあるいは全体的な比喩《トータル・フィギュレイション》＝形象化から出発できるだろう、と。つまり、出発点は単一の像であろうが、**イダ**において最初に現れる二つの仮面のように二つに分かれるとされる像であろうが、どちらでも構わない。

なぜなら、「一」も「二」も、他方の拡大、もしくは収縮とみなされうるからである（一は二倍にされた一である二を包含したもので、二は二の半分である一を分割したものである〔one as an encompassment of two which is a doubled one; two as a division of one which is half a two〕）。いまから私が喚起する鼓動のイメージは、まっとうな算術とはいえない算術との戯れと受け取られてしまうかもしれない。このイメージは、男の身体がそこから現れるワントアトの造形物や、首を折ってしまうかのように重く（Gell 1975: 240）、頭や胴を飲み込んでいるように見えるウメダの仮面とは対照的に、広くみられる平凡な編み袋（厳密には、紐を編み上げて作られた袋）の一種から引きだされたものである。筆者の考察は、テレフォルの編み袋とオク山全域に広く見られる類似の袋の関係をめぐる、モーリーン・マッケンジーの分析に基づいている（Mackenzie 1986）。論考の冒頭で、彼女は次のように指摘している。

> おそらく、最も印象的で、メラネシア研究者の関心を引きつけてきた編み袋の用途は、赤ん坊のゆりかごとしての使用である。フクロネズミ《ポッサム》の育児嚢のように母親の首から下げられる緩く編まれた袋は（Gell 1975: 142-3）、子宮と同じ拡張可能性をもつ。外づけの子宮と視覚的にも機能的にも似ているこの袋は、畑の作物と子宮の産物を包み込み、保護するために伸びたり縮ん

だりする。

(Mackenizie 1990: 88)

これらの袋は、どこであっても女性が作るものであり、それが文化的レパートリーのひとつであるところでは女性が身につけるものだから、このように女性的なイメージから始めるのは適切である。ところが、いくつかの地域では、男性もまた袋を身につける。例えば、テレフォルとウメダがそうである。マッケンジーが言及する印象深いくだりで、ジェルは、男と彼の犬が切り離せないのと同様に、男と彼の袋（「ビルム」）も切り離せないのだという。そこには、彼の最も私的な所有物である、ある種の影としての魂が入っている。対して、男の袋の大型版である女の膨れ上がった袋は、彼女の「社会における」公的な役割と、際立って具体的な存在を顕している。

背中に女のビルムをぶら下げていないのであれば……［女は］「服を着て」いないも同然だ。そして、男のビルムが呪物という形態《フォーム》で彼の人格を内包しているとすれば、女たちの膨れ上がったビルムは、なお一層つよく社会における彼女の役割を表現していると言えるのだ。それが食物（食物の与え手）と子孫（子供の産み手）、ないしそのどちらかで満たされているからだ。

(Gell 1975: 143)

もちろん、この「編み袋」をその他の人工物と切り離して扱うことは、「聖なる笛」をそのように扱うことと同様に、まともな算術手続きとはいえない。それは単一の存在ではない。例えば、独特の編み方にみられる技巧に目を向ければ、それが男性のヘア・カバーを作るためにも発揮されていることがわかる。ウメダとテレフォルの男たちはさまざまな機会にペニス・ケースを装着するが、高地中部など、こうした方法で身体を飾らないパプアニューギニアの他の地域では、女たちが同じ技術を用いて男たちのために陰部用の前掛けを編み上げる（マッケンジーはまた、他の地域で見られる漁網、マント、防護服についても言及している（Mackenzie 1986））。さらに、これらの袋を容器と見做せば、バスケット状に編み込まれた漁労の仕掛けや、中部セピックの人々が寝るときに自分たちを囲う蚊帳との比較へと誘われるかもしれない。だがマッケンジーは、テレフォル、そしてオク山地域一般について、男性の衣服の一部としての編み袋と女性のそれとのあいだの、特定の内的対比へと読者の注意をさし向ける。

袋の鼓動するイメージは、どちらの性にも当てはまる。女たちの背中で編み袋は、作物の実りの周期性に応じて、弛んだり膨らんだりする。その輪郭は内部に何かがあることを顕にし、内包されたものが袋に形を与えるのだ。女の袋の内側での鼓動は、「すぐ後に見るように」人から人への編み袋の移動として反復複製される。外側から見れば、女たちの袋は簡素であり、飾り気もなく背中全体にぶら下がっている。対照的に、男たちが首や肩にまとう袋は念入りに拡大され、羽毛で飾り立てられており、イニシエーション上の段階に応じて異なる意匠が施されている。男たちの拡大と成長は、外側の皮膚のようなものとしてまとわれるのだ。これらの袋が二重の社会的起源を示しているというマッケンジーの指摘は重要である。男たちのために袋を編んでくれる女たちがいなければ、彼らが羽で飾るべき素地が存在しない。また、袋を満たす男たちがいなければ、女たちには袋に入れるべきものが存在しない[52]。いわば、コミュニケーションのために用いるものが産みだされる以前から、男たちと女たちのあいだにはコミュニケーションがなければならないのである。

　男たちの袋と女たちの袋のあいだには形態上の明らかな相互依存関係があるものの、それら二種の一方が双方の要約＝再現《リカピチュレイション》となっている。男の袋は女性と男性の両方の形態を内包している——事実、基本となる「女性的な」形態に凝った飾り《エラボレイション》をつけることは、もっぱら「男性的な」活動である。さらに、男たちの袋は、彼らがイニシエーション段階を通過するのに伴い、変形させられる。マッケンジーの論考から引用しよう[53]。

> 羽で飾られた編み袋は、性差を明示的に表現している。それは、子供たちが性の対立関係に初めて気づかされるとき、つまり少年に男らしさが力づくで押しつけられるイニシエーション・サイクルの始まりに、授けられる[54]〔……〕
>
> 　大人の男たちは、イニシエーションの最終段階に到達したとき、ヒクイドリの羽［の編み袋］をもつようになる。ヒクイドリは、卵を孵化するのにオスが責任を担う種［のひとつ］である。しかし、より意味深いのは、テレフォルの神話がヒクイドリを原初の母であるアフェクと同一視している点である。テレフォルの長老たちが、それ自体すでに子宮の象徴である基本的な形

態にヒクイドリの羽飾りを取りつける際、彼らは、アフェクの子宮のもち運び可能な化身をつくりだし、その並はずれて強大な力に明示的に言及しているのである。

(Mackenzie 1990: 105, 102 参照文献およびテレフォル語は省略)

イニシエーションの第一段階の文脈では、加入者の少年たちを「孵化させる」ことで、男たちは自らを男性である母に変える、とマッケンジーは述べる。

〔そして〕男たちは、結社活動《カルト》の段階を進むにつれて、女の貢献と男女の性的な相互依存関係の重要性に、ますます気づかされることになる。男たちが年をとり、戦士としての力を失うにつれて、性差の縮小が強調されるようになる。このことは、男性の長老たちが身につけるヒクイドリの編み袋にも反映させられる。ヒクイドリの編み袋の羽飾りあるいは「尻尾」は「女の腰蓑」とされ、女性の外見を暗示しているのだ。

(Mackenzie 1990: 105-106)

〔少年期から老年期までつづく〕イニシエーションの過程で生じる変化は、その性質上必然的に、他者には明かさない成長の内的段階(三二)に対応している。しかるべき半族の儀礼専門家のみが、定められたときに、正しく袋を装飾することができる。マッケンジーは、男たちの袋と女たちの袋を対比させ、公にされる知識と秘密にされる知識について次のように述べる。

女の袋の編み目は緩く柔軟なので、何かをいれるとすぐ膨らんで袋の中身をたやすく周囲の人たちに知らせてしまう。〔……〕これは、女たちが袋を編み使用する際の、開かれていて制限されない文脈を反映している。この領域では、知識は知りたい者たちに公然と与えられる。対照的に、男たちが取りつける羽は、女がつくった緩やかな編み目を埋めつくして、彼らが秘密にする儀礼用の呪物を隠す私的な容器をつくりあげる。これら私的な器は、「男の家」のついたての向こう側で羽飾りを取りつける排他的な文脈を反映している。〔……〕それは儀礼的知識が隠され管理される仕方を［映し出しているのである］。(Mackenzie 1990: 93)

ただし、男性の成長の過程そのものは秘密であるものの、その結果は公にされていて、イニシエーションのどの段階にあるかは、男たちの服装によって目に見える形で示される。男はみな、自らを成長させた秘密の内的過程の効果を、その外観によって提示する。女たちと、女たちが作る袋を、男たちによって「育てられる」ものとみなすならば、個人についていえることはコミュニティにも当てはめることができるだろう。

男たちの袋と同様に、女たちの袋も多様である。ただし、それは、イニシエーションの階梯の内的多様性ではなく、自集団の外に向けられるときの多様性として現れる。少なくとも今日のテレフォルの視点から見れば、マッケンジーが説明するように、女たちはオク山の他の女たちと「同じ種類の」袋を作っているとその近しさを認める一方で、「巧みな技で様式上の工夫を凝らし《エラボレイト》、〔……〕自分たちの袋のユニークさを強調しもする」(Mackenzie 1986: 143)。すべてのレパートリーを習得し、男たちの儀礼のための袋を編む権利をもつのは特定の既婚女性に限られるが、女たちは意識して手の込んだ技を凝らして、テレフォルの編み袋をミンの他集団の編み袋と区別する基本的な様式をつくりだすのだ。全体的な形状と編み目の質感の両方が、この地域の言語的コミュニティを細かく区分している。マッケンジーは開口部の作り方について少なくとも一二種類の異なった様式を確認しており、女たちはそれによって民族的差異を表現するのだという。

最後に、袋がコミュニティを跨いで移動したりしなかったりすることについて、袋を移動させることに対する人々の異なった反応について触れた、二つの引用で締めくくろう。状況は、テレフォルの視点から見たときと、他のミンやオクの諸集団の視点から見ときとでは、かなり異なっている。

近年、飛行場の設置とともに地域が開かれ、女たちの移動が活発になるにつれ、ビルムの様式の拡散に拍車が掛かり、それが民族的な差異の曖昧化につながってきた。集団によっては、他集団の創意をより柔軟に取捨選択して取り入れているようだ。ところが興味深いことに、テレフォルの女たちは、他のミンの集団の様式を模倣したり吸収したりしようとしていない。彼女たちにとって、自分たちの様式が間違いなく最も優れているのだ。この点については、他の集団も同意しているようである。テレフォルの様式こそが主流であり、あらゆる方向へと拡がってきたのだ。
(Mackenzie 1986: 147 参照文献省略)

同時に、

テレフォミン[三三]では、編み袋を商品化することに対する抵抗がある。テレフォルの女たちは外部向けの市場にビルムを供給することに、ただただ無関心である[55]。

　第一次産業省のマーケティング・マネージャーは、一九八四年三月まで一年あまりのあいだ、**オクサプミンで大成功を収めたプロジェクトに倣って、**テレフォミンでビルムの商品化プロジェクトの展開を試みてきた〔……〕オクサプミンでは女たちがパプアニューギニア全土ばかりか海外にまでビルムを輸出している〔……〕。けれども、彼のどんな試みも「まったく効果がなかった」（スティーヴン・ブレイク私信）〔……〕ブレイクがテレフォルのビルムをやっと手にすることができたのは、自ら直接買いつけするために村々を巡回しているときだった。彼に袋を売ってくれた女たちは、その後の村落訪問時に彼の面倒を見てくれたという。その女たちが筆者に言うには、「彼の顔を見て、かわいそうだと思った」とのことだ。テレフォルの女たちは、ビルムを編んでいる際に「受け取り手の顔を見たことがある」のでなければ、そして労働に対し社会的な見返りを望めないのであれば、ビルムを渡したくないのである。
(Mackenzie 1986: 164 強調引用者)

テレフォルの人々のあいだでは、袋はローカルな親族ネットワークに沿って流通する。実際、袋を手放すのは特定の社会的他者（父や弟）に対してであり、〔つまり、それは〕彼らによって引き出されているのである。袋が贈られることで、受け手は作り手のイメージを思い起こしやすくなるのだと考えられている。(56) 彼女の活動がとる形式《フォーム》は、匿名的に引き出されるものではないのである。

部分2　社会

部分1　歴史批評

部分1　歴史

部分1　交易と伝達

西洋のいかなる歴史観に基づいたとしても、広域的な比較ができるのは、パプアニューギニア内陸部にみられるような諸社会が歴史的に関係しあっているという、暗黙の知識が前提としてあるからである。それらの諸社会は、〔何らかの〕始原の（「発生上の」）素材に由来するだけでなく、それぞれが相対的に孤立している場合でも人やモノの移動がそれを和らげてきた。それらの社会はある種の起源、諸集団の移動という同じ歴史を共有し、人々とともに、あるいは彼らとは別に旅をする観念や人工物を共有している。その意味で、諸社会は相互にコミュニケーションしているのである。

近年では、言語の違いは交易の部分的な障壁でしかなく、また行事をめぐる情報の拡散に対しても部分的な障壁でしかなかった。バルトの報告によれば、オク山地方全域において、大規模なイニシエーションや儀礼が行われる際に、年長の儀礼専門家ばかりか新たな加入者をも含む訪問団が遠方から派遣されることも稀でなく、「〔儀礼〕参加のネットワークが、この地方の全域に渡るあらゆる中心とあらゆる主要な行事をつなげている」(Barth 1987: 8) という。先史時代の交易と、相互に「歴史的に」接触してきた彼らが近年行っている様式の取り入れについては、双方ともに豊富な証拠がある。成長儀礼のために観光客の存在を借用したチャンブリの人々は、「自分たちの社会が明らかに借用に基づくものとみなしている」(Errington and Gewertz 1986: 99)。これまで見てきたように、ある言語集団ないし社会は、別の集団に特有の要素を取り入れるだけでなく、それらを自分たちに特有の要素に変えてしまうこともある。例えば一九五〇年代と六〇年代には、ハーゲンの一部の地域で、特に「エンガ」的とされる鬘《かつら》が広く人気を博していた。このすっぽりと頭を覆う鬘は好例である。ハーゲンでは一般に、氏族の新たな成長点は、(三四)婚入してくる妻たちの外来の起源――通常はハーゲンの他の氏族――で言い表されていた。筆者のフィールドワーク初期に、ベイヤー峡谷と遠くのエンガ地方の山々を見渡す尾根に立ちながら、地元のハーゲンの部族に含まれる氏族のひとつが「エンガの人たち」と呼ばれていると聞かされた際には、しばし混乱させられたものだった。

　もちろん、彼らが担っている名前を除けば、この人々に「エンガ的」なものは何もなかった。それでもフェイルは、エンガとハーゲン、さらにはメンディの人口集団における主要な儀礼的交換の諸制度が、約二〇万の人々をひとつの体系へと結びつけていると指摘している (Feil 1987: 265ff.)。彼によれば、この体系のさまざまな要素は、ある結節点から別の結節点へと受け渡されてきたようであり、またそこではいかなる場合でも、貝殻とブタという財貨の流れが〔集団間の〕境界関係に影響を与えてきたという。彼は、エンガにおける交換の慣習は過去にハーゲンのそれから「育ってきた」と推測している。つまり、現在エンガと呼ばれる人々に、当初は私的な賠償支払いという形で「ハーゲン山地方からの移住者たちによってもたらされ」、その後、生産機会が増えるにともない、現在のような複雑な形態へと拡大したというのである。

だとすると、集団間の実際《アクチュアル》の接触について実際の歴史を詳細に**知ってさえいれば**、地域を横切る観念や人工物の動きをたどり、その過程で現れたヴァリエーションを記録し、また、私が提示してきたような文化的アナロジーを、社会的つながりで置き換えることができるかのように思える。特定の観念や事物が、さまざまな文脈で、さまざまな重要度を与えられて現れることに、何ら特別な点はないだろう。私たちは、歴史的に接触してきた諸社会を自らの主題であると考えることによって、ひとつのスケールを手にすることができるというわけである。

このようなアクチュアリズムは魅力的であり、そして事実人類学者たちは、よく知られ記録に残った歴史的変化、特にヨーロッパ人との接触の歴史について記述し始めている。その結果、ヨーロッパ人との接触が長い地域では、歴史的記録もより大きな深度をもつように見えることになる。そのような錯覚は、それ自体、メラネシアの諸社会がもつ歴史性を無視するものとして批判されてきた（例えば以下所収の諸論考を参照。Gewertz and Schieffelin 1985）。

それでも、ヨーロッパ人たちが大地を易々と横断し、〔例えば〕初期の徒歩によるパトロール隊が、あるところには赤い布を、別のところには鉄製の斧を残していったことは、接触以前の植民者たちというもっともらしい形象ないしイメージを提供している。〔けれども〕戦争のために散り散りになった、あるいは交易や通婚に駆り立てられた人々も、同じように〔接触以前からニューギニア〕高地の内部を横断していたはずである。もちろんこの横断は〔著名な探検家たちのように〕同一人物が行ったものではないが、人々はそれぞれ、あるいは集団をなして、こちらに旅をしたりあちらに定着したりしてきた。このような移動は、径《みち》をたどって新たな畑に行ったり、住居の場所を移したりする際に常に生じていた移動が拡大したものであった。そうであれば、異なる諸社会のあいだの「つながり」は、論じられるべき問いではなくなる。代わって関心をひくのは、ある特定のローカルな適応や、リーダーシップや取引などの様式のさまざまな発展の軌跡を生みだした原因である。このような社会的文脈に置かれるとき、社会的境界を越えた文化的類似性は些細な問題に過ぎなくなる。

ここにある逆説の感覚を、別の言葉でいえば次のようになる。「知ってさえいれば」、事物（人工物、観念、文化的生活の諸形態）が異なる集団のあいだでどのように伝達されたかについて歴史的詳細を書き込むことができるだろうが、そうしたところで、社会的過程をめぐる知識に何かを実質的につけ加えることにはならない。私たち人類学者がよく知るように、コミュニケーションとは、人々が比較し、借用し、適応し、人工物を自ら使うに適したものへ変えることである。一〇〇〇もの個別事例を収集するならば、特定の諸集団の歴史的な関わりについてより多くの情報が得られるだろう。しかしだからといって、諸集団が歴史的に関係しあっていると私たちが「知っている」という事実に何かがつけ加えられるわけではない。繰り返しになるが、新たに立ちあがる問いは、ローカルな社会諸形態がどのような過程によって発展したかということになる。

しかしながら、コミュニケーションの〔個別の〕瞬間を突き止めようとする場合、情報の不在は大いに気力をくじくものとなりえる。それ以外にも当惑させられる現象に出会うことがある。例えばバルトは、互いの儀礼への訪問団が、自分たちが目にしたものにショックを受けた状態で帰って来ることがあると記しており、またガードナーは、儀礼のサイクルを連動させようとするテレフォルとミアンミンの試みが、相互の関係を切断する結果に終わった経緯について人々が語るところを紹介している（Gardner 1983: 357）。それは、オク地方の多くの民族にとって重要なイニシエーションの一段階に関するもので、そこでは、強い力をもったパンダナス製の鬘が加入者のために作られる。人々が語るところによれば、ミアンミンはもはやこの段階のための知識をもっておらず、テレフォルの長老たちに頼ったとされる。ところがミアンミンたちは、到着すべきときに到着しなかった。テレフォルの長老たちの機嫌をひどく損ねたことに、ミアンミンたちは途中で野生のブタに注意をそらされ、それをうまい具合に仕留めて食べていたのだった。放埒で無知なミアンミンは、もはやテレフォルミンによってイニシエーションを施されることがなかったというわけである。しかし実は、この物語はミアンミン側のものであり、いうまでもなく双方の優先順位のすれ違いと関わっている[57]。さらにことの顛末は、テレフォルが秘密の手段によって入念に追求していたものを、ミアンミンがすでに公然と備えていたことを示している。狩猟の腕前において明らかにされるような男らしさと生殖力がそれである。ミアンミンは、厳しい儀礼がもつ効果を先取りしていた。おそらく、このように相互に距離をとることの実践的な効果は、ローカルな慣習を強化し、その独自性を増大させ、そうすることでローカルな諸形態への執着を促すことであろう。

部分2　情報を失う

別のパースペクティヴから見れば、こうしたことはいずれもごく平凡なことのように思われる。自分たちを他から区別する徴《しるし》を際だたせると同時に、外部からの「影響」に開かれている——あれやこれやを借り受けるが、それらを自ら用いるためのものに変える——というのは、他者の様式に自覚的な人々にとっては民族的な慣行である。あるいは、他の民族集団について特定の知識がない場合でも、由来を知らないまま輸入された諸形態に工夫を凝らして彫琢《エラボレイト》をほどこしているのを想像することができる。これらの内的に動機づけられた区別が、人類学の民族モデルに対し〔その妥当性を評価する〕スケールを提供するのだ。内的な差異化は、例えば、イニシエーション儀礼の道具立てが、男性結社の参加者たちの相対的な地位を表示するという形で現れる。このような示差的な徴を、範疇を作りだす分類素子《クラシファイア》——これもまた、人間が生みだす平凡なもののひとつに過ぎない——とみなすことは容易である。人々が用いる素材について言えば、〔レヴィ＝ストロースが言うところの〕かのブリコラージュそのものなのだ——人々は手元にあるものを利用する。しかしそもそも、人々は何が手元にあると想像するのだろうか。

「もし知ってさえいれば」というのは、バルトを信頼するならば、バクタマンの長老たち、そしてオク山一帯の近隣の人々があげる叫びでもある。彼らは常に喪失の感覚と闘っており、そこには将来における知識の喪失についての感覚も含まれる。バルトによれば、ダン・ジョルゲンセンがテレフォルミンに関して痛切に描き出した不可逆的な退行《エントロピー》＝均質化の経験（e. g. Jorgensen 1985）[三五]は、バクタマンにまで一般化することはできない（バルトは、テレフォル、バクタマンとビミン＝クスクスミンが過去を自らへと取り戻す仕方から、実存的契機の三類型を導きだしている（Barth 1987: 49-50)）。にもかかわらずバクタマンは、他のファイウォル語話者たちと同様、将来、決定的な知識が失われてしまうかもしれないという恐れとともに生きているように見える。

> 彼らの理解では、イニシエーションを受けていない者たちを欺かなければならず、ある事項は秘密にされることによって聖なるものとなるために、〔……〕年長者から年少者への〔知識の〕伝達は、常に喪失の危険にさらされている。「祖先たちが教えてくれたのはこれだけだ」というわけである。しかし、伝達がうまく行かなかったと認識された場合、**近隣の諸集団の伝統が、**幸運な状況では、**自集団の伝統の失われた部分を代替するものとして利用されうる。**
> （Barth 1987: 27 強調引用者、参照文献省略）

現代の儀礼の専門家が、かつて自身が行い、かつ再び行わなければならないイニシエーションの一過程を心のなかで思い描こう＝作り直そう《リ・フォーム》と奮闘しているのを目にして、バルトは、知識の産出それ自体について考えをめぐらせている。他者に知識を伝達しようとする者は、これらの条件の下では、まずその知識を自ら創出しなければならない。バルトはこの洞察を、オク山地方のコスモロジーにみられる文化的ヴァリエーションを解明するために活用する。

　仮にこのヴァリエーションをめぐる問いが、出自集団の構造をめぐるものであったり、まして政治組織に関するものだったとしても、バルトは集団に関する何らかの「基本的な社会的事実」を分析の出発点として受け入れることができたかもしれない。しかしながら、氏族の構造は結社《カルト》の活動の派生物のように見え、その逆ではなかった。彼はまた、この地方の人々が〔儀礼について〕しめす根本的に異質な解釈や〔儀礼（用具）の〕活用法が、共変動《コ・バリエーション》のモデルでは説明できないことにも気付いている。体系的な比較はほとんど知見をもたらさないのだ。実際、社会の仕組みについての一般的な知識は、儀礼の過程を再構成しようとする当地の専門家たちにとってさえ、ほとんど役に立たないものだった。またバルトは、概念はその反対物や逆転といったものを生みだす内的な能力をもっていると想定する、共変動についての普遍化可能な見方からも、得るところはないと考えている。彼はむしろ、オク山地方の諸集団が物事を行う際に軸としているように見えるスケールをそのまま維持することを選んでおり、意味の異なる水準をモデル化することで解を求めようとはしていない。そこで彼は、アナロジーの形式で描かれた、バクタマンのコスモロジーをめぐる彼自身の初期の分析を活用する。意味論的な変形は、特定の隠喩が彫琢＝展開《エラボレイト》され、人々の解釈をさまざまな方向に導いた結果である。単一のオク文化が存在しないのと同様、単一の知識体系など存在せず、あるのはいくつもの小規模でローカルな中心だけである。

　バルトは、知識を分節化する社会的な仕組《メカニズム》みを理解することで、異なる世代のあいだで、そしてローカルな中心のあいだで、どのように知識が変化し多様性が生まれるにいたるのかをよりよく理解できるようになると主張する。知識の再生産は、主観化と外在化という二重の過程を通じた不断の再定式化をともなっている。伝達されるものは、西洋の研究者たちが自らの仕事の総括とみなすような抽象的な体系論ではなく、個別の専門家に対して特定のイメージがもつ特定の意味である。しかし同時にバルトは、（〔彼の著書の〕前書きにおける）語られない知識は失われた知識であるというジャック・グディの指摘、そしてそれが含意する、失われた知識は存在しない知識であるという帰結を受け入れているようにみえる。だからバルトの説明を根底で支えていたのは、伝達することは危険を冒すことであり、儀礼用具が失われたり老人が死んだときに自分たちの行為能力が奪われると常に意識されている世界で、オクの人々がいかにして十全さの感覚を獲得しえているのかを、なんとか理解しようとすることだった。

　バルトが明らかにするのは、儀礼の専門家たちが思考するための媒体《ヴィークル》、隠された意味を立ち現れさせるための乗り物《ヴィークル》を提供しようとしており、再生《リジエネレイション》の過程で変化せずにはいない他ならぬ伝統を、常に自らのために作りだそうとしていることだった。しかしこのことは、「伝統」が生き延びることができるのは、それが出来事、イメージ、意味のあいだのつながりからなる実在の網目として無傷でいられる限りにおいてであるとするような、根強く残るいかなる人類学の考え方も失効させるに違いない。私たちは、彼が強調するように、私たち自身の存在論を正さなければならないのだ。そうであるなら、その作業は当然、知識の喪失を、データの喪失ではなくデータの一部として含まなければならない。〔儀礼上の〕ある区別に関して疑いをたち上げ《クリエイト》ることが（加入者の髪をパンダナスの葉をつけて長くすることが、髪を覆うことでもある場合、ジェンダーに関して生じるように（三六））、新たな結論を出すことを人々に余儀なくさせるのであれば、先人たちの結論を「失う」ということはおそらく、儀礼専門家たちがもっているさらなる武器であろう。

私は、バルトの発生論的《ジェネラティヴ》モデルを、オクの人々が自らの実践について思考するときに明らかにする、不在と喪失がもつ産出性に光を当てたものと考えたい。遺産とは、それぞれの世代がそれに先立つ諸世代において失われたものから創りだしてきた「知識」なのだ(58)。これを次のような想像上の筋書きで表現してみよう。

ある手持ちの道具立て《レパートリ》から何かが脱落した場合、その他の何かがその場所を埋めると仮定しよう。そうした空白《ギャップ》を埋めるものは、すでに存在する何かでなければならない。「二つ」の代わりに、残っている「一つ」がその意義を倍化させる（あるいは、その逆が生じる）。そして、二重になったそのひとつずつに新たなヴァリエーションとしての特質が刻まれる。この例となりうるものが私たちの手元にある。バクタマンの近隣に住むボルヴィップの人々は、祖先たちの多数の頭蓋骨を受けつぎ大切にしているが、それらのうち一方を赤色、他方を白色に塗り、はっきりと二組に分けている。いかなる頭蓋骨も、両方の色で塗られてはならない。しかしバクタマンでは、二つの社《やしろ》が祖先の遺骸を数多く収めているものの、頭蓋骨については一つしかもっておらず、それは場合に応じて、赤、白、あるいは両方の色で塗られる（Barth 1987: 3）。ボルヴィップとバクタマンのいずれのパースペクティヴから見ても、赤白の比率《プロポーション》をいかにすべきかについては、あらかじめ決められていないだろう。おそらく、あらかじめ与えられているのは、全体的な形象化《トータル・フィギュレイション》であり、それは祖先の頭蓋骨を赤または白と見るという可能性そのものである。[59] こうした特性の釣り合い《プロポーショナル》のとれた配分は、特定の形態に望ましいイメージを生みださせる必要に起因するのである。この必要性が過去へと投影されるなら、私たちはバルトの指摘を再確認することができるだろう。すなわち、儀礼専門家たちが任務とみなしていたのは、自らがもつ知識を伝え、加入者たちを「知り、見ることのできる男たち」に変容させるようなイメージを取り戻すことだったのである。

　バルト自身の説明にしたがい、ここまで知識の喪失という言い方をしてきたが、実際には、情報の喪失という方がより的確だろう。すなわち、「利用可能な信号、象徴、メッセージやパターンのなかから伝達されるべきものを選択するという〔……〕（記号論的な）自由度」（Wilden 1972: 233）の喪失である。[60] 縮減されているように見えるのは選択の自由であり、それは形態の特殊性の縮減である。失われたものは、かつて存在したコミュニケーションの乗り物《ヴィークル》あるいは媒体《メディア》であると想像されている。しかし筆者は、それらの媒体が失われたという**知識**は、いわゆる知識の喪失ではなく、むしろ不在についての、忘却と回復不可能な背景についての知識であると示唆してきた。イニシエーションを施す立場のバクタマンたちは、そのような喪失の感覚に促されて、現在あるイメージを働かせようとしているように思われる。彼らは空白《ギャップ》を埋めるという不可能なことをしているのではなく、現在あるものに、それが行わなければならない差異化の働きをすべて担わせ、そうすることで自らのために情報を創りだそうとしている。彼らは文字通り、手元にあるものを作らなければならないのである。それには、近隣に住む人々の知識を借り受けることも含まれる。それはまた、現在ある人工物のなかに回復不可能な背景を見て取ることをも含む。というのも、この背景を内包することができるのはそれらの人工物のみだからである。そして、それらが生みだすのは「新しい」情報である。

〔バクタマンの〕儀礼専門家たちは、自分たちに残されていると認識しているもののなかに充分な情報を読み込み、ある意味では、自分たちがいま手にしているものに、失われた複雑性の徴を担わせなければならないのだろう。このため彼らは、彼らの考えではかつて儀礼における二つの異なる段階であったものに代えて、内的な差異化を作りだすかもしれない[61]。ことによると彼らの努力は、自分たちの活動を、無知という巨大な背景に散りばめられた多数の塵の粒子のように見ることによって駆り立てられているのかもしれない[三七]。この無知とは、不可知なものに対する無知ではない。それは、手もちの道具立てから脱落したもの、いまや残された間隙をかつて埋めていた粒子についての無知である。多数性と釣り合いのとれた拡大の感覚を保持するために、彼らは、残された「小さな」単位を「より小さな」単位へと分割しなければいけない。同時に、異なるコミュニティに属する年長の専門家たちのあいだでコミュニケーションが行われているという事実は、彼らが自らの道具立《レパートリ》てを、他の地域から借りてきたものによって補足するという選択肢を常にもっていることを意味している。重要なのは、空白《ギャップ》が保たれているということである。彼らは自らを、欠けていると思われるものを再創造しているのではなく、単に自分たちが知っているものを再創造しているのだとみなしている。あたかも、そのような不在を強調することで、自分たちは自らの創造性を創造していると知っているかのように。

　そうであるとすれば、これによって先取《プレフィギュレイション》りの概念には脚註がひとつ追加される。ある意味では、あらゆるもの――社会性、価値、関係――がすでにそこにある。しかし、常に作られ、また作り直され、新たに創出されなければならないのは、それらの事象が現れるための諸形態《フォーム》である。社会的人格が何らかの集団の成員として現れなければならないのと同じように、産出力《ポテンシー》は、新生児や、〔イモがいっぱいで〕破裂しそうなヤムイモ小屋、狩猟の成功などとして現れなければならないし、力強さは、霊をあらわす背の高い造形物《エフィジィ》を担ぐことで現れなければならない。だからこそ、起源神話をもつメラネシア人たちは、〔神話上の〕英雄たちが土地に、道具、食物、性別上の属性や名前をもった集団がとるべき**正しい形態**をばらまいたことについて語るのであり、ガワの始祖である女がしたのもまさにこのことであった。この女は、男たちにカヌーの作り方を教える必要はなかった。彼らはそれを知っていたのだから。彼女はむしろ、適切な素材を男たちに示すことで、カヌーがとるべき適切な形態を示したのである。

オク山地方の一部の人々が、諸々の形態が失われてしまったという感覚に悩まされているとすれば、それは、彼らが実際に、自分たちが保持している形態に社会の全体性を生みださせなければならないということなのだ。「多数の」可能性が欠けているときには、イニシエーションの一過程であれ何であれ、「一つの」形態が多数の仕事をしなければならないのである。

部分2　進化

部分1　未来へのリーダーたち

バクタマンの長老たちの傑出した通訳としての仕事ぶりに、バルトは、文化的道具立て《レパートリ》を変容させるうえで彼らが担っている役割について、熟考させられることになった。知識を統制することを通じて、そして特定の形態を再創造するという個人的な責任を通じて、長老たちの幾人かが、何が伝達されるかに関して不釣り合いなほど大きな影響力をふるうのである。これとよく似た人物像《フィギュア》が、〔バルトの著作と〕同じ年に出版されたもうひとつの比較研究、すなわち、フェイルによるニューギニア高地の諸社会の進化についての考察においても、支配的な位置を占めている。

そこに見られるのは、未来を背負った男たちである。先史時代および歴史時代に社会形態の多様化を促した、ブタの飼育と農耕技術の発展のあり方をめぐるフェイルの込み入った説明を後押ししているのは、財の交換を通じて自身の影響力を強化したり、その範囲を拡大したりしようとする男たちの情熱である。これらの男たちの形象《フィギュア》はビッグ・マンないしその先がけであり、彼らは、人々に対する権力を拡張することにより、社会の発展の形を決める権力をも保持する。このような企業家精神があるならば、伝統的な諸形態がいかに伝達されるかなどという問いにこだわる必要はないことになるだろう。

〔ところがここでも〕ある種の先取《プレフィギュアリング》りが、フェイルの分析の背景をなしている。すなわち、進化のための社会的な機構《メカニズム》はすでに存在しているという想定がそれである。実のところ、分析のパースペクティヴを、文化についての思考から社会についての思考に変えるだけで、このような背景がもたらされる。他ならぬ社会組織という観念のなかに、そうした機構の二つが含意されている。

ひとつ目は、内的な差異化という機構である。この見方においては、社会の内部における権力の分布を知ることが重要となる。社会は、均質な〔ものとして想定される〕文化とは異なるのだ。それどころか、あらゆる社会は明確に区別された利益集団からなっており、実際に誰が「文化」を統制しているかを知るためには社会分析が不可欠となる。このため観察者は、一方でイデオロギーに対し、他方で生産諸関係に対して、二面的な関心を保持することになる。利益集団についての想定は、人類学者を、社会的諸関係の振る舞いと生産および分配に対する統制の構造を、イデオロギーの煙幕から浮かび上がらせるよう駆りたてる（Josephides 1988）。二つ目は、この見方とも関わるが、領有についての予期である。これによれば、社会的複雑化の動因は、一部の個人が、他の個人に属する、あるいは彼らに特有であるものを、領有することにある。メンディの人々は、氏族の連帯の最も重要な表現であるブタ祭りを、ごく最近取り入れられたものとみなしているようだ（Lederman 1986: 21）。内的には、領有とは特定の他者の行為を方向づけることであり、人類学者たちは、最も典型的には、男が女の労働を搾取する仕方に注目してきた。この領有は、男のあいだの、および男と女のあいだの、特定の生産関係および不平等を構成する。このように、メラネシア人が自分たちは他者の成長点《グローイング・ポイント》を包含することによって創造的たりえていると理解する仕方は、人類学者の側の社会組織の異なる形態に関する因果論的な説明へと変換されうるのである。

フェイル自身の比較の関心は、高地東部と西部の諸社会のあいだに見られるはっきりとした生態学的および経済的な対比にむけられている。彼はこの対比を、二つの異なる経済組織が分岐して発展したことの帰結とみなしている（Feil 1987: 9）。彼が集めてみせる物質的諸事実は圧倒的であるものの、〔釣り合いの観点から〕私たちをいくらか困惑させるかもしれない。というのは、際だった間社会的対比のひとつとして彼が取りあげる、大規模人口集団の一方における分散と他方における集中が、〔先に言及した、わずか〕数百人からなるウメダが、森のなかの畑から主要な祭礼のために尾根の集落に結集するときの小さな動きと、鏡像をなしているかのようだからである。[62] ワーブナーは、ウメダにおけるこの通年周期の二つの時期が、社会組織の異なる形態によって特徴づけられているという事実を強調している（Werbner 1989: 189）。しかしながら、フェイルの研究が指向しているのは、相対的視点を獲得することではなかった。彼はむしろ、〔ニューギニア高地における〕社会的発展の頂点をしめす制度、すなわち、エンガとハーゲンの「複雑な」交換体系からの、個別的なパースペクティヴを提示しているのである。

　彼は、ハーゲン山周辺地方が高地における集約的農耕のおそらく「生誕の地」であり、「これら（エンガとハーゲンにおける）二つの交換体系の発展は、最初期の集約的農耕体制、（および）それに依存していたブタの生産の直接の産物である」（Feil 1987: 263）と論じている。彼にとって、ハーゲンは起源となる成長点であり、そこでは農産物とブタにおける余剰が人口の拡大をもたらしていたが、他方でエンガ版の交換体系は、組織上の複雑性の頂点に位置している。彼が述べるように（Feil 1987: 268）、高地諸社会の変異の範囲《スペクトラム》において、これほどの規模の「交換制度を発達させたのは一部のみである」。その他の地域では、人々は狭い範囲の関心事によって分断されたままであり、小規模な生活を営んでいる。彼は、〔農耕の〕集約化は、他でもなくビッグ・マンたちの野心のうちに宿る経済的合理性とともに進展すると論じている。〔ニューギニア高地を〕ハーゲンやエンガに向かって西に移動すると、少年たちのイニシエーションがブタ祭りに比べて二次的になり、それが集団内的なブタ祭りの重要度の増大の予兆となっていることは、彼の説明をある程度裏づけている。この移行を、彼はその他の移行と相関させる。高地東部では、伝説によれば笛は女たちから盗まれたものであり、また、女たちを恐怖で支配するのにもこの笛が用いられていた。しかし、西部で笛がみられる場合、それらは単に男たちの発明物とみなされている。彼が示唆するところでは、「男性のヘゲモニーの象徴としての笛複合が解体し、男性の優位性を神秘化する機構としての男性イニシエーションが終わるのは〔……〕まさしく、高地諸社会の連続体におけるこの地点においてである」(Feil 1987: 213)。というのも、ここにおいて女たちは、「彼らの社会にとって不可欠な交換体系の決定的な参加者」として公に認められるからである。

女性の参加者たちを過度に楽観的に描いていることについて想定されうる反論に対し、彼は、最も対立的で搾取的な男／女関係は、集約的なブタの飼育と農耕が比較的最近になってはじまった諸社会に見いだされると示唆している。これとは対照的に、そうした集約的生産がはるかに長い歴史をもつ高地西部の成熟した諸社会では、女たちは、ブタの生産と親族ネットワークにおける二重の役割から「高い地位」を築いてきた。交換の諸関係が一貫して関心の焦点となり、これによって生産の方向づけそれ自体も変化することになったというのである(Feil 1987: 231-2)。

このようにフェイルは、徐々に増大していく社会的複雑性の勾配を思い描いており、そこには(数多くの要素のうち)、男／女のヘゲモニー的な二分法から、ハーゲンの「階層的」で「複雑」な体系——彼は階級という古い語彙を復活させている——にいたる勾配も含まれる[63]。彼の主張は、高地全域をつうじた顕著な生態学的および文化的諸差異は、なによりこれらの社会が異なる歴史を経てきたことを示しているというものである。その結果は、それらの諸社会が示す多様な配置《コンフィギュレイション》に示されている(e. g. Feil 1987: 5)。課題が無数の細部の意味を理解することであるならば、その解は、このような配置に歴史的な位置づけ（増大する複雑性との関連で）と地理的な位置づけ（東部から西部に至る連続体のなかで）の双方を与えることで示される。フェイルの空間的－時間的パースペクティヴは、進化の軌跡を座標軸となる決定的なスケールとして提示し、序列を生みだすことで、現代の諸社会にあるヴァリエーションを理解することを意図しているのである。

部分2　関係を彫琢《エラボレイション》＝展開する

フェイルの著作のような広域研究を、他のパースペクティヴから、見落された複雑性を導入することで批判するのは容易い。ところが、そこにはさらなる議論をつよく喚起するような「残余《リメインダ》」があり、それは彼の企ての重要な側面のひとつであると同時に、彼が取り組んだ課題には収まらないものでもある。それは、複雑性という概念それ自体のうちに必然的に含意されている。

フェイルはこの概念を、厳密に、農耕の集約化と交換関係の彫琢《エラボレイション》＝展開との関連で用いている。私の論点を〔メラネシア人にならった〕積み上げ《エグザジャレイション》の手法によって示そう。なるほど、諸社会や諸体系の全体を、何らかの特定の次元、例えば分業や技術的な専門化の程度にしたがって、より複雑である、あるいは複雑でないと想像することができるだろう。しかし、西洋人が社会関係という一般的な要素から社会という観念を抽象するのだとすれば、インヴォリューション、フィードバック、内的組織のレベル、複合的構造などの何を基準にして、高地のある社会における諸関係を、別の社会のそれらに対し「より複雑」であるなどと判断することができるのか、私にはわからない。

社会関係は、現地の人々による定式化に参与することなしには、外部者が記述することのできない現象である。レイダーマンは、人類学者などがパプアニューギニア諸社会に適用してきた歴史観を批判するうえで、西洋の歴史家のいう「出来事」の現地における類比物《アナログ》は、社会関係のなかの認識された結節点《ノウド》にあると指摘している（Lederman 1986: 20）。「関係を打ち立てることこそが、〔単に〕起こったことを、経験という有意味な範疇へと形づくる」。メンディの人々があれこれの機会に想起する個人名のうちに保存されているものは、〔過去に個人・集団間で結ばれた〕社会的連携の記憶となり、なおかつ、未来にむけたその意義、すなわち諸関係の実現あるいはその予期された「現れ」となるのである。したがって、現在は過去を繰り返すというより、過去を現れさせるのだといえる。またそうであれば、現在は過去のひとつのヴァージョンとしてすでに存在していることになる。同じように私たちは、複雑性が、社会性の回帰的イメージのうちに「すでに」存在していると想像することができるかもしれない。

高地中央部の外にあり、フェイルの基準では低生産社会ということになるテレフォルの、素朴な編み袋の例に戻ろう。パースペクティヴにより、それは男性によって領有されたりされなかったりするように見えるが、テレフォルの編み袋は決して、交換価値しかもたない匿名的な生産物ではない。編み袋は諸々の関係に基づいて作られ、またそれらの関係のために、女の生産物や男の個人的な携行品を収めることになる。これらの関係を離れて編み袋は存在しないのだ。編み袋の製作は既知の他者によって引き出される《エリシト》のだと言える。特定の形態が、多種多様な見かけをもった形象の並置を通して現れるのと同じように、特定の人物の行為は他者の社会的行為によって引き出されるのである。袋が流通する集団内のコンテクストにおいて、関係は常に個別的であり、人格は言うなればつねに既知であり、したがって他者によって「運ばれて」いるのである（Wagner 1991）。

　おそらく筆者は、ハーゲンにおける贈与交換の支配的な形態、すなわち返礼の際に「より多く」を反対給付する**モカ**での振るまいに影響されているのだろう。筆者の理解では、引き出すことそれ自体が、彫琢《エラボレイション》＝展開あるいは積み上げ《エグザジャレイション》の行為である。このことは、大仰な身ぶりについてと同様、ごく日常的で微細な行動についても言える。行為がとる形態――少年たちを成長させること、母親の兄弟〔つまり母方オジ〕を満足させることや、キョウダイに贈与をすることなど――は、それが現前させられることによって、特定の実体と物質性を獲得する。この現前は、そもそもそれを要求した義務や儀礼作法、すなわち社会的規範「以上の」ものである。姉妹にねだって袋をもらう男は、自らが、彼女の顔立ちを永遠に記憶にとどめるものを背負っていることに気づくことになる。

　そうだとすれば、私たちが、好適な人口学的あるいは経済的な条件の下、自らの影響範囲を強化もしくは拡大する諸個人《インディヴィジュアル》だけでなく、関係それ自体の彫琢＝展開に対する広範な関心に遭遇することは、ほとんど驚くべきことではない。ある関係を上演あるいは実現することは、その関係を引き受け、それを彫琢することである。つながりを可視的なものにすることで、人々は、自らが常にもっている、つながりに対して働きかける能力を行使する。少なくともこれは、ポーラ・ルーベルとエイブラハム・ロズマンによる、パプアニューギニア各地の一二の社会に関する補説のひとつの読み方である（Rubel and Rosman 1978）。そこで彼らは、結社、親族間の紐帯、半族間の対立関係、儀礼の主催、政治的攻撃、戦争、儀礼的交換、通婚その他に基づく諸関係について考察している。歌を歌うことを通してであれ、ブタを殺すこと、あるいは性的関係についての禁止を通してであれ、関係は、至るところで高度に彫琢＝展開された形態で、明示されている。

ルーベルとロズマンは、諸社会を通じた一連の変換を、それぞれが特定の関係をはっきり目に見える形で進化させたものであるという観点から論じている。例えば一部の社会において、姻族間の関係が、イニシエーションに関わる義務あるいは儀礼的交換の構造を伴うのに対し、その他の社会では、姻族関係の意義は低下し、儀礼専門家や専門の交換パートナーが姻族間の紐帯に優越している。このように、ある社会において重要なひとつの関係が、別の社会では縮減されて、あるいは重要でないものとして現れるのである。これらのヴァリエーションを変換として分析することで、彼らは発展の共通スケールを提示しており、そこでは諸々の枝があれこれの方向に分岐しているとされる。〔特に、〕姻族関係と交換パートナー関係の相対的な発展程度が診断の根拠となるとみなされている（e. g. Rubel and Rosman 1978: 333）。変換は、社会内と社会間の双方で働く。例えば、互いに変換関係にある二つの異なる交換の構造が、一社会内に見られるかもしれない。くわえて彼らは、異なる社会における交換の構造を比較することにより、原型を設定し、現在の諸社会のうち、あるものをこの原型により近いと、また別のものをより離れていると（その「独立した変換」であると）特徴づけることができるという。ハーゲンとエンガは、ここでも系列の一方の極に位置づけられることになる。しかしながら、彫琢＝展開の相対的程度という概念は、自分が実際に見ているのはどのような関係であるのかについてのアプリオリな判断に立脚している。

　実際、いかなる先行する知識によって、私たちは、ある場合には姻族たちの行為を見ており、別の場合には交換パートナーたちの行為を見ていると、判断するのか。もし交換パートナーの原型が姻族であるならば、私たちはなぜ、あらゆる交換パートナーを「姻族」と分類しないのか。事実その一部は、互いのあいだで女性をやり取りしたことがある姻族であり、別の一部は、互いのあいだで仮面や貝殻をやり取りしたことがある姻族であろう。もし西洋的な体系論が、これらの相違と類似を包摂する統一用語を求めるならば、双方の人々の組を、姻族と同盟相手に分割された「交換パートナー」（ウメダの場合）として、あるいは、姻族と交換パートナーに分割された「同盟相手」（ハーゲンの場合）として分類すればよいだろうに。

　こうして私たちは、先に人工物について考察した際に行き着いたのと同じ行き詰まりに舞い戻る。[三八] その限りにおいて、解決策はすでに先取りされている。すなわち、私たちが注意を向けるべきは、人々が、自分たちにとっての社会性を構成するさまざまな関係のあいだに見いだすアナロジーなのである。人類学的な類型化は、すでに現地の人々によるアナロジーに依拠しているが、部分的にそうしているに過ぎない。というのも、それらにともなう〔彫琢＝展開の〕スケーリングを無視しているからである。おそらく、この〔行き詰まりから、先取りされていた解決策への〕展開は、以下のように完了されうるだろう。

姻族は、ハーゲンにおいて交換パートナーが現れうる形態のひとつであり、同じように交換パートナーは、姻族が現れうる形態のひとつである。一方は他方と同型的ではなく、また互いのその亜種でもない。むしろ、両者は互いの、もうひとつのヴァージョンなのだ。他方の関係のパースペクティヴから見た一方の関係は、姻族同士が、交換パートナーとして**モカ**の連鎖を開始しようとする場合のように、当該の関係に基づく彫琢＝展開あるいは増大である。このことは、彫琢＝展開が思い通りにほどこされるということを必ずしも意味しない。それどころか、彫琢＝展開は作法に従ったものでありうる。ある姻族は、もし交換パートナーとならないなら、彼の義理の父や兄弟の期待を裏切るだろう。しかし、彼が交換パートナーとなる場合には、彼は単に自分たち〔自身と義理の父や兄弟〕のあいだの姻族関係を実現するだけでなく、パートナーとしての行いによって、その姻族関係に何かを付加するのである。このことは、互いに交換パートナーとなりうる人々が、通婚によって自分たちのあいだの取引関係を強固なものにしようとする場合のように、逆の仕方でも働く。彼らは、自分たちの関係にまた別の側面を付加するのである。この新たな側面は、存在し始めることで、あらかじめあった関係を実現するとともに、それに特定の（物質的、実体的な）形態を与えることで、先行する関係を新たな関係のなかに包み込む。関係は、先行する諸関係を常に反復＝再現《リカピチュレイション》することから成り立っているのである（Gillison 1991）。

婚資の贈与が、婚約にともなう支払いの置換であると同時にその変換でもあるように、あるいはまた、子供が親という立場を内包すると同時に予示しているのと同じように——この意味で、人々が作りあげるあらゆる関係は、その他の諸関係の発展、あるいは、いまひとつのヴァージョンとして現れる。姻族と交換パートナーのあいだの差異は、少年と大人の男のあいだの差異や、満杯の編み袋を背負った女性と空っぽの編み袋を背負った女性のあいだの差異に似ている。ただし袋のイメージは、それがもし何らかの原型の存在を暗示し、それ以上のすべてがその彫琢＝展開であることを示唆するならば、誤解を招きかねない。それどころか空の袋は、作物が詰まった袋と同じくらい意味で「一杯」なのである。関係は常に、拡大による意味生成の次元において現れる。というのも、関係はまさにそのようにして、人々の意図と義務の上演から特定の形態と現前とを受けとることで、現れるようにされるからである。

これらの社会において何が中心的な意義を帯びているのかを突き止めること、つまり、重要なものとそうでないものとを、パースペクティヴを動かしながら、しかも裁定することなしに選別することは難しい。しかしこの困難さに驚くべきものはない。関係を関係によって説明することが困難であり、そのため人類学者たちが高地諸社会を見渡したとき、強調点が、あるときにはこれ、別のときにはあれに置かれることに当惑させられるのも、驚きではない。ときには何が存在し、何が存在しないのかを判断することが、より一層困難であることも驚きではない（Barth 1987: 20）。社会関係はそもそも複雑なものである。諸関係のそれぞれは、互いから派生し、成長してきたものとして存在している。おそらく、社会それ自体についても同じことが指摘されるべきだろう。

なるほど、社会についてそのように考えるのも悪くない。ただし、〔社会として抽象化すると〕引き出し《エリシテイション》の機構を特定できない、という点を除けばの話である。そのうえ、ここで問題にされているパプアニューギニア人、おそらく他のメラネシア人も、成長や派生の概念をもっているかもしれないが、西洋に固有の意味での社会に相当する概念はもっていない。かくして私たちは、先に提示した人類学的ポジションのいくつかを特徴づけていたのと同じ、(三九)さまざまな隠喩の混合に立ち返ることになる。

部分2　人工器官的《プラスセティック》な拡張

部分1　加算

部分1　部分的な説明

キージングは、男性イニシエーションというそれなりに限定された現象でさえ、パプアニューギニアの一連の社会をまたいで記述するのは困難であることに考えをめぐらし、多次元的理解について、また彼がベイトソンの問題と呼ぶものについて論及することになった（Keesing 1982）。イアトムルの〔儀礼〕ナヴェンに関するグレゴリー・ベイトソンの解釈で課題とされていたのは、イアトムル社会の異なる諸部分をいかにしてまとめ上げるかということではなく、自身の記述において、異なる種類の人類学的説明をいかにまとめ上げるかということであった[64]。いかなるパラダイムも包括的なものとは思えなかった。キージングは、これをうけて部分的な説明どうしを架橋するという厄介な課題があることを、認識すべきだと提言する。「『ベイトソンの問題』は解消されていない。ニューギニアの男性結社とイニシエーション儀礼に関する、生態学的、経済的、社会学的、政治的、象徴的、心理学的およびその他の部分的な説明が、相互に排他的であるよりは相互補強的で補完的であるならば、私たちは、それらをまとめ上げることのできる何らかの枠組みを必要としているのだ」(Keesing 1982: 32)。

ニューギニアにおける経済生活と社会政治的組織の変容と、比較から浮かび上がってくる現在の多様性に対して、キージングが候補としてあげる説明のひとつは、イモ類の生産の集約化だった(Keesing 1982: 35)。〔ところが、〕集約化の過程を仔細に検討したフェイルは、それを引き起こした諸要因を「選り分ける」のは困難であるとする。フェイル自身は、この問題の複雑さを、環境の劣化、近隣住民との競争、良質なタンパク質への欲求などを引き合いに出すことで素描した上で、これらはいずれも、有益かもしれないが「部分的な解釈」(Feil 1987: 58)にとどまると示唆している。そしてピエール・ルモニエは、相互に密接に結びついたアンガの諸集団の農耕体制について検討した際、畑の火入れ/植えつけ/柵作りという単純な過程に対し、少なくとも三つの異なる組み合わせを見いだしており、技術的諸特性の内的なパターン化に対しては「部分的な説明」を引き合いに出すことしかできないと言う[65] (Lemmonier 1989: 160)。しかし、説明ということで何が意味されているのかを少し考えてみれば、説明には異なる種類があり、因果論的なつながりはそのひとつに過ぎないことがわかる。異なる論理形式のあいだに整合を見出そうとしても、それは部分的にならざるをえない。このことは私たちを、本書の出発点であったポジションのひとつ、すなわち、表象が説明を包摂している際、表象は充分なものでありうるかという問いに連れ戻す[四〇]。他方で「歴史、文化と比較の方法」と題されたジョン・ピールの一九八七年の論文では、説明が比較を包摂している〔原註（5）を参照〕。

これらの理論的ポジションをめぐるなかで、私たちは、比較をしてみせる私たちの能力についての説明を求めることから、あらゆる説明に内在する比較を見いだすことへと移行してきた。しかしながら、〔比較概念に見られるような〕概念の拡張と収縮は、もちろんこれに留まらない。ピールは、〔説明に比較を内在させた上で、〕五種類の異なる比較の手続きを提示している。それらは区別されるべきである、と言っていることからして（Peel 1987: 90）、彼はきっと、私たちは通常そうしておらず、通約不可能な複数の方法をごたまぜにして〔比較の〕作業を行っていると指摘したいに違いない。

ここに見られるのは一種の反復複製の過程であり、そこでは、諸概念の配置のそれぞれが残余《リメインダ》をつくり出し、この残余がまた新たな次元を生みだす。結果として生じるのは、パースペクティヴという比喩が最終的には充分に記述しえないような一連の戦略である。現象「に対して」数多くのパースペクティヴや観点があるという考えは、理念的には、ありうるすべての見方の総和のようなものを、あるいは少なくとも、パースペクティヴ自体の生産に関する枠組みや発生的モデルのようなものを定式化することができるということを含意している。しかしこれは、パースペクティヴを切り替える際に人が感じる移動や旅の感覚や、ありうるパースペクティヴの数は実際には無限であるという暗黙の知識を、説明できないだろう。というのも、その数とは、そこに立って世界を見ることができる事物の数、あるいは、そのために世界を見たいと考える目的の数、**足す一**に等しいからである。すなわちそれらの数に、パースペクティヴを通して世界を見るということ自体から生じるパースペクティヴが加わるのである。どれほど多くのパースペクティヴが集められようと、それらはいずれも〔残余であるまたひとつの〕パースペクティヴを作りだす。この形式的な帰結は無限性である(cf. Mimica 1988: 122)。

筆者が本書を通じてとってきたさまざまなポジションは、あたかも一連のパースペクティヴを形成するかのように見えるだろう。しかし筆者は、それらのポジションを〔それと異なる〕特定の仕方で作用させようと努めてきた。すなわち、諸要素からなる布置として、それぞれのポジションがさらなる彫琢=展開を生みだし、それに先立つポジションの布置を拡大あるいは縮小させる効果をもつ、ということを明らかにしようとしてきたのである。

筆者は、語りの戦略に焦点をあてる人類学内部の議論に依拠するとともに、本書の語りを、人類学的な探究を駆り立てるようなたぐいの情報から作りあげてきた。比較に注目することで、比較の手続きに新たな処方箋を提供するよりは、人類学者たちが自らに対して複雑性をつくりだす仕方を示し、またそれによって、物事のあいだに釣り合いをとらなければならないという感覚を示してきた。同時に、この私たちのやり方と感覚への注釈として、他なる複雑性のさまざまな水準に洞察を与えてくれる、メラネシアの多様な資料を並置してきた。このような役割を負わされた資料は、必然的に、すでに人類学的データの一部をなしている。比較に関して、私たちは意図的であるより他ない。だから、本書の二つの主要な構成部分〔「人類学を書く」と「部分的つながり」〕のあいだの差異と類似性は、西洋とメラネシア（原註（1）を参照）の並行性を示唆するとともに、このような対比が作為的な構築物であることも示唆している。より踏み込んでいえば、筆者は意図して、学問的な経験の類比物《アナログ》を、メラネシアの人々の経験のうちに見いだそうとしてきた。それはすなわち、いくつかのモデルが教えるのとは逆に、複雑性が自らのスケールを維持するという経験である。資料がおかれたコンテクストとレベルでふるい分けをしていくなかで、私たちは、あれこれの問題群を拡大したり縮小したりしても、情報の複雑性それ自体を増大あるいは減少させることにはならないように見えることを、知ることになったのである。他方、あらゆる情報の断片や複雑性が互いに等しいというわけではない。それらはある種の相対性のうちに宙釣りになっているのである。

ということは、筆者はまた別のこと、つまり〔人類学的記述の〕アキレス腱を顕わにすることを試みてきたことにもなる。すなわち、徹底して作為的に統制しようとする試みにもかかわらず、この記述を完全に統制できず、どうにか活用しようとした残余の現象も、求めてもいないのに生じてしまうことが明らかになった。メラネシアの資料は、このことを認識するために必要だったのである。

部分2 切片《カット・アウト》と全体

諸事物をまとめあげたいと考える動機のひとつは、それらが何か〔別のもの〕から切りだされたものである、という前提にあるのかもしれない。ロバート・ソーントンは、この想定を、民族誌を書くこと自体の効果であるとしている。彼は、社会構造の記述と語りの筋立てをアナロジーで結び、それらはいずれも「書くことによって作りだされる一貫性と秩序のイメージ」を体現していると言う（Thornton 1988a: 286; cf. Clifford 1988: Ch. 3）。民族誌の閉鎖《クロージャー》は、主題として扱う事項が完結させられたかのように見せる修辞的装置だが、彼は、同じことがその他の人類学的な記述にも当てはまると示唆する。「全体論的なイメージによる以外には、社会を概念化することは不可能」（Thornton 1988a: 289）かもしれない、と彼はいう。ただしこの論点は、すぐに脚註で再び取り上げられ、そこでは、社会学的記述の対象としての社会は、社会的なもの《ザ・ソーシャル》、すなわち「他の人々の経験と、彼らと私たちの関係」（1988a: 301）と混同されてはならないと述べられている。

民族誌における本質的なフィクションは、社会的全体は諸部分からなっているという想定にあるとソーントンは指摘する。理論的な議論の多くは、そこでの部分が人格、制度、象徴など何であるにせよ、部分‐全体関係の語彙で語られている。その上で、彼はさらなる複雑性をつけ加える。すなわち、全体には二つの種類があるのだ。一方は、本来の意味でメレオロジカル(四一)であり、枝が樹木の一部であるように、同一の関係性が、部分部分に対してと同様に全体に対しても成りたつ。他方は集合包含の法則であり、このもとでは、分析的な諸範疇がひとつの集合の要素をなすことになる。彼が示唆するところでは、修辞的な一貫性のために、したがってまた「全体性についての想像を喚起するために」（Thornton 1988a: 292）、両者はしばしば混ぜ合わされる。身体や樹木といったイメージがこの混合の助けとなる。それらはすぐれてメレオロジカルな隠喩であり、実際には集合包含の法則に依拠している分析的構造に、自然さや全体性の印象を与える。テクストの諸部分が社会の諸部分と混同されるのである。

ソーントンは、一方における氏族、年齢階梯、民族など、社会的全体の分節とみなされるものと、他方における章、見出し、段落といったテクストの分節のあいだの通約不可能性について論じる。後者の場合、諸部分は全体をメレオロジカルに構成している。前者の場合には、これらの諸要素あるいは切片《パーティクルズ》のあいだに一貫した関係はなく――したがって、総和をなすことがなく――、テクストとのアナロジーがそう思わせるような仕方で社会的全体を形成することはない（Thornton 1988a: 291）。しかし、**いずれの**場合でも「部分」は、想像されたひとつの包括的な全体から諸要素をまさに「切り取る」という観念によって作りだされている。このため、分析という修辞は、想像された社会あるいは文化を分解することとして作用する。さらにつけ加えるなら、切り取り《カッティング》のイメージは、個別の諸部分に、それらを独立に考えることができる限りで、統一性ないし全体性というこれと相関する感覚を付与していると言えるだろう[66]。

しかしながら最近では、あらゆるテクストが「総和をなす」ものと意図されているわけではない。

総和をなさないテクストは、通約不可能な語りを意図的に並置するポストモダンのジャンルに見られるという。全体性がレトリックにすぎないという認識が、コラージュにおいて、あるいはばらばらの諸要素をまとめる《コレクト》ことなく、むしろそれらの手に負えない性格を露呈させる寄せ集《コレクション》めにおいて、執拗に例示される。しかし、逆説的なのは、諸事物が総和をなさないことを示すそのような技法が、しばしば、より少ない切り取りではなく**より多くの**切り取り、すなわち、知覚された諸々の出来事、瞬間や印象の過度の切り取り《ハイパーカッティング》とでも言うべきものを招いていることである。そして、諸要素がそのように多くの切片として提示されるとき、それらは不可避的に、全体をなす他の布、より大きな切れ端などの、どこか別の何かに由来する部分として提示されるのだ。コスモポリタンが「根なし」とされるときになされているのも、まさにそのような切り取りである。

切断《カッティング》という現代的な隠喩は、断絶《ディスラプション》＝混乱という含意からも力を得ている。事実、断絶《ラプチャ》はそれ自体として解体的、偶像破壊的であると考えられている。この比喩は、クリフォードの『文化の窮状』の全体を通して流れている。彼は次のように述べる。

> クラパンザーノもドゥワイヤーも、他者というテクスト化された織物を切り裂く、と同時に解釈する自己をも引き裂くようなしかたで、調査経験というものを表象することを追究している。（ここでは語源が多くを語っている——すなわち、**テクスト**という単語は周知のように織ることに関係しており、**弱さ**《ヴァルネラビリティ》は裂くこと、傷つけることに関係し、ここでは閉じられた権威を開

くことにつながるからである。）（クリフォード 二〇〇三：六一）

彼は、何らかの継ぎ目のない眺めを追い求める代わりに、民族誌記述の素材を、「切断され、救済された有意味な人工物」として、ただし、つねに再集合化と「創造的な再結合」（クリフォード 二〇〇三：二六）を受け入れるものとして理解したいという姿勢を明確にしている。この見方において創造性とは、人が再結合で間に合わせること、つまり薄情にも本来の場所から切り取られた諸部分を再び組み合わせることである。それらの場所も他の場所から切り取られたものであると知りつつではあるが。彼がマルセル・グリオールについて書いている章は、民族誌的フィールドワーク自体が、本来的に、暴力的に侵入して何かを抜き取る行為とみなされうることを示唆している。言うなればグリオールは、モノを収集するあらゆる者たちの攻撃性を実演してみせているにすぎないのだ。だからこそクリフォードは、博物館のコレクションに関する研究を引用し、そこでは展示が、「まず特定の（文化的、歴史的、あるいは間主観的な）文脈からモノを切り出したのち、それで抽象的全体を『代理』させることによって、世界を適切に表象しているという幻想をどのようにして作りだしているのか」（クリフォード 二〇〇三：二七八―二七九）が示されていると言う。彼によればコラージュは、

作品［ここでは民族誌的テクスト］に、それが提示されるコンテクストに対して、一貫して自

らの異質さを主張する諸要素をもたらす。これらの要素――新聞の切り抜きや羽毛のようなもの――は、リアルなものとして、芸術家＝作家によって発明されたのではなく、収集されたものとして徴づけられている。（1）切り取り、そして（2）組み合わせるという手続きは、もちろんいかなる記号的なメッセージにおいても基本であるが、ここでは、そうした過程自体がメッセージ**である**。調査過程の切取りと縫い合せは、目に見える形で残される。作品の生のデータを均質な表象へと、収まりをつけたり調合したりすることはない。コラージュをモデルとして民族誌を書くということは、有機的な全体〔……〕として文化を描写することを避けることになろう。　（クリフォード 二〇〇三：一八六―一八七）

適切にも、彼はベイトソンの『ナヴェン』を例に挙げている。

彼が主張するのは、文化的創造性について想像する仕方が有機体論以外にもあるということだ。あるいはここではむしろ、彼の接ぎ木のイメージに着目したらよいだろうか。それは、生殖《リプロダクション》＝再生産よりも再生《リジェネレイション》＝更新を示唆している。コスモポリタンが、いかなるひとつの場所、一本の根からも育たないのとまさしく同じように、クレオール化し、変質した世界の諸文化の非均質性は、根差す《ルーティング》こととは別の方法によって発生しなければならない。文化やアイデンティティは、祖先の土地に根を張る必要はなく、授粉と移植によって生きることができる、と彼は言う。クリフォードは、不可逆的な均質化《エントロピー》についての悲痛な調子ではなく、ある種ノスタルジックな肥大《ハイパートロフィ》化の調子で語っている。集められるべき過去はあまりに多いのだ。彼の記述において、集めることと結び付けることはなおも創造的な行為のようである。メラネシアの人々を、彼らのおおっぴらな借用と領有とともに念頭におきつつ、次の一文を味わいなおしてみよう。[67]

伝統の根は切断されては、再度結びつけられ、集団的象徴はさまざまな外部からの影響が流用されてできあがる。

（クリフォード 二〇〇三：二一九）

私がメラネシアの人々を念頭においているのは、もちろん、ギリソンやJ・ウィーナーの著作がしめすように、「切り取り」のイメージを、まったく異なった比喩として用いることができるからである（Gillison 1980, 1991; J. Weiner 1987, 1988）。関係は、諸人格を相互に分離することによって作りだされる。断絶それ自体が創造性という含意を帯びるメラネシアでは、断片を結び合わせることでつくられる一種の全体性も、組み直された生命も、想像する必要はないのだ。

間主観的な体験でもある通文化体験〔すなわち民族誌的フィールドワークなど〕をモデル化するための媒体として、対話を導入することが望ましいという近年の議論についてはどうだろう。メラネシア的な視点には、クリフォードのもっともな批評にも付け加えるものがあるだろう。クリフォードは、解釈の権威が対話の排除に基づいているとすれば、純粋に対話的な権威は、テクスト化という逃れがたい事実を抑圧するものになってしまうと指摘する（クリフォード 二〇〇三：六一）。ひるがえって、交換パートナー間の互酬的関係はどうだろう。メラネシア人なら、民族誌家が観点の共有を主張し続ける限り、民族誌家とインフォーマントのあいだでパースペクティヴの交換は行われえない、と評するだろう。彼らにとって、社会的人格の各々は分離されなければ、それどころか互いに切断《セヴァ》されなければならない。その切断は、交換が生じる前に、彼らそれぞれのパースペクティヴのあいだのアナロジーが創造的な効果を生みだす前に、彼らが単にその置かれたポジションによって差異化された同種の人格であるとみなされうる前に、なされなければならないのだ。

部分2　サイボーグ

部分1　カントールの塵

チャンブリのイニシエーションを見て、混乱し不快な気持ちで出てきたツーリストたちは、手荒な扱いによって以前負った切り傷がまた開いてしまった少年たちの怒りを、いくらか感じ取っていたかもしれない。イニシエーションの実践は、西洋人であれば個人の境界とみなすであろうものを意図的に侵す。加入者の身体を、小屋やペニス・ケースに押し込め、包み込む場合であれ、出血させたり、身体的な統御を失わせたりする場合であれ、同様である。メラネシア人は、伝統に隠喩的な切れ目を入れるのではなく、文字通り《リテラリ》肌の表面を切る。また彼らは、個人を隠喩的に転倒させ、文化的ルーツを求めて旅をするよう仕向ける代わりに、文字通り木の根を引き抜いて逆立ちさせ、樹冠が常に根によって支えられていたことを示す。

　このようなリテラリズムを誤解してはいけない。切断され、動かされているのは、イメージそれ自体なのだ。男たちと樹木と精霊と笛と女たちとカヌーが、すべて互いの類比物《アナログ》とみなされる場合、そしてワントアトのように、樹木が切り倒され広場の中央にもって来られる場合、人々は樹木を、ひとりの男のイメージとして森から切り出している。また、頭上に造形物《エフィジ》を担いで踊る男は、樹木と森が組み合わされたイメージを、担いでいる構築物と自らのあいだで動かすのである。ニューアイルランド島のウセン・バロクの人々が、森の樹木に対して行うことを見てみよう。

　バロクの人々は、男たちの小屋を含む石垣で囲われた空間で儀礼を行う（Wagner 1986b, 1987）。この空間の全体は、水平に置かれた樹木のイメージに沿って配置されている。入り口では、樹木の先端部になぞらえられる二股の木の枝が敷居をなしている。男たちの小屋の裏側には祖先たちの埋葬場所があり、この場所は氏族の根、あるいは氏族内で「枝分かれ」し地域的にまとまった母系リネージの根になぞらえられる。墓地に埋葬された遺体が完全に腐敗し切ったとき、他集団にも開かれた宴会が催され、男たちの小屋に諸々の規制を課していた期間が終わる。何頭ものブタが入り口に向けて展示され、これによって、〔宴会を主催する〕氏族が数多くの成長点(四二)をもつことが示される。氏族の成長点は、「樹木」〔＝氏族の類比物《アナログ》〕の上方の枝の先端に位置しており、そこには、（彼らによれば）〔招かれた〕他集団の人々にごちそうされる果実〔＝ブタの類比物《アナログ》〕が実っている。ところが、一定期間に起こった一群の死を完結させる最後の宴会においては、この水平構造の全体が、宙に向かって垂直に立ち上げられる。またこの構造は、そのように〔水平から垂直へと〕軸を移すことで逆転されるのである。

　この移行は石垣の外で起こる。〔この宴会の際には、〕森から切り出された大木が上下逆さまに立てられる。その根は中空に広がり、幹は地面によって「切られ」、その下には見えない枝が広がっているかのようである。あたかもこれらの枝からぶら下がっているかのように、〔宴会を主催する〕リネージに属する年頃の女性たちが、逆さにされた果実のように地面に座る。そうすることで彼女らは、他氏族のリネージに婚入し、それらのリネージに養育をもたらすという、〔母系社会で〕通常は男性に割り当てられた役割を引き受けるのである。他方で、それまで氏族の母なる始祖と同一視されていた主根の上では、宴会のために殺されたブタたちの上に、新たにビッグ・マンになろうとする若い男性が立つ。[四三] 一九八七年の論文で、ワグナーは次のように述べている。

> これは単なる逆転では決してなく、バロクの生活における有意味なイメージに対する〔……〕組織的で一貫した図《フィギュア》と地《グラウンド》の反転《リヴァーサル》である。それは単なる否定ではなく、逆転〔そのもの〕が、それが逆転させる秩序と同じくらいに意味をなすのだということ――〔……〕男性は母系的な家系の主根でもありえ、リネージを構成する若い女性たちは、他のリネージに授けられる

養育としても見られうるのだということを示すことによって、その否定を完成させる。

(Wagner 1987: 61)

ワグナーの理論的な要点は、根と枝、祖先の女とビッグ・マンが単に互いのもうひとつのヴァージョンとみなされているだけではなく、一方の軸から他方の軸〔水平から垂直〕への移動の過程によって、人々が、イメージを創出する自らの認知的な能力に気づかされるということにある。(四四)人々は図と地の反転を知覚する。バロクはこの反転を「力」と呼ぶのだが、それはイメージの力に他ならない。この反転は、「イメージの変容によって形づくられる、変容のイメージ〔an image of transformation formed by the transformation of an image〕」(Wagner 1987: 62)をなしている。それゆえ、その効果はあたかも、動くのはイメージそれ自体であるかのようである。すなわち、祖先の女とビッグ・マンたちは〔ともに〕すでにそこにいるのだ。

これらの実践によって引き出される知覚は、イメージは多数の解釈に開かれており、さまざまな比喩を可能にするという人類学における慣習的理解を超えでている。知覚されているのはむしろ、イメージは他のイメージを包含しているということである。地中に根を張って立っている樹木は、根を中空に広げる逆転された樹木を予示しているのだ。それぞれのイメージは、諸要素からなるごく特定の配置を提示しているが、それと同時に、その効果においてその他の配置の拡張となる。葬送儀礼における逆転された樹木は、森に生えている垂直の樹木という観念、あるいは同じように、石垣で囲われた空間が象徴する水平の「樹木」という観念から派生=成長《アウトグロウ》してきたものとなる。この転倒は、文字通り比喩的なものである。成長、反転、切断はいずれも、あるイメージが別のイメージに取って代わる仕方にあてられるメラネシア的な隠喩である。結果として、あるイメージから引き出された別のイメージは、前者に取って代わるのであり、これは身体が、それが包含しているその他の〔いくつもの〕身体を開示するために切り開かれるのと同様である。竹は破裂してなかにいる人格を顕わにし、少年は成長して大人の男になる。切断《セヴァランス》の行為は、分離されているものをつなげる。交換パートナーどうしの連携を「切り開く」ことで、贈り手と受け手のあいだで財貨が動かされる。切断が開示してみせるものとは関係性に他ならず、そこには人々が背負っている〔姻戚関係やパートナー関係などの〕諸関係も含まれるのである。

　図と地の反転が、地を潜在的な図=形象《フィギュア》として提示する限りにおいて、この反転の動きは、地から「切り取られた」図が、地につけ加えられた図ではないということを含意している。だがもちろんのこと、それらの図は断片であるわけではなく、そこに部分と全体の関係があるわけでもない。むしろ、図と地は二つの次元として働く。それらは〔自己準拠的に〕自らを自らのスケールとするのだ。(四五)言うなれば、二つのパースペクティヴではなく、地はまた別の図であり、図はまた別の地であるというように、二度向けられた一つのパースペクティヴである。一方は他方との関係において不変なものとして振る舞うので、これらの次元は決して全体化する仕方で構成されることがない。量や生命が、一方の次元で増大することなく他方の次元で増大しうるという知覚は、このことに由来している。関係の彫琢＝展開において、増大するのは彫琢＝展開であり、関係ではない。

一見したところ、バロクの宴会における互いに反転した二つの樹木は、枝と根が釣り合いを保って互いを反復複製している点で、相互に同形的《アイソモーフィック》である。しかし同時に、一方は他方から育ち出でてくるものとみなされており、幹が地面に立てられる際に枝が文字通り切り落とされなければならないように、一方は他方から切り取られなければならない。もちろん私たちの目には、バロクは基底＝根となる隠喩《ルート・メタファー》を的確に選び出したように見える。彼らの選択の背景《バック・グラウンド》〔＝図／地のさらに背後にある地〕はすでにそこにある。その選択は、氏族の生殖力を新参のビッグ・マンや祖先たちからの庇護とあわせて讃えるという必要性の内にある。この基盤にある社会性《グラウンディング・ソーシャリティ》こそが、パフォーマンスが全体として実現していることに他ならず、それは根を逆さに立てたり枝を切ったりすることで、この男やあの少女たちを現れさせる個別的な行為よりも包括的である。しかしこの社会性は、あらゆる行為を包括している反面で、どれほど多くの行為がなされたとしても、社会性のこの次元に何かが付け加えられることはない。社会性は行為を支える基盤であり、それは、何かを足して増やすことができる量ではないのだ。増大するのは諸々の行為である。カントールの塵に見られる小片のように、分割され、さらにまた分割されるのは行為なのである。

世界が部分と切片に溢れていることを嘆く人々が、それらを「集め」、「結び合わせ」ようとすることには、西洋的な不安がともなっている。おそらく、この不安のいくらかは、切断は破壊的な行為であるとの前提のもと、仮想される社会的全体性がそれによって切り刻まれ、断片化されてしまうに違いないと感じられることに、由来している。身体が手足を失いつつあるかのように感じるのだ。これに対し、これらメラネシアの例に見たように、切断が諸関係を現れさせ、反応を引き出し、また、贈り物を手に入れるという意図をもって行われるとき、要するに切断が創造的な行為であるような前提があるところでは、切断は、人格の内的な能力と、関係の外的な力を顕わにする。そして社会性は、この能力あるいは力において、人格と関係を背景とした図のごとく「動く」ものとして立ち現れるのである。

カントールの塵は、メラネシアの人々がこのようにイメージを取り扱う仕方と、人類学者が存在しているに違いないと想定する〔諸々の〕つながりの部分的な顕れを取り扱う仕方のあいだに、ひとつのアレゴリーを提示している。

バクタマンの長老たちは、現にあるものを用いることしかできない。彼らは現にあるものを用いて、新たな情報を生みだし、他者に刻み込みたいと願う差異の新たな貯蔵庫を作りだす。またそうすることで、失われた人工物〔＝儀礼上の道具立て〕を取り戻すことができないなかで、それを手に過去の専門家たちが繰りだしていただろう技を、背景に浮かびあがらせる。テレフォルの女たちは編み袋を編むさい、その受けとり手の顔を見たいと願う。編み袋は受け手の人格を喚起するだけでなく、（バタグリアにならえば）それが包んでいる空っぽの空間をも喚起する。というのも、女は袋を編みながら、受け手の男がそのなかに入れるであろう個人的な品物を予期するからであり、袋の編み目によって保持されているのは編み目自体ではないからである。あるいはまた、シュミッツを当惑させたワントアトの装飾について考えてみるのもよいだろう。

筆者は先に、ある砂時計型の図柄に簡単に触れた（一八九頁、図1参照）。それらが太鼓と呼ばれていることがわかってからは、シュミッツには、それが一列に並んだ太鼓の形であることが自明と思われた。しかし彼の記述から明らかなのは、彼が最初に見て取ったのが、太鼓のあいだにある白く塗られた余白《ギャップ》であったことである（Schmitz 1963: 94）。実際、これらの余白にも名称があり、それは腹あるいは身体の内部を意味する語であった。しかし、つぶれた菱形のような形をしたそれらの余白は、いかなるものにも似ていないように見えた。彼は太鼓という名称の方を重要であるとし、腹という名称は、あいだを埋めるどうでもよいものに過ぎないとした[68]。そのすぐ下にもうひとつ帯状の図柄があり、そこには背骨のような列が描かれているという事実も、彼の優先順位を変えはしない。事実彼は、この帯状の図柄を、**単に隙間を埋めているに過ぎない**と述べている。

しかし、こうした優先順位から解放されるなら、互いに他方の背景をなす音を出す太鼓と空っぽの身体のあいだで、視線を行ったり来たりさせることができる。太鼓は人々の身体の拡張となることによってしか自らの生命をもたないが、その演奏は人々の身体的なパフォーマンスに生命を吹き込むのである。ワントアトの人々は、彼らの形象の動きを彫琢＝展開する。この動きこそが形象に生気を与えているのだ。

ワントアト峡谷において、これらのもち運び可能な《ムーヴァブル》装飾品は、形状にかかわらず、いずれも**コ**

ン－エプと呼ばれていた。**コン**は精霊の総称であり、**エプ**は場所を表す接辞である。したがって、**コン－エプ**は「精霊のなかに」あるいは「精霊の上に」と訳されるべきである。〔……〕踊りの際の装飾品は、特定の形態のものに限らずもち運び可能であるので、この可動性は、あらゆる精霊に共通の特徴を示すものと考えられているはずである。「顔の図柄」をもった円形や楕円形の樹皮板も、竹の柱を上下するように動かされた。（Schmitz 1963: 120）

この顔の動きは、それを支える構成体が可能にしていた。しかし、動くイメージがどれほど空間的に広がっていくように見えようとも、それらのイメージは、それらを支えている足場や、その素材が切り出されてくる森を拡張するものではない。

カントールの塵が筆者の想像力をとらえたのは、それが、それ自体としては増大しない背景に対する知覚を増進させることで、出来事のあいだに空白《ギャップ》を作りだす一連の指示を与えてくれるからだった。しかし、それはもちろん、私たちの思考が生みだす不格好なサイボーグに過ぎない。というのもそれは、筆者がメラネシアに足場をおいて記述しようとしていることの完全なアナロジーにはなっていないからだ。ただし、私がそこで試みている記述は、たしかに人類学を書くことそのものに内在する釣り合いをめぐる問いに喚起されている。カントールの塵は、非数学的な現象に応用されることで、私たちが手もちの隠喩をどのように混ぜ合わせているかを知らしめる効果を発揮するがゆえに、思考のサイボーグなのだ。もっとも、人類学者は常に、「私たち」と「彼ら」の経験から引き出した隠喩を混ぜ合わせている。筆者が、諸社会のあいだのつながりを一連の派生＝成長《アウトグロウス》と〔メラネシア的に〕想像する際にしていたのも、これだった。それならば、そうした混合が、異なる二つの次元からなるひとつの回路を作りだすと想定してみたらどうだろうか。そのとき私たちは、〔右で述べたような〕派生＝成長を、それ自体としては成長しない一方の次元を背景にした、運動＝展開《ムーヴメント》と想像することができるだろう。

空白《ギャップ》は私たちに、拡張することのできる場、わたしたちを補綴《ほてつ》する装置のための空間をもたらすようにみえる。失われた専門知識、遠方に住む親族の顔立ち、垣間見られただけの精霊は、それ自体のイメージの動きを引き出すと同時に、あらゆるイメージは借用されたイメージであるとの知覚を引き出す。そうだとすれば、過剰あるいは不足の感覚、釣り合いが欠けており、つながりは部分的なものに過ぎないという感覚は、私たちがそれらの知覚自体を拡張することができるということを示唆しているのだ。

部分2　人類学を書く

ウセン・バロクの人々は、何らかの宴会を開こうとする場合、厳格な儀礼作法に従う。しかし、宴会の形態は、規則や計画のうちに実現されているのではない。宴会について述べる際、男たちは出来事が起こった順に語り、自らが語るのに合わせて宴会が行われていたかのように語る。他方、そうした催しが実際に行われる際には、その順序と過程は、記憶されている他の宴の小片の継ぎ接ぎからなっている（Wagner n.d.）。とはいえ、その催しの形態を想起することで人々は行為へと促されており、催しが重要であることは彼ら皆が同意するところである。しかしながら、このコミュニケーションを維持するために、お互いの（言葉による）解釈は必要ではない。事実、ニューアイルランド島の懐疑論者の眼には、個人による解釈はたいてい邪魔なものに映るのだ。

一九六〇年代のエセックス州エルムドンに住んでいた人々は皆、これに幾分か似た仕方で、エルムドンが村であるということに同意していた。また、そこにとどまること、あるいはそこから去ることに対する価値づけについてさえ同様であった。しかしそのことは、彼らが解釈を共有していることを意味していなかった（cf. Cohen 1986; Rappaport 1986）。それどころか、村民の半分がエルムドンをひとつのコミュニティだと考え、残りの半分が、同じようにはっきりとそうではないと考えていたことは、ごく明白であった。誰もが「本当の村民」と「新参者」について語っていたが、その反面で、〔個々人が語る〕これらの判別が完全に一致することはなく、このイメージの効力はそうした一致に基づいていなかった。私はまた、フェミニズムの多元主義《プルーラリズム》に立ち戻ることもできるだろう。フェミニストによる考察に共通するいくつかの主題を特定したうえで、リズベス・スタンリーとスー・ワイズは次のように述べている。「これらの主題が重要であるとの信念は、すべてのフェミニストが共有している。〔これに対し、〕私たちが論争しているのは、理論、研究、日常生活にとって、それらの主題がまさしくどのような意味と含意をもつかについてである」（スタンリー、ワイズ一九八七：七七）。「基本的了解」の他には、「フェミニストのあいだで共通して了解され、かつ共有されているものはほとんどない。〔……〕私たちは、これら（の主題）の意味を、自分たち自身の状況や理解に応じて解釈している」。彼女らが言うように、進行中の議論はまさしく、「これらの主題が何を意味し、行動をとる際にどのような影響力をもつか」（スタンリー、ワイズ 一九八七：八二、文の前後を入れ換え）に関わっている。個々人による解釈は部分的なものに過ぎないという認識が、この議論自体に背景となる意義を与えている。

宴会がどう見えるかについての関心、ある人がどれだけ本当の村民であるかについての話題、あるいはフェミニズムが何を行うかについての論争は、所与であると感じられるものに喚起された相互行為を導く。背景はすでにそこにあるのだ。これらの関心事を取り上げ直すことによって、単に一連の異なるヴァージョンやヴァリエーションが生みだされるだけではない。道具が使い手の能力を拡張するのと同じように、道具を再び使うときにも、その道具を使うことができるというそもそもの能力が、また新たに実現＝具体化されることになる。私たちが、文化を、永久に創出され続けるものとして語るのもこのためである。人にとって、このようなイメージの活用は、ちょうど人工器官による拡張がそうであるように、能力をもたらすものである。人は、異なる世界の見物人や消費者としてもうひとつの文脈に引き入れられるだけではない。まさに、行為できるようにされるのである。少なくとも、「イニシエーションの」特定の行程を施そうとするバクタマンの長老の努力についてバルトが述べるとき、彼が含意しているのはこのことである。まず、その儀礼の、以前のパフォーマンスが、彼の頭のなかで再構成されなければならなかった。長老と彼の同輩たちは、自分たちの務めは思いだすことだと理解している。（バルトによれば）それにともない、近隣コミュニティの儀礼を真似るべきか、それとも一部新たなやり方を採用すべきかという副次的な問題がもちあがっていた（Barth 1987: 26）。（あらかじめ存在する）形態は、彼らが行為できるようになるために、現前させられなければならなかったのだ。[69] 問題の儀礼は、再生産《リプロデュース》されたのではなく再生＝更新《リジュネレイト》されたのである。

＊　＊　＊　＊　＊

これらの事例から何らかの差異を引き出してみたい。村民たちは、本当のエルムドン村民であるかどうかということを、ある人が、異なる場所を移動してきたのか、それともこのひとつの場所にとどまってきたのかによって判断する。このイングランド的な見方において、人は自分がいる場所からアイデンティティを受け取り、どこから来たか、またどこに行こうとしているかによって変形される。場所はとどまり、人々が動く。さらに、地理的な位置から階級的な位置へと文化的な横滑りが生じる。階級は固定しており、個々人が動くというわけである。同じように、フェミニストの対話者たちは、隠喩的にそれぞれ異なる場所を占めている。理論的なポジションを変えることは、政治的あるいは学問的な性格を変えることである。このため、異なる場所のあいだを移動することは、方向感覚を失わせる行為のように感じられる。実際、西洋の地理学は、個人の移動についての知覚と結びつくことで、場所の感覚に仕切りを入れる。「二〇世紀には、移動が驚くほど拡大した。そのなかには、ツーリズム、季節労働者、移民、都市の拡大なども含まれる」とクリフォードは書く（クリフォード 二〇〇三：二七―二八）。その結果、感じとられるのは人格と文化の断片化である。人はすぐ近所でエキゾチックなものに、世界の反対側で身近なものに遭遇するというわけだ。現代の西洋における断片化されたアイデンティティの感覚は、異なる場所のあいだを旅することがもたらす二重の方向喪失の効果と、旅が場所の性格を変化させているとの発見とに、密接に結びついている。しかし、私が取りあげてきたメラネシア人たちは、文化的にいえば、そこに留まりながら、場所に旅をさせるのだ。

　ひとりの人格のアイデンティティが、貝殻製の財貨のなかにあったり、袋のなかに包み込まれていたり、また樹木の先端部の成長点に位置していたりするならば、視野の外へと旅していくもの、身に着けられたり取り外されたりするもの、上下逆さにされるものは、まさしくこれらの財貨、袋、樹木である。いうなれば真珠貝は、人と人とのあいだを渡り歩くひとつの場所なのだ。これらのものはすべて、人々のあいだを渡り、人々を飾り、人々を支える。他の人々の中心が、自分にとっての中心となる。諸々の「場所」が、あるときにはこの人に、別のときにはあの人に現れうるならば、移動しているように見えるのは場所の方である。少なくともメラネシア人たちは、この事実それ自体を現出させるために、それら場＝装置《ロケーショナル・ディヴァイス》を用いる。去って行くことは戻って来ることになり、内側は外側になり、上端は下端になる。

エルムドン村民であれば、外部に位置どることで、人々に対して異なるパースペクティヴをもつことができると想像するだろうが、そのような位置は、ここでは人格自体に備わったものと見なされている。彼らは、自らの身体に異なる位置やポジションを備えもっている。したがってまた、手に何をもっているか、あるいはどこから来た食べ物を食べているかなどに従って、異なるアイデンティティを帯びうるものとして存在している。事物は人々のところへ旅をし、またそこから旅に出るのである。

別のところで筆者は、（四六）メラネシアにおける贈与の観念について論じ、贈与はそれを生みだすやり取りの予期された結果であるかのように述べた。贈与は、過去のやり取りを喚起すると同時に、未来においてやり取りが起こることを可能にするのだ。贈与それ自体は、貝殻製の財貨やブタといった具体的で物質的な形態をとり、それらを運ぶ人格を運ぶ。アナロジーは、他の生産活動や、子どもであると同時に子どもを生みだす笛、ひとりひとりの身体的形態の内にあると同時にそれを超えて存在する精霊などにも拡張することができる。メラネシア人たちは、自らを拡張するものを自らに対して現前してみせる文化的な器用さをもっている。それは言うなれば、旅することなく移動してみせる器用さである。

（贈り手と受け手のアイデンティティを帯びることで）その内部に移動が書きこまれた財貨、竹竿に沿って上下に動く精霊の顔は、メラネシアのサイボーグ、すなわち、異なる形象あるいは構成要素からなる一回路である。それらの構成要素は、それらを働かせ、人格へと中心化していく何かとは決して等しくない。この中心化は、知覚の隠喩として想像することができるだろう。「意味」に基盤《グラウンド》＝地を与え、そうすることで異質な構成要素のあいだのコミュニケーション回路を形づくっているのは、人々の知覚能力なのだ。形象《フィギュア》＝図は、その背景《バックグラウンド》＝地とは無関係に成長し縮小する。それらは背景に等しいのではなく、いうなればそれら自身に等しいのだ。

　メラネシアのサイボーグと、ハラウェイにおける半人間／半機械との相違は、メラネシアのサイボーグの構成要素が、同じ素材から概念的に「切り取られて」いるという点にある。紐に連ねられた貝殻と母系リネージのあいだ、男と竹竿のあいだ、ヤムイモと精霊のあいだに差異はない。両者が関係の知覚を等しく喚起する限りにおいて、一方は他方「である」。異なる構成要素ないし形象は、だからいずれも、互いにつなぎ留められた複数の人格ないし諸関係の部分である。ある人格や関係は、別の人格や関係から切り取られたものとして、あるいはその拡張として存在している。逆にいうならば、これらの拡張——諸々の関係とつながり——は、統合的に人格の部分となっている。それらはその人格の回路なのだ。「同じ素材」であることは、その効果として、あらゆる動きと活動に共通の背景があるという知覚を生みだす。切断という創造的な行為のさらなる重要性はここに由来する。情報の亀裂《バースト》は、ある人格を別の人格の拡張された部分として可視化し、母親の兄弟に自分たちが姉妹の息子と部分的にだがつながっていると感じさせ、また、個人のアイデンティティの複数の位置を差異化するのである。切断／拡張は同じように効果的であり、諸々の形象は実体において互いに等しい。そこから生みだされるものが釣り合いを維持しようと無視しようと、結果として現れるのが二元的な半族構造であろうとビッグ・マンの影響力の拡大であろうと、そうなのである。

このように、人格を拡張するのは人格である。それら人格は、見たところ同じ素材ないし実体からできているので、これらメラネシアの形象とその拡張は、おそらく、本書が出発点とした数学上の「残余《リメインダ》」の観念に近づいてくる。(四七)「残余」は、さらなる余白《ギャップ》の可能性を、したがってまた、現にあり知られているものの背景への知覚を、永久に創出し続ける。メラネシアの文化的想像力との関連でいえば、このように常に残余が生じるということは、基底となる社会性を再生産するよう働く。現にある諸関係は、この社会性の例あるいは断片《フラクション》＝部分に過ぎず、現に行われているパフォーマンスは、粒子のような諸契機に過ぎない。ジャドラン・ミミカの言葉を借りるなら、全体は無限と想定されているのだ（Mimica 1988）。

西洋の学問的言説の多くにみられる説明探究の枠組みは、ここからはるかに隔たっているように見える。しかし、少なくともひとつの領域において並行性がたしかに**存在して**おり、人類学者はその領域からその都度同じ素材を取り出してみせる。その結果がいかなるものであるかは、現在の定式化が束の間の概念〔化〕に過ぎず、現在の取り組みが部分的な研究に過ぎないという確固たる認識に、明白に現れている。この領域とは、人類学における書くという活動領域であり、私たちが複雑性から無限の複雑性を作りだす、必然であるとともに活力をもたらすやり方のことである。そこで私たちは、自分たちが常により多くの裂開《ギャップ》＝余白を作りだしていることに気づく。そうであればこそ私たちの活動は、意義を潜在させる背景を永久に拡大し続け、その背景のもとで、どんなスケールを用いるにせよ、捉えがたい新たなイメージの動き《リ・イマジニング》＝再想像をなんとか描写し、重要な事項のすべてを考慮に入れるようなモデルを築きあげようとするのである。

原註

（1）　厄介な言葉である。しかし、ここでは諸観念の文化的特殊性に注意を向ける必要がある。それが「私たち」社会科学者の一般的背景を形づくっているからだ。ハラウェイが私に代わって素晴らしい弁明をしてくれている（Haraway 1989: 427）（「西洋」と「メラネシア」の言説を比較することは一見すると不適切である。しかしこれは、中央集権的政治体系と非中央集権的政治体系を区別し、体系の認知じたいが前者に内在的で後者には外在的と考えるときの不適切さと、同程度のものである）。本書における「私たち」は文化的な側面について言及しているにすぎない。ここでは、特定の人類学者が「西洋人」であるかどうかとは関わりなく、西洋の人類学に向けて呼びかけている。

（2）　私は、「パースペクティヴ」という語を、ポジションをとるという文化実践に着目するために用いている。「観察者」の「世界」に対する関係を、指示的ないし表象的に解釈する立場に与するわけではない。

（3）　これは、生命科学と社会科学に共通する問題の典型である。「研究の単位を、個別に明確に定義し境界づけようとすればするほど、それらの単位間の関係を説明することが問題含みに、しかし必要に、そして困難になる。反対に、一連の単位間の関係を、より効果的に分析し総括することができるようになればなるほど、各単位を定義することが問題含みに、しかし必要に、そして困難になる。〔……〕分類せよとの命令は、同定された「類型」間の関係がはらむ問題へと常にいきつく。〔……〕代替案は、〔……〕関係性を活用して、〔……〕種の連続性や中間的な類型、創発的な現象に言及することであった。〔……〕こうした代替案は、生物学のかつてのあり方において提起された問いや不確定性に応えるものの、そこにみられる関係をめぐる精緻さは、分類の精緻さの犠牲のもとに達成されるのである」(Wargner 1977: 385-6)。

(4) 私は、内観に対してあまりに頻繁に投げつけられる「臍へのまなざし《ネイヴァル・ゲイジング》〔ひとりよがりの自己省察〕」という非難を念頭に置いている(ちなみに、ハーゲンでは臍の緒は肉の球を臍の中心に残すように切断される)。

(5) 私は、ここに「説明」も含める。次のピールの見解を参照されたい。「比較は、説明から理解を導くあらゆる方法に暗黙のうちに含まれている。というのは、比較が、あらゆる現象や行為の存在や発生の、必要充分条件を決定するからである」(Peel 1987: 89 強調省略)。彼自身の議論が示すように、充分さ、ひいては説明は、常に新しいパースペクティヴによって挑戦を受けうる。ピールは、西アフリカの宗教実践の多様性をめぐってなされる人類学的説明の不充分さを非常に説得的に示している(「私たちは民族誌的データの歴史性を認識しなければならない」)。

(6) 哲学の分野では、異なるスケールにおける資料の恒常性に関して、長い歴史におよぶ専門的な議論の蓄積がある。ここではシモンズの議論に言及するに留めよう(Simons 1987: 240f)。何かが流動的である——部分が変化する——ということは、それを構成する二次的な事物が変化することであるのに対し、「究極的な事物」はメレオロジカルな一貫性によって定義される。仮に究極的な事物というものが存在するのであれば、それは常に同じ構成部分からなるであろう。この観点からすると、「事物の集合の同一性はそれを構成している小片に寄生している。集合は小片のある種の総和である」(Simons 1987: 242)。この著作に目を向けさせてくれたジリアン・ビアーに感謝したい。

(7) この点について、バルトの分析は特に鋭い。妊娠についての信念や結社の実践やライフコースのイメージのいずれに注目しても、無数に異なる配置がただ反復的に立ち現れ、そのうちのどれかが、全体としての「フィールド」に中心や基盤原理を提供するということもない。この意味で、フィールドは存在しないのだという。そして彼は、そこにみられる異種混交性が、民族誌家たちの提供する詳細な事実のあいだの通約不可能性がつくりあげているのだと主張する。

（8）　スケールという概念によって提起されるまったく異なる角度からの挑戦については、ソーントン（Thornton 1988b）を参照せよ。

（9）　グリックは、カオス理論の発展を説明するなかで、望遠鏡や顕微鏡による人間の視覚の拡張がもたらした「第一の発見は、スケールが変わるごとに新しい現象や新しい種類のふるまいがたち現れてくることである」と述べている（グリック 一九九一：二〇三）。これは近代主義の時代の自然世界、多元主義の文化における自然世界の幕開けとなった。そこでは、スケールの変更が現象に対する新しいパースペクティヴとなり、現象そのものの理解を変容させる。彼は「拡大のたびに、必ず新しい情報が入ってくるらしい」（グリック 一九九一：二〇三）という（そして、それはまた情報の損失をももたらす）。しかし、それにもまして興味をそそる問題は、彼も示しているように、類似の情報が異なるスケールで反復されるときに現れる。入り組んだ海岸線の同じギザギザが近くから見ても遠くからみても現れるというのが、良く知られた例である。このフラクタル特有の次元のあり方が二〇世紀末の私たちの関心を惹きつけつづけるはずだ、というのが本書の記述の基底にある考えである。私には、このフラクタルのイメージが、差異化しながら絶え間なく再生産される商品が「同一の」選択として消費者に提示されていることと、文化的に共鳴しているように思える（いわば、ポスト多元主義における、パースペクティヴの消滅）。

（10）　「断絶」あるいは、間に入っている部分の「消失」のイメージは、間にある空間と知覚されるかもしれないし、されないかもしれない。同じように、図に対する地（破裂的な分散に対する「背景」）とも考えられるだろう。

（11）　この言葉は、英語学の教授であるウルマーが引用する、哲学者のデリダについて芸術批評のオーウェンスがする指摘から借りてきたものである（Ulmer 1987: 169）。ウルマーによると、彼らの企ては「指示物を放棄したり拒絶する」ことなく、それを別の仕方で「考えなおす」ことにある（Ulmer 1987: 153）。

（12）　民族誌家と人類学者の短絡《エリジョン》は、フィールドワーカーと書き手ないし著者の短絡を反映している。ひとりの人格がこれらの複数のポジションのあいだを移動すると想像されている。フィールドワーカーの権威をめぐる批評へいたる一連の議論をここで繰り返しはしないが、クリフォードの著作が特別な影響力をもってきたことを記しておく。参照に最も適しているのは、彼の最新の著作（クリフォード二〇〇三）である。

（13）　これらの言葉はジョセファイズのものである。この論文を引用することを許可してくれたリゼット・ジョセファイズに感謝する。そこには、目下の企ての最初のヴァージョンの詳細な検討が含まれている。

（14）　芸術批評家として、フォスターはモダニズムが非表象的なスタンスによって特徴づけられるというポジションから出発する。そして、ポストモダニズムは、内的な規範をもった純粋な美学形式の否定にこそあるという。しかし、純粋な美学形式の人類学モダニズムにおける対応物、つまり私たちが文化や社会と呼んできたものは、表象を要求するような対象であり、ここ五〇年以上のあいだ、この〔表象を拒絶するものを表象するという〕営みの矛盾が、人類学者の苦闘の多くを煽りたててきた。それは、民族誌家が同時に二つのことをやりくりしてきたからだともいえる。私たちは社会／文化という対象を記述もしくは表象し、同時にそれを自己充足的で純粋であるかのように提示しなければならなかった。外部からの働きかけによって、これらの対象が内的に一貫した、全体論的で、自己言及的に見えるものとして制作されたのである。これが、モダニスト人類学の著作物における「リアリズム」と、他の形式のモダニズムにおける反リアリズムとが一致していないようにみえる混乱の源となってきた。この点について指摘してくれたマイケル・タウシグに感謝したい。モダニスト人類学の報告の外見的なリアリズムは、奇妙なものを普通なものに、ファンタスティックなものを見慣れたものに変えることに依存していたことを付け加えたい(M. Strathern 1987)。読者が自身の日常の現実と手を切らなければならず、その現実が報告のなかに場所をもたない限りにおいて、報告はシュールリアリスト的になる（クリフォード二〇〇三）。民族誌をポストモダンに読むことは、これとは反対に、ファンタスティックなリアリティを回復することだと主張されている。

（15）　ウェブスター（Webster 1987: 50-1）は、こうした捉え方を文化的美学主義と呼んでいる。

（16）　並置はひとつのスケールのように働く。そこでは、すべての他者性が同じ水準におけるものとして理解される（ラビノー一九九六）。

（17）　パーキンは、継起的な文脈化の魅力的な例を提供している（Parkin 1987: 53）。それぞれの文脈が先行する文脈の「再-作動」であり、その都度、私たちを新鮮な世界へと導く。ポジションはお互いに関連しており、彼の主張するところによると、以前のポジションから得られた知見を放棄することは認識論的な無駄遣いである。

(18)「私たちが信じるところでは、人類学者に対するこれらの挑発のポイントは、書くという実践を根本的に変えるというよりは、〔……〕人類学的作品が受容される条件を変える点にある」(Tyler and Marcus 1987: 277)。

(19) クリフォードは、論集に収められた論考について次のように書いている。「もし本書の論文がポスト人類学的というなら、それらはまたポスト文学的であるといえる」(クリフォード 一九九六:八)。

(20) 書くこと〔への着目〕が書くことそのものに特権を与えているという観点から、クリフォードとマーカスらの政治的鋭敏さの身振りを強く疑うルースの批評は、このような再批判の一例である(Roth 1989)。モーランと同様にルースは、クリフォードとマーカスが彼ら自身の戦略〔の政治性〕を見過ごしていることについても論評している(Moeran 1988)。

(21) この問いは、ユッカ・シーカラ、ナイジェル・ラポール、リチャード・ファードンによってそれぞれに提起されたものである。ジェイムズ・ウィーナーは、表象と喚起の分離それ自体が、とにかく偏向したレトリックであると指摘している。

(22) これは、ジリアン・ビア(Beer 1989)が刺激的な講義のなかで提起した問いである。彼女は、他の事例と共に、ジェミー・バトンの出身地ティエラ・デル・フエゴへの半ば悲劇的な帰還をとりあげている。バトンは、後にベーグル号の船長となったフィッツロイによって一八三〇年に故郷から連れ去られていた。フィッツロイとダーウィンは彼の帰還を一八三三年に見届けており、その約一五年後にも彼は確認されている。ビアによると、ジェミー・バトンの物語は、ヴィクトリア朝における解釈と対抗解釈の物語でもある。

(23) ビアはこの指摘をする際にサイードの『オリエンタリズム』を引用し、すぐ続けて次のような論評を加えている。「(旅人が)見ることができるものは、出身地の言語と文化に内在する諸前提に染められており、また彼/女が評価できるものをあらかじめ限定している。しかし、**これらの前提もまた、**〔……〕(出身)部族の現在の言葉で**常に議論の対象とされているのである。**」(Beer 1989: 8 強調引用者)。このポジションは、本書の次のセクションの議論へと連なる。

(24)　近代的なコミュニケーションよって生みだされ、大陸間の意味の往来によって特徴づけられる類のハイブリッド・カルチャーの、その新しさを認識するためのハナーツの用語法である。

私たちは「ハイブリッド」といった術語がもつ否定的な負荷をまぬがれた語を必要としている。思考を隘路に導くことなく、ワールドカルチャーにおける新しい形式と要素の相互接続と創発を概念化するために、その足がかりとなる視点を必要としているのである。(Hanners 1988)

コスモポリタニズム、国際的なネットワーク、観光についての文献の急速な増大が見られる (e.g. Crick 1988)。

(25)　トマス・ハーディの『帰郷』(The Return of the Native) についての、ビアによる講演 (Beer 1989) に倣って。帰還するネイティブは、追放された者として受け入れられる。

(26)　ダラムとハルムへの言及は、ヒュー・バイノンとピーター・マーカスとのちょっとした会話から洞察を得た。ブーケ (Bouquet 1985; 1986; n.d.) は、デボンの家族農園近くの村でエセックスのエルムドンの人々を際だたせている差異と、家族農園における農夫と客をうけいれる妻のあいだにある内的区分について探究している。「現実の」エルムドンの人々についても言えることだが、彼女によれば余所者の存在は他の区分の原因となるのではなく、むしろ他の区分を見えにくくする。彼女の資料の興味深い点は、これらの「類似した観念」がこのような小さなスケール、自然として存在しながら、よそ者の生活をうけいれる外部指向のビジネス組織でもある単一の農園で、反復している点にある。

(27)　「視覚化／映像化の技術には、これといった限界というものがない――というのも、我々のような普通の霊長類動物の目であっても、超音波検査／探査装置、MRI、人工知能に連結されたグラフィックな操作システム、走査型電子顕微鏡、コンピュータ連動断層撮影用走査装置、着色技術、衛星監視システム、家庭や職場のビデオディスプレー端末、大陸プレート間の断層から湧き出すガスに棲息している海生蠕虫の消化管の粘膜のフィルム撮影から、太陽系のどこかの惑星の半球の地図づくりに至るまでに使用される汎用カメラといった機器を用いることによって、際限なく増強しうるからである」（Haraway1988: 581 ハラウェイ 二〇〇〇：三六一―三六二）。

（28）　例えば、クリステヴァのデリダ批判をめぐるナイ（Nye 1987）の立場と、脱構築とフェミニズムのジェンダー論とのあいだの実質的な関係をさぐるフラックス（Flax 1987）の主張とを、比較参照のこと。前者は哲学に、後者は政治科学に発する議論である。またこれとは別に、すでに定着したあるカウンター・ポジションからは、ポストモダニズムは男性美学の「断末魔の苦しみ」であるとして、脱構築の戦略を頼みとせずに文化形式を生みだすよう女性たちを挑発する発言もみられる（e.g. Lee 1987）。

（29）　デュボイスらによる「フェミニズム研究の本質的な二重性は、現代の知的探究における学問的構造と、社会運動の両方に同時に根付いている」（DuBois *et al.* 1985: 2）という見解と比較されたい。

（30）　サイボーグは一貫性や対立やヒエラルキーを認めないということも、気に留めておくべきだろう（記号システムの三つの現れについてはCrick 1985: 72-73）。

（31）　ここでは「道具」をインゴルドの用法に倣い「文化」の比喩として用いている。つまり、「社会的目的を実践的に有効なものへ」（Ingold 1986: 262）翻訳する社会生活上の乗り物という意味である。後述する議論と関連して、道具は身体でも機械でもないということを記しておく。

（32）　ハラウェイ（Haraway 1986: 89）は、この方法で現代の霊長類学の言説の二つの領域、科学と神話をつなげる。自然と文化、性とジェンダー、動物と人間のあいだの境界線と同様に、霊長類言説の科学的特徴と神話的特徴は完全に一致していない。二つの特徴は互いを喚起し、共鳴し、いらだたせるが、同一ではない。科学と神話はそれぞれそれを排除したり置き換えたりしない。

（33）　この指摘はスーザン・フレミングによる。彼女のコメントに深く感謝する。

（34）　私は彼らの「ツーリスト」と「旅人」の説明を一緒くたにしている。少ない荷物で冒険的に旅する旅人は、自分たちをツーリストとは区別している。その差異化の基準は、人類学者がツーリストと旅人の双方から自らを差別化するであろう基準と非常に似通っている。エリントンとゲワルツ（Errington and Gewertz 1989）によると、ツーリストには、自己言及を超えようとする感受性や能力がほとんどない。

(35)　この論文を教えてくれたナイジェル・ラポールに感謝したい。ビアサック（Biersack 1989）は、「文化の分析」は人類学独自の手法ではまったくないと指摘している。

(36)　彼らは、階層化した社会では「各階層」ごとに別々のコードを用いることが必要かもしれないと付け加えている。さらには、将来的には「個人レベルのデータ」までを組み込んだ通文化データ・セットを作成する可能性も示唆している（Burton and White 1987: 145）。

(37)　例えば、解釈主義人類学の流れからは、民族誌は「分析的装置に取り込まれ使い尽くされるためのデータや情報の断片を作り出すのではない。私たちがフィールドから持ち帰るのは、コミュニカティブな出来事の、パフォーマンスの、そして会話の、テクストでありドキュメントである」（Fabian 1985: 19）との認識が示されている。

(38)　なぜなら、この場合、論弁的試みにおいて一般的に想定される「統制された比較」の条件を満たしているようにみえるためである。統計的実践における確率サンプル抽出の手順では、時間的、あるいは空間的近接性の効果［がもたらす問題］は、慎重にその乗り越えが試みられている。

> サンプル抽出の代替案は、一地域のなかのすべての社会に対してデータをコード化する、連続区域アプローチである。［……］過去には、ゴルドンの問題ゆえに、このアプローチは原因分析の対極にあるものとされた。ゴルドンの問題に対する近年の解決策は、諸社会間のつながりの研究を研究計画の一部とすることで、連続区域サンプルへの異論に対処している。（Burton and White 1987: 146）

連続区域分析そのものには長い歴史がある（確率抽出と連続区域抽出の差異はタイラーとボアズの関心の相違にまで遡ることができるだろう）。J・ジョルゲンセンの論文（Jorgensen 1970: 320-329）と、彼の文化圏の分類についての研究を参照せよ。ジョルゲンセンは、二九二の変数を基に、合計一五七七の属性をもつ一七二の北米インディアン社会の分類を導きだした。八つの主要な文化的テーマが網羅され、テーマごとに三〇—四五の変数が規定された。

(39)　大げさに思われるだろうが、あながち誇張でもない。というのも筆者は、二つの高地社会におけるイニシエーション儀礼を、それぞれの政治体系の必要条件との内的相関の観点から、対比的に提示したことがある(M. Strathern 1985)。この場合、「あいだに」ぶら下がっているのは、暗黙の類比《アナログ》である。つまり、イニシエーション儀礼と政治形態は共変するものだろうという想定であり、だから私はひとつの社会における内部の関係を通文化的装置として使うことができるのだった。これは同じ内的関係が別のところでも展開しているという想定に基づいている。

(40)　しかし、ロバート・ソーントン(Thornton 1988a の草稿)は、つながりを「見つけること」と「作ること」の対比は、アリストテレスとカントそれぞれの分類に関する研究以降、哲学において古くから確立しているものだと指摘している。

(41)　彼は、パフォーマンス上のエピソードと物語中の出来事のあいだの他の平行関係については自由に引きだしている。例えば、揺れる竹竿の下にいる踊り手のイメージについて次のように述べてる。

古来の山岳パプア文化における創造のイメージを思い起こさずにはいられない。人間は、**ンシット**-鳥[ハトの一種であろうか]の血から創られて、その創造過程の終わりに、熱せられて破裂した長い竹竿の下に、血で赤く濡れながら立っていたのである。

(Schmitz 1963: 93)

別の機会に彼が出会った人々は、次のようなつながりを見いだしている。

談笑している見物人たちは、空地に群がっている。突然、参加しているリネージの女たちが、踊り場に現れた。女たちは背中に編み袋を担いでおり、袋の持ち手は頭の上で結ばれている[……]。彼女たちは、手に小さな竹の茎をもっている[……]。「彼女たちが生み出す」音色は、原初のハトの鳴き声を真似たものだと説明された。このハトは、老人が自らの姿を変えたものであり、彼の血から人類がようやく創造されたのだという。くわえて、この鳴き声でハトをおびき寄せるために、狩人たちもこの道具を用いるのだともいう。(Schmitz 1963: 110)

(42) この不適切な切りだしは、ヤングが報告する、生きた女性の胸からイノシシの牙でできたペンダントを切り取ろうとした男の悲劇的物語を思い起こさせる (Young 1987)。

(43) この首飾りは、単なる旅の類像《イコン》であるだけでなく、母系リネージ、母系リネージ間の関係、そしてリネージ間の相互行為がもつ生殖能力の類像でもある。例えば、

> 首飾りは留め具によって中心を遮断された循環する道と見なされ［うる］。留め具は、ときに死の象徴である猛禽の嘴でできていたり、ときに「カヌーの形をした」白蝶貝であったりするが、いずれにしても橋渡しの象徴である。さらにいえば、「紐」のそれぞれの側が母系リネージの「系」であると見なされるならば、［紐に通された］赤い円盤のひとつずつが結婚から死へと至る女の人生の各段階を表していると指摘しても、それほどの飛躍ではなかろう。

さらに

> 頭にあたる白い貝殻と［結びつく］赤い貝殻の円盤は、その色によって生殖を表している。だから､頭が［……］系譜上に新たに生まれる個人を表しており、音を立てる貝殻の「声」が［首飾りが］儀礼的に生きていることを告げ、また新生児が発する声を可視化しているといっても、決してあり得ないことではない。頭は母系リネージの股間から出現したと推測することすらできるかもしれない。(Battaglia 1983: 300-30 サバール語は省略)

(44) ゴーレイ自身が、こうした楽器をめぐる慣習的な類型論に対して、もっとも洗練された批判を提出している (e. g. Gourley 1975: 38)。

(45)　このデザインについて、彼は次のように解説している。

一見すると、上部の帯状の模様は、黒い線のなかに白い菱形が浮かんでいるようにみえる。しかし、よく見てみると、背景のようだった黒の部分は、砂時計のような形をしていることがわかる。それは実際に太鼓を表していると言われるので、ワントアト盆地のすべての男たちが結社活動や踊りにて演奏する、締めあげられた太鼓の単純化された輪郭だと理解するべきである。白の菱形はバニプと呼ばれる。この言葉は、実に、身体の内部を示す一般的な用語である。広義には、腹を意味するために用いられる語でもある。(Schmitz 1963: 94)

(46)　竹製の気鳴楽器が、結社活動において果たす役割は、取るに足らないものである。他の儀礼的なコンテクストにおいて笛が吹かれることはあるものの、ヘイズが他の高地社会で見出したような聖なる笛複合を当てはめることはできない。

(47)　ハワード・モーフィがアーネムランドの樹皮画についての口頭発表で、槍と穴掘り棒が両義的な位置を占めていることを示した際に、アンソニー・コーエンが述べたコメントに着想を得た。

(48)　これはロバート・フォスターによる提案である（私信）。フォスターを参照（Foster 1985）。

(49)　私は「イメージ」という言葉を、知覚における感覚的印象と、思い描かれたもの、つまり「形象《フィギュア》」や「パターン」など、形態として引き出された感覚的印象の、両方を指すために用いている。

(50)　ここでのジェルの議論は、**イダ**祭りの一連の活動の幕開けで登場するヒクイドリの仮面についてであり、またそれは彼の分析の多くの出発点でもある。

(51)　ここでいわれている単位は下位氏族であるが、しかしジェルはここではウメダによる簡略化された物言いを踏襲している（Gell 1975: 49 etc.）。

(52)　男たちが飾り立てる前に、元となる袋を作るのは女であり、しかも彼女たちは手助けを得ずに作るので、表面的には互酬性などないように見える。しかし、女たちが育てる食物は、男たちによって準備され、男たちと同一視される土地から来ているのであり、こうした男性の「援助」によって、彼女らは女性としての役割を果たすのである。具体的には、「受け手である男性は、彼の姉妹／母親／妻の手仕事に対して継続的な返礼によって報いなければならない。そのため、もともとの袋の贈り手に、狩猟で獲得した食物で返礼するために羽で飾られた編み袋を用いるとき、男は女を養うと同時に彼女と自分との関係を育んでいるのである」(Mackenzie 1986: 22)。

(53) 出版前であるにもかかわらず、これほど広範囲に参照することを許可してくれたことに感謝したい「ストラザーンが本書執筆中には未刊行であった」。

(54) しかしながら、羽の起源はまた、イニシエーションを施す者たちによる母性的な保護の内に少年たちを「囲い込む」。

> 少年たちの「イニシエーションにおける袋は」、伝統的には野鳥の羽によって飾られていた。最初のイニシエーション儀礼のあいだ、加入者たちは、伝統的には狭い小屋に閉じ込められ、長い蔓で天上から吊り下げられながら激しい炎で責めたてられる。こうしたシーンの象徴的意義は、野鳥の巣作りの習性と結びつけられている。雄のツカツクリは腐葉土の塚から出る熱を利用して卵を孵すためである［……］。蔓は、子宮のコミューナルな代替物であるイニシエーション小屋内部の臍の緒として解釈できるだろうし、小屋は、女の袋のアナロジーとして、個別的というよりもむしろ集合的な再生産のための保護容器として機能すると、解釈できるだろう。イニシエーション小屋と代替的子宮と編み袋のあいだにある結びつきは、小屋の小さな円形の戸口が「編み袋の開口部のようである」（B・クレイグからの私信）との表現で明らかにされる。 (Mackenzie 1990: 101)

(55) テレフォルの女たちは、外部の市場のために生産をしない一方で、パプアニューギニアの他地域から（オク山地域より遠方からも）特定の**付加的**な特徴を「輸入」している。しかし、他のオク山の女たちへ「輸出」してきた、袋の**基本的**な造りの伝統的特徴には、強いこだわりを示す（交易の変容と、交易以外の領域での対立／友好との関係をめぐっては、以下の詳細な研究を参照されたい。Gewertz (1983))。

（56）　マッケンジーは、ここで、ダン・ジョルゲンセンによるテレフォルミンの研究に言及している。

（57）　ガードナーは、ミアンミンが行為の有効性に付与している意義について分析している。儀礼の個別的な形式は目的のための手段であり、ミアンミン自身が比較するように異なる民族は異なる手段をもっている。引用しよう。

〔ニューギニア〕低地のビッグ・マンに対し、彼らのあいだのイニシエーション儀礼についてインタヴューをした際、〔ミアンミンの〕高地人が私の通訳を務めていた。低地人は、ごく短く小規模な儀礼について私に説明したが、この儀礼は、高地人がとり行う大規模な儀礼のひとつと同じ名前をもっていた。そのあとで私は通訳に、〔低地のビッグ・マンの〕話をどう思ったかと尋ねた〔……〕彼はこう答えた〔……〕「でも、この男を見てください。彼のタロイモはよく育っているし、彼は野生のブタやヒクイドリを殺せるし、彼の肌はしっかりしているでしょう。私たちの祖先が私たちを守っているように、彼の祖先は彼を守っているんですよ。」

(Gardner 1983: 354-5)

エリントンとゲワルツの指摘によれば、チャンブリは、祖先との接触を行う際、〔手続きの〕起源がチャンブリにあろうと（輸入を通じて）近隣の集団にあろうと関わりなく、類似の儀礼的手続きに従っていると考えている（Errington and Gewertz 1986: 107）。

（58）　「喪失」をいかに管理し創出するかということについては、バタグリアの著作が正面から取り組んでいる（Battaglia 1990）。デボラ・ゲワルツは、チャンブリにおけるこれと類似する状況に注意をむけるのを促してくれた。そこでは、力の利用可能性が世代ごとに減少していくとみなされており、男たちのあいだで力への要求がエスカレートし、競争が激しくなっているという（Errington and Gewertz 1986）。

（59）　ボルヴィップの視点からは、バクタマンのイニシエーション儀礼は類似してはいるが同一ではないとみなされている（Barth 1987: 24）。バルトは、議論を先に進めるなかで、テレフォルの慣習に関するジョルゲンセンの報告を引用して、テレフォルにとって、（この表現をしているわけではないが）「赤」が「白」のいちヴァリエーションであることを示している（経血は白い骨の源であることが明かされ、ある時点において分離されていたものが別の時点では一緒にされる）（Barth 1987: 51）。男性と女性のパースペクティヴのさらなる相対性については、ビミン＝クスクスミンについてのアネット・ワイナーの考察を参照のこと（A. Weiner 1982）。

（60） ここで情報理論を喚起するつもりはない。アナログ・コンピュータにとって、システム内に「ギャップ」はなく、デジタル・コンピュータにとって、「不在」は情報である。私の言葉遣いは、これらの差異に従っていない。

（61） マッケンジーは、新規加入者たちが死んでしまい、さらに彼らの女性親族たちが自殺するという悲劇の後、テレフォルがイニシエーションの最初の段階を放棄したという話を敷衍している（Mackenzie 1990: 95-96; cf. Gardner 1983: 358）。少年たちがその最初の段階で身に着けた編み袋に対する呼称は、今日「最初の段階」と見なされるようになったものに対して用いられ、これによっておそらく、以前に「第二段階の」袋であったものは、以前のイニシエーションの第一段階と現在の第一段階の双方を指示する二重の意味をもつようになった。

（62） この指摘はハリスン（Harrison 1984）に倣ったものである（フェイル自身、マリンに関して類似の振幅を指摘しており、農耕周期における連続的生産と非連続的生産のあいだの興味深い対比を指摘している（Feil 1987: 50））。

（63） 彼の判断について、ここで言い争うつもりはない。第一の点についてはジョセファイズの議論（Josephides 1985）が、第二の点についてはアンドルー・ストラザーンのいくつかの著作（A. Strathern ed. 1982）が明らかな反論となっている。

（64） ゴフマンの著作に関連した類似の指摘として、シュウィマーを参照（Schwimmer 1990）。ハウは、私たちは実際には「社会」あるいは「データ」を比較しているのではなく、データの解釈を比較しているのであり、したがってデータ間の関係はつねに、多くの人類学者の「共同の構築物」であると述べている（Howe 1987: 150）。

（65） ルモニエの問題は、

アンガの矢の形態、それを撃つ弓の断面、狩人の住居の平面図、樹皮製の肩掛けが用いられているか否か、あるいは新たな畑を拓くための作業の順序のあいだに、必然的な技術的（物質的）結びつきがない［ということである」。それにもかかわらず、アンガのあいだで、これらの多様な技術的特性は、ほぼ同じ、不規則でない分布を示している。言い換えれば、すべては**あたかも**、物理的に独立したこれらの技術的特性のローカルな諸形態が、相互に体系的に関連づけられているかのように生じているのである。 (Lemmonier 1989: 159)

これに対しては、これらの差異は民族的標識として機能する、それらは集団間交易の文脈における生産の専門化の産物である、あるいは、男の世界と女の世界の対比を維持することに関わっているなど、さまざまな説明が思い浮かぶが、それら自体も単一の論理的な順序をなすものではない。

(66) そして、そうすることで個別の単位を反復複製しているとも言える。レヴィ＝ストロースの「ブリコルール」の概念が、「文化的諸要素の集まりが生命を得たもの」(Ingold 1986: 293) を意味してしまっている、というインゴルドの批判は、これと同列のものである。「ブリコルール」に代えて、インゴルドは、その意識的な生が、文化を乗り物として取り込むひとつの運動であるような、ある種の「人格」の概念が必要だと論じている (Ingold 1986: 293)。

(67) クリフォードは、ハイブリッドで異言語的なカリブ海世界の革新＝創発性から、「造語的」な文化政治を創造したエメ・セゼールを引きあいに出している。この詩人は、歴史と未来のさまざまな可能性によって形づくられた堆積物の山から意味を構築することを読者に強いる、とクリフォードは述べている (クリフォード 二〇〇三：二二七)。クリフォードは私たちに、レヴィ＝ストロースの地球規模の視野とは対照的に、希望に満ちた目録を見いだしてほしいと思っているのだ。〔クリフォードによれば、〕レヴィ＝ストロースによる均質化《エントロピー》の語りは、学者の活動が統一された人類史をまとめ上げ、「世界のさまざまな地域の歴史の断片を収集してはその記念碑を打ち立てる」(2003: 29) という、疑わしいヨーロッパ中心主義に基づいている。

(68) 「ここで論じている装飾的な帯の構成で、**バニプ**〔腹〕と呼ばれるこの図柄は、あくまで二次的に現れたに過ぎない。というのも明らかに第一のねらいは、太鼓からなる水平な列を作りだすことにあったからである。しかし、バニプの形態がこのように偶然に作られると、〔……〕この意図されざる図柄にも名前がつけられ、多かれ少なかれ二次的なこの図柄に、あらゆる意味を読みこむ可能性が開かれる。

［現地人は］はじめから太鼓の輪郭しか見ておらず、白い部分は単に空いたままなのだということを充分にわかっている。〔……〕装飾の上の部分の列は、白い菱形が空いたままにされた黒い帯ではなく、太鼓型の図柄が描きこまれた白い帯なのだ。白い菱形の内部の細い線は、菱形ではなく太鼓の輪郭をたどっている。現地人が、質問されて、白い部分に何か意味があるかどうか判断しなければならないとしたら、彼は類似の図柄を思いだし、ごく論理的に、**バニプ**すなわち身体の内部という中立的な用語を導きだすだろう」(Schmitz 1963: 94)。

(69)　イニシエーションが施される場所はどれも、ひとつの儀礼的な中心をなす。したがってある意味では、イニシエーションの各段階を執り行うことが「儀礼的中心」を構成するのであり、さらにいえば、聖なる包みのひとつひとつもそうした「中心」となる。バルトは、ボルヴィップの専門家たちが、マフォムというイニシエーション段階をどう論じたかについて書いている。人々から指導者と認められている男性は、(しぶしぶ)自分の聖なる包みを取り出すと――

一〇日間に渡る中心的な儀礼について詳細に語りだし、ところどころで、それに対応するバクタマンの儀礼やその他のローカルな変形について、比較にもとづく(正確な)知識を披露した。〔……〕しかし、彼は自身がもっているマフォムの包みの中身全体を、決して見せることはなかった。また、儀礼のいくつかの部分も秘匿された。［その場にいた別の指導者は、］自分も一部は知らないと追認した。その人物は、マフォムのイニシエーションをやってみせることができるだろうが、ただしあくまでもその概要をみせるだけであり、したがってその効力も低減し、疑わしいものとなってしまうだろうという。こうした語りやそれに続く会話は、一度として、この儀礼についての説明や解釈に転じなかった。それらは一貫して、イニシエーションそれ自体――そこに含まれる出来事、行為と装備――を［彼らなりに］演じてみせることにとどまっていたのである。

(Barth 1987: 25)

訳註

（一）　本書のオリジナル版の刊行は一九九一年であり、当時ジェイムズ・クリフォード、ジョージ・マーカス編『文化を書く』（Clifford and Marcus 1986）に代表される新たな潮流が、人類学的な語りや他者表象の危機を主題化して、乗り越えの方向性をさまざまに模索していた。本書は、そうした潮流への著者からの応答である。より詳しくは、訳者あとがきを参照のこと。

（二）　ここで「区切りを入れる」とは、通常のモノグラフにおける章や節の区切りを指している。ところが、概要を見れば了解できるように、本書では章や節という階層的な区切りは採用されていない。全体の構造が六七頁に掲載されるカントールの塵を模して組織化されており、そのこと自体が本書の実験的試みの核心をなしている。

（三）　スケール（scale）の語が、本書全体を貫く鍵概念であるとともにストラザーンに独特の用語法であることを勘案して、カタカナ表記とした。本序論の本文で著者自身が詳説するように、スケールには二つの異なった水準、すなわち視野の規模・大きさ《マグニチュード》の水準と、視野が取りあつかう分野・領域《ドメイン》の水準とがある。例えば、前者では、ある特定の儀礼を村や地区や地域のどのスケールで比較・検討するかが問題となり、後者では、おなじ儀礼を政治、経済、再生産のどのスケールで解釈・分析するかが問題となる。

(四)　本書全体を通じて批判される西洋の多元主義《プルーラリズム》ないし遠近《パースペクティヴァリズム》法は、世界に対する複数の視点を加算していくことで、全体的な眺望を手にできるという想定、ないし、視点とは別に存在する世界それ自体に漸近していくことができるとの想定を指している。本文中の置換効果とは、一つの視点が他の視点にとって代えられる動きに言及しており、その置換の際に以前の視点が失われていくことを指している。複雑性が「必ずしも完全に自己永続的ではない」というのもこのためである。置換効果については、本書の「中心と周辺」セクションのサブ・セクション「予期－除去」での論述を参照のこと。また、ストラザーンがパースペクティヴの語を用いる際には、ポスト多元主義、ポスト遠近法の立場から用いている。本文二五七―二五九頁の論述、より詳しくは、ヴィヴェイロス・デ・カストロのパースペクティヴィズムとアンマリー・モルのポスト多元主義を比較した、以下を参照のこと。Strathern (2011)

(五)　コッホ曲線の図像を、マンデルブロ（二〇一一：一〇三）よりここに再掲する（訳註図1）。

(六)　ここでストラザーンは、カントールの塵の図をグリックが作成したと述べているが、正確には、この図はマンデルブロの著作（マンデルブロ二〇一一：一七一）からグリックが引用したものである。

(七)　新版序文のタイトルと、冒頭の一段落については、訳者あとがきを参照されたい。

(八)　ダナ・ハラウェイの議論と、ストラザーンによるその活用については、「政治」（一一五―一六五頁）および「人工器官的な拡張」（二五三―二八三頁）を参照されたい。

(九)　メレオグラフィー（mereography）は部分と全体の関係、全体のなかの部分と部分の関係を記述する形式、ないしその形式にもとづいた記述。関連語としてメレオロジー（mereology）は、部分と全体、全体のなかの部分と部分の形式論理的関係を研究する学問。本文二六〇―二六一頁の論述も参照のこと。一方、ストラザーンがそれに代えて提出するメログラフィー（merography）は、生物学用語の部分割卵（meroblast）とのアナロジーから造語されたものである。meros はギリシア語で「部分」を意味し、graphic はある観念が別の観念を書いたり描いたりする方法を問題化するのに適しているという。描くという行為そのものが、描かれるものを別のものの一部にするからである。また、メログラフィーは、西洋における文字通り《リテラル》のものと比喩《フィギュラティヴ》的なものの間の相互作用を例示するためのものでもある（Strathern 1992: 204-205）。メログラフィーの具体的イメージは、二一六頁の論述で、「一」と「二」が互いに他方の拡大もしくは収縮とみなされうることを説明した、次の文言を通じてつかむことができるだろう。「一は二倍にされた一である二を包含したもので、二は二の半分である一を分割したものである〔one as an encompassment of two which is a doubled one; two as a division of one which is half a two〕」。

（一〇）　本書刊行当時に未刊行であった書籍の多くが、邦訳作業の時点で既に刊行されている。刊行が確認できた場合には、本訳書においては発行年を記すこととした。

（一一）　訳註（一）と、訳者あとがきを参照されたい。

（一二）　ここでいう越境は、本文の続く部分を読めば了解できるように、学問の境界を越えることだけでなく、過去（モダン）と現在（ポストモダン）の境界を跨ぐこと、さらには旅人がホームとフィールドの境界を越えて行き来することのすべてと、関連づけられている。いずれの越境においても「こちら」と「あちら」がつなげられ、両者の類似性が発見されるものの、同時に両者のあいだの差異が際立たせられることになる。この観点は、本書の主

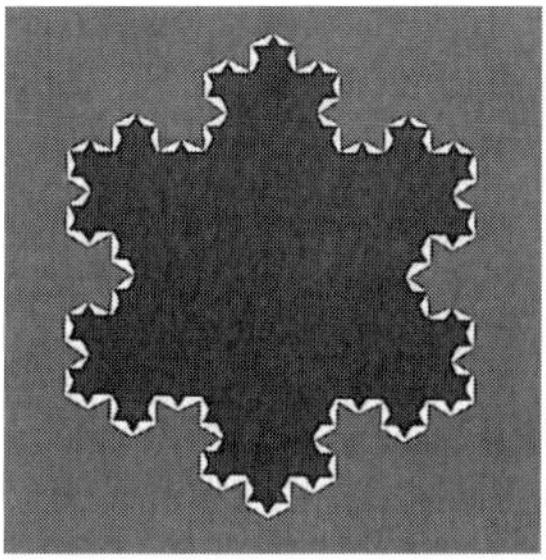

訳註図１

題のひとつである。

（一三）　世界の中心にあるならば、周辺との関係をさほど考慮せずにその土地について語ることができるが、周辺に位置しているとの認識は、中心やその他複数の周辺との多様な関係を考慮にいれなければならず、またそのために、複数の異なった枠組み（例えば、歴史、政治、経済等）に依拠しなければならない、ということを述べていると理解できる。

（一四）　「宇宙空間を伝送されてきたデジタル写真を再合成」（ハラウェイ二〇〇〇：三六二）して惑星の写真を作ることを含意している。また、直前の「目」は、ここでは人間の目をさしているが、それがカメラの眼とつながっており、両者を対立的に論じることができないというのが、ハラウェイとストラザーンの論点である。

（一五）　ファビアンは表象を、場所と時間を共有する他者の「現在＝現前《プレゼンス》」との緊張関係の問題として問いなおしている。

（一六）　再帰的転回後の人類学は、現在形で民族誌を書くこと（「民族誌的現在」）を、対象社会を時間の止まった世界として客体化／本質化するものとして批判し、記述の「歴史化」を試みた。しかし、ハストラップは、フィールドワークの場で生成する現実に、民族誌家が想定する歴史性を持ち込んではならないという。フィールドワークは、たしかに民族誌家の自伝的過去に起こったものだが、私たちは自伝を書いているのではない。民族誌には、記録された時間を超えた含意があり、そこに記された対話はアカデミックな「ホーム」に戻ってからも続くものである。つまり、そこにある「他者性」の可能性は、無限に尽きることはない。「歴史化アプローチ」は、この可能性を民族誌家側の判断で枯渇させるものなのである（Hastrap 1992: 127）。

（一七）　新版序文の五〇頁を参照されたい。なおハストラップの論考は当時まだ刊行されておらず、ストラザーンがその草稿を手にしたのは一九八七年だった。

（一八）　原文では“for discursive interest”であり、字義通りには、統計的手法に対比される「論弁的な（ないし言説上の）関心から」と訳出すべきであるが、続く一五七頁以降の内容との関連から意訳した。

（一九）　つながり（相関関係）を見るということは、つながる各項を数え上げ可能な実体（一つや二つの社会）とみなすこととは異なるが、そのことによってつながりがイメージされるということと、サイボーグをひとまず人間と機械の（あるいは、人類学とフェミニズムの、さらには文化比較と統計学の）結合ととらえ、さらにそのうえで人間でも機械でもない存在様態＝つながりを（一つは少なすぎるが二つは多すぎるものとして）イメージすることとが、ここでは並置されている。

（二〇）　ここで「歴史プロセス」は、直接的には、人類学者による特定社会の分析の切っ掛けとしてあった（暗黙裡の）比較、さらにはその比較の端緒にあったつながりの作成に論及するものだが、間接的には、ゴルトン問題が扱った諸属性の起源の共有、現地の諸社会がいまある姿になったことの背後にあるコミュニケーションや交流、さらには「美学」セクションでとりあげられた旅の行程（帰還し統合される以前）などが、暗示的に（著者の好む言葉でいえばアナロジカルに）論及されていると、理解できる。また、この歴史的プロセスの喚起は、ここまでの二つの小セクションでとりあげられた社会理論派（文化論批判者）の歴史重視論への、著者からの応答となっている。

（二一）　ストラザーンにとってサイボーグ＝集積回路＝人類学者の形象は、新たな時代の意識を映しだすものではあるものの、同時に旅人としての人類学者と裏表の関係にあるばかりか、比較を旗印にしてきた従来の人類学をよりよく理解するための形象でもある。

（二二）　財と人格の不可分一体の関係については、マルセル・モースの『贈与論』以来、さまざまな議論が蓄積されてきた（モース 二〇一四（原著 1925））。モースの業績が、**クラ**交易を主題としたブラニワフ・マリノフスキーの『西太平洋の遠洋航海者』（マリノフスキー 一九八〇（原著 1922））を重要な参照先としていることも見逃せない。また、ストラザーン自身も、メラネシアにおける財と人格の同一視について「人格化（personification）」の概念をもちいて議論を展開している（e.g. Strathern 1988: 177-180）。

（二三）　マッシム地方において、同一の母系集団に属する諸個人は、母方に由来する身体的素材（前述の「血」）を共有しており、その限りで母系的には個別化されていない。これに対し、同一集団の諸個人は、異なるさまざまな集団に属する父をもち（外婚制の下では、父母の帰属集団は異なる）、そのような父系的な特殊性は、個々人の「顔立ち」、すなわち共有された母系的素材に対する、父系的で個別的な形態に表れるとされる。このためマッシムでは、個々人の「顔立ち」こそが、個人を集団内で個別化し、また集団外の父方親族と結びつけているとされる（cf. Strathern 1988: 193-199）。

（二四）　パプアニューギニアをはじめとするメラネシア地域では、個々の人格は分割不可能な個人ではなく、親族関係や贈与交換関係が畳み込まれた分割可能な存在（分人 dividual）と捉えられてきた。訳注二三でも記したように、単に思念として関係性が重視されるにとどまらず、個々の人格の身体が、文字通り母の血と父の精子、ヤムなどの農作物や交換財であるブタによって組成されているなどと考えられている。特に Wagner（1977）、Strathern（1988, 1999）を参照のこと。また、メラネシアのパースペクティヴから、西洋の親族関係と新生殖医療とを捉え返したものとして Strathern（1992, 2005）がある。

（二五）　バタグリアが分析するネックレスについては、訳註図2を参照のこと（Battaglia 1983: 300）。本文中の「留め具」は図の最上部にあたる。また「円盤状の貝殻財」は、留め具のすぐ下の紐に通されたビーズ状のもの、「頭」は中間部やや下の大きめの白い貝殻、「貝殻の鈴」は最下部の房状の部分を指す。原註（43）も参照のこと。

（二六）　このセクションでのストラザーンは、レベルとコンテクストのあいだの曖昧な関係や、両者の釣り合いをとることの難しさ、レベルを設定しコンテクストを見いだすことの難しさを論じる。ここではひとまず、レベルを「説明や分析のレベル」という時のように「私たちの」知的活動に見いだされるもの、コンテクストを「彼らの」活動や知覚に見いだされるものと考えて、読み進めていくと理解しやすい。なお、レベルについては、序論にあたる「人類学を書く」でのスケールについての説明を参照のこと（とくに二八―二九頁）。また、コンテクストは、本書では原則的に「文脈」と訳出してきたが、特にレベルと対で論じられる場合にはコンテクストと表記した。

（二七）　パイエラでは、人は内側と外側の二つの肌をもつとされ、ここで言及されている女の精霊との交渉の儀礼は、少年の内側の肌を成長させるために行われる（Biersack 1982: 241-243）。

（二八）　詳しくは、次セクションで「予期－除去」として分析される比喩＝形象化の連なり、および「関係を彫琢＝展開する」（二四五―二五二頁）での論述を参照のこと。

（二九）　ワグナーはその著書で（Wagner 1978）で、彼が予期－除去とよぶ連なりをヘーゲル弁証法などと比較しつ

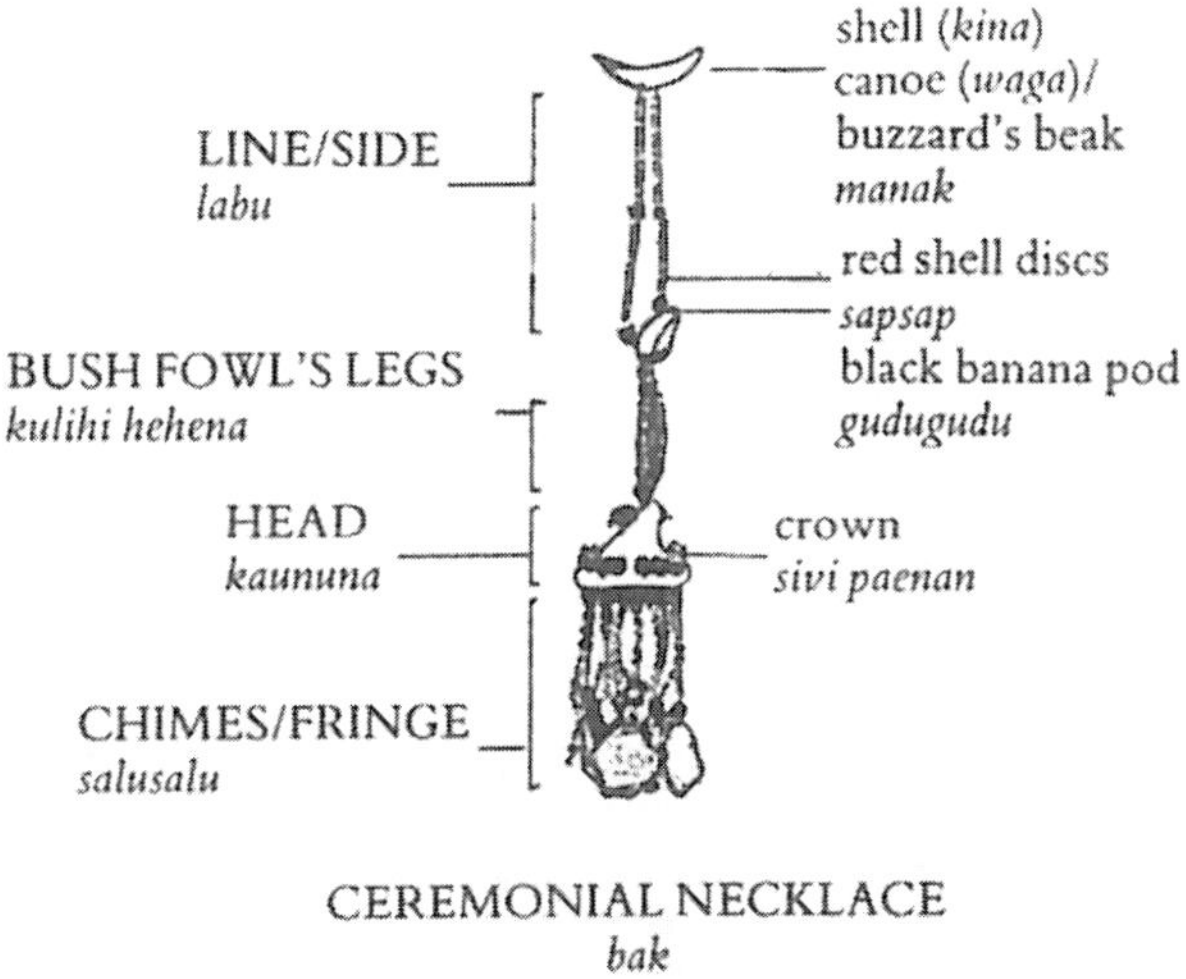
shell (kina)
canoe (waga)/
buzzard's beak
manak
LINE/SIDE
labu
red shell discs
sapsap
black banana pod
gudugudu
BUSH FOWL'S LEGS
kulihi hehena
HEAD
kaununa
crown
sivi paenan
CHIMES/FRINGE
salusalu
CEREMONIAL NECKLACE
bak

訳註図 2

つ解説している。ヘーゲル弁証法が正反合の循環を繰り返しつつ、矛盾を乗り越えた真理へ向かう運動であるのに対して、予期－除去は複数の経路をへて元の要素である出発点に戻ることを特徴としている。同書三七頁から再掲する訳註図3を参照されたい。

（三〇）　本書で予期－除去と訳出した obviation は、字義的どおりには「あらかじめ除去する」の意で、ラテン語の obvius の派生語 obviātus に由来する。「明らかな」を表す obvious も同じく obvius に由来し、本来は「途中で邪魔になっているものを除く」の意。

（三一）　姻戚関係では、女の交換にともないしばしば食糧をふくむ財の交換が行われる。ここでは、他の土地の産物や獲物を手に入れることで、自らを取り囲む自然環境の制約を超えることを言っている。引用元該当箇所の省略部分参照のこと。

（三二）　この「成長の内的段階」は interior points of growth にあてた訳語であり、とくに points of growth の表現は、この地域の特異な生殖観／成長観とかかわる「成長点」と同じ語が用いられている。詳しくは、本文の二一八頁、二四三頁、二六七頁、二七九頁の記述および訳註（三四）を参照のこと。

（三三）　テレフォルミンはテレフォルと同義。

（三四）「成長点」（あるいは「生長点」）は本来、植物の根や茎の先端にあり、細胞分裂によって伸長が起こる部分を指す。ストラザーンは、本書の後半において、生物学的な含意をもつ「成長点 growing point, point of growth」という表現を多用している。なお、メラネシアの社会的実践において「成長」が主要な関心事としてあることは、『贈与のジェンダー』の随所で述べられている（e.g. Strathern 1988: 116-119, 207-219, 249-251）。

（三五）　具体的には、現在の知識や社会秩序が徐々に失われ、原初の混沌、あるいは差異の欠如した状態に回帰してしまうこと。バルトが注目しているように（Barth 1987: 48-49）、同様な時間意識はニューギニア各地に見いだされる。

（三六）　ストラザーンはおそらく、オク山地方で広く見られる、イニシエーションにおける鬘の製作を念頭に置いている。この儀礼が示すジェンダー上の両義性については、例えばバルトの記述（Barth 1987: 4-5, 38-45）を参照。

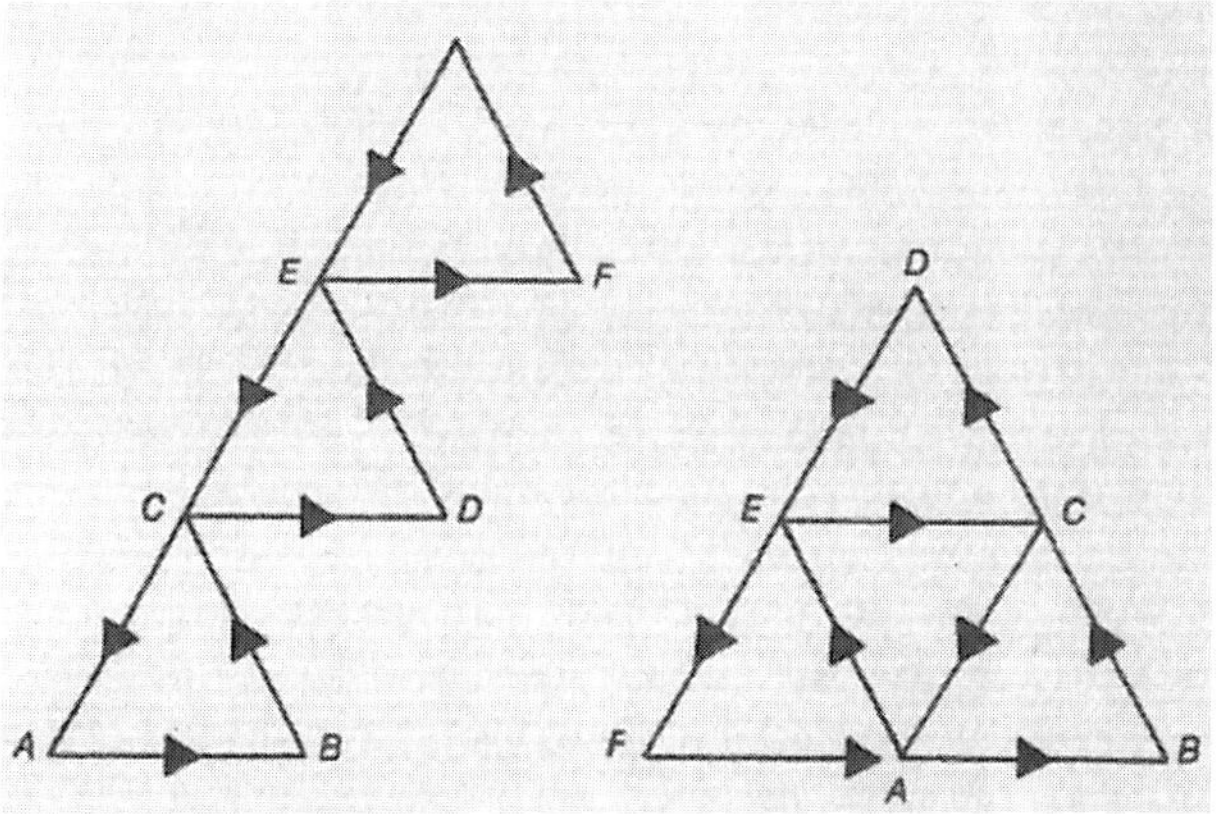

訳註図 3　ヘーゲル弁証法（左），予期 − 除去の連なり（右）

（三七）　本書の序文にあたる「人類学を書く」におけるカントールの塵に関する記述を参照のこと。

（三八）　特に、笛複合について論じた「イメージの行き詰まり」（一八四—一八九頁）、「レベルとコンテクスト」（一九〇—一九八頁）を参照されたい。

（三九）　「文化」（一七一—二二四頁）、そのなかでも特に「中心と周辺」（一九九—二二四頁）を参照されたい。

（四〇）　本書の序論にあたる「人類学を書く」での論述、特に一九—二八頁の議論を参照されたい。

（四一）　ストラザーン自身は、メレオグラフィーの語を用いることが多い。メレオグラフィーおよびメレオロジーについて、さらにストラザーンの造語であるメログラフィーについては訳註の（九）を参照のこと。

（四二）　「成長点」については、訳註の（三二）と（三四）を参照のこと。

（四三）　この逆転については、（Wargner 2012（1987）: 541）から再掲する訳註図４を参照されたい。

（四四）　水平から垂直への移行については、「垂直」（一七三—一七八頁）と「水平への転回」（一七八—一八四頁）も参照のこと。

（四五）　本書の序にあたる「人類学を書く」における、カントールの塵の自己準拠的スケーリングに関する議論と比較参照のこと（三八—四四頁）。

（四六）　以下を参照されたい。Strathern（1988）

（四七）　本書序論にあたる「人類学を書く」におけるカントールの塵をめぐる議論、特に「残余」に論及した三九—四一頁を参照のこと。

＊　＊　＊

Battaglia, Debbora. 1983. Projecting Personhood in Melanesia: The Dialectics of Artefact Symbolism on Sabarl Island. *Man* (n.s.) 18: 289-304.

Biersack, Aletta. 1982. Ginger Gardens for the Ginger Woman: Rites and Passage in a Melanesian Society. *Man* (n.s.) 17: 239-258.

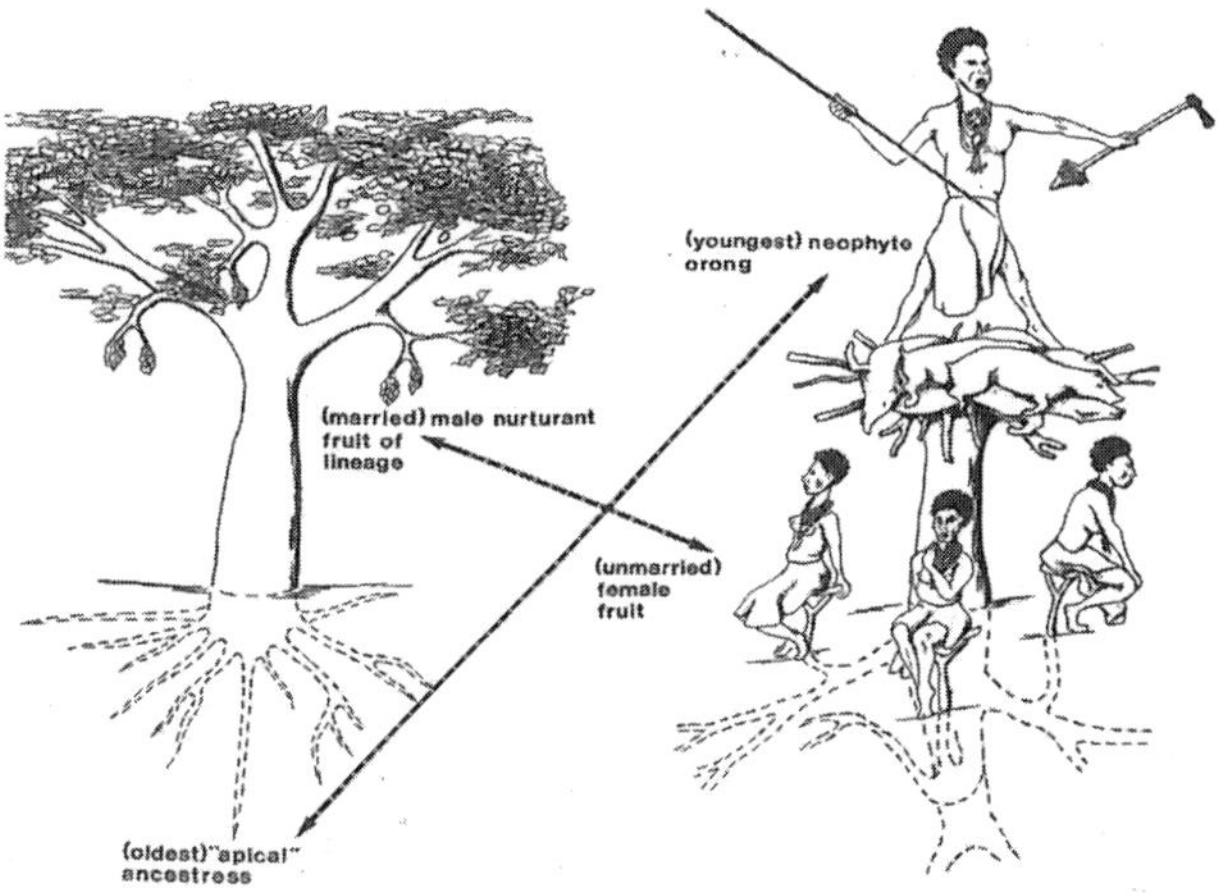
(youngest) neophyte
orong
(married) male nurturant
fruit of
lineage
(unmarried)
female
fruit
(oldest) "apical"
ancestress

訳註図 4

クリフォード、ジェイムズ＋ジョージ・マーカス編 一九九六『文化を書く』春日直樹・足羽与志子・橋本和也・多和田裕司・西川麦子・和邇悦子訳、紀伊国屋書店。

Haraway, Donna. J.. 1991. *Simians, Cyborgs, and Women: The Revolution of Nature*. New York: Routledge.（ダナ・ハラウェイ 二〇〇〇『猿と女とサイボーグ――自然の再発明』高橋さきの訳、青土社）

Hastrup, Kirsten. 1992. "Writing Ethnography: State of the Art." In *Anthropology and Autobiography*, Judith Okely and Helen Callaway (eds.). London and New York: Routledge.

マンデルブロ、ブノワ 二〇一一『フラクタル幾何学』広中平祐監訳、ちくま学芸文庫。

Mauss, Marcel. 1954[1925]. *The Gift: Forms and Functions of Exchange in Archaic Societies*. London: Cohen and West.（マルセル・モース 二〇一四『贈与論』森山工訳、岩波書店）

Strathern, Marilyn. 1988. *The Gender of the Gift*. Berkeley and Los Angels: University of California Press.

———. 1992. *After Nature. English Kinship in the Late Twentieth Century*. Cambridge: Cambridge University Press.

———. 1999. *Property, Substance and Effect: Anthropological Essays on Persons and Things*. London: Athlone Press.

———. 2005. *Kinship, Law and the Unexpected: Relatives Are Always a Surprise*. Cambridge: Cambridge University Press.

———. 2011. Binary License. *Common Knowledge*. Winter 17(1): 87-103.

Wagner, Roy. 1977. Analogic Kinship: A Daribi Example. *American Ethnologist* 4(4): 623-642.

———. 1978. *Lethal Speech: Daribi Myth as Symbolic Obviation*. Ithaca: Cornell University Press.

———. 2012 (1987). Figure-Ground Reversal among the Barok. *Hau* 2(1): 535-542.

参照文献

Appadurai, Arjun. 1986. Theory in Anthropology: Center and Periphery. *Comp. Studies in Society & History* 28: 356-61.

Barth, Fredrik. 1987. *Cosmologies in the Making. A Generative Approach to Cultural Variation in New Guinea*. Cambridge: Cambridge University Press.

Battaglia, Debbora. 1983. Projecting Personhood in Melanesia: The Dialectics of Artefact Symbolism on Sabarl Island. *Man* (n.s.) 18: 289-304.

———. 1990. *On the Bones of the Serpent: Person, Memory and Mortality in Sabarl Island Society*. Chicago: University of Chicago Press.

Beer, Gillian. 1989. *Can the Native Return?* The Hilda Hume Lecture for 1988. London: University of London.

Biersack, Aletta. 1982. Ginger Gardens for the Ginger Women: Rites and Passages in a Melanesian Society. *Man* (n.s.) 17: 239-258.

———. 1989. Local Knowledge, Local History: Geertz and Beyond. In *The New Cultural History*, L. Hunt (ed.). Berkeley and Los Angeles: California University Press.（アレッタ・ビアサック 二〇〇〇「ローカル・ノレッジ、ローカル・ヒストリー――ギアーツとその後」『文化の新しい歴史学』リン・ハント編、筒井清忠訳、岩波書店、一〇九―一四八頁）

Boon, James A.. 1982. *Other Tribes, Other Scribes. Symbolic Anthropology in the Comparative Study of Cultures, Histories, Religions, and Texts*. Cambridge: Cambridge University Press.

———. 1986. Between-the-Wars Bali: Rereading the Relics. In *Malinowski, Rivers, Benedict and Others, History of Anthropology* IV, G. Stocking (ed.). University of Wisconsin Press.

Bouquet, Mary. 1985. *Family, Servants and Visitors. The Farm Household in Nineteenth and Twentieth Century Devon*. Norwich: Geo Books.

———. 1986.'You Cannot be a Brahmin in the English Countryside.' The Partitioning of Status, and its Representation within the Family Farm in Devon. In *Symbolising Boundaries*, A.P. Cohen (ed.). Manchester: Manchester University Press.

———. n.d.. Two Tribes on the Family Farm: A Nineteen Eighties' Encounter Between Sociology and Anthropology [manuscript, 1985].

Burridge, Kenelm. 1979. *Someone, No One. An Essay on Individuality*. Princeton: Princeton University Press.

Burton, Michael L. and Douglas R. White. 1987. Cross-Cultural Surveys Today. *Annual Review of Anthropology* 16: 143-60.

Christiansen, Palle Ove. 1988. Construction and Consumption of the Past: From 'Montaillou' to 'The Name of the Rose'. *Ethnologia Europaea* 18: 2-24.

Clifford, James. 1986. Partial Truths. Introduction to *Writing Culture*, J. Clifford and G.E. Marcus (eds.). Berkeley and Los Angeles: California University Press.（ジェイムズ・クリフォード 一九九六「序論――部分的真実」『文化を書く』ジェイムズ・クリフォード、ジョージ・マーカス編、春日直樹・足羽与志子・橋本和也・多和田裕司・西川麦子・和邇悦子訳、紀伊国屋書店、一―五〇頁）

———. 1988. *The Predicament of Culture: Twentieth Century Ethnography, Literature, and Art*. Cambridge, Mass.: Harvard University Press.（ジェイムズ・クリフォード 二〇〇三『文化の窮状――二十世紀の民族誌、文学、芸術』太田好信・慶田勝彦・清水展・浜本満・古谷嘉章・星埜守之訳、人文書院）

Clifford, James and Marcus, George (eds.). 1986. *Writing Culture: The Poetics and Politics of Ethnography*. Berkeley and Los

Angeles: University of California Press.

Cohen, Anthony P.. 1985. *The Symbolic Construction of Community*. London: Tavistock Publications.

———. 1986. Of Symbols and Boundaries, or, Does Ertie's Greatcoat Hold the Key? In *Symbolising Boundaries*, A.P. Cohen (ed.). Manchester: Manchester University Press.

———. 1987. *Whalsay. Symbol, Segment and Boundary in a Shetland Island Community*. Manchester: Manchester University Press.

Crapanzano, Vincent. 1985. *Waiting: The Whites of South Africa*. New York: Random House.

Crick, Malcolm. 1985. 'Tracing' the Anthropological Self: Quizzical Reflections on Fieldwork, Tourism and the Ludic. *Social Analysis* 17: 71-92.

———. 1988. Sun, Sex, Sights, and Servility: Representations of International Tourism in the Social Sciences. CHAI (*Criticism, Heresy and Interpretation*) 1: 37-76.

Currie, Dawn and Hamida Kazi. 1987. Academic Feminism and the Process of De-Radicalization: Re-examining the Issues. *Feminist Review* 25: 77-98.

DuBois, Ellen Carol *et al.*. 1985. *Feminist Scholarship: Kindling in the Groves of Academe*. Urbana: University of Illinois Press.

Eistenstein, Hester. 1984. *Contemporary Feminist Thougnt*. Sydney: Unwin Paperbacks.

Errington, Frederick and Deborah Gewertz. 1986. The Confluence of Powers: Entropy and Importation among the Chambri. *Oceania* 57: 99-113.

———. 1987. On Unfinished Dialogues and Paper Pigs. *American Ethnologist* 14: 367-376.

———. 1989. Tourism and Anthropology in a Post-Modern World. *Oceania* 60: 37-54.

Fabian, Johannes. 1983. *Time and the Other. How Anthropology Makes its Object*. New York: Columbia University Press.

———. 1985. Culture, Time, and the Object of Anthropology. *Berkshire Review* 20: 7-23.

———. 1990. Presence and Representation: The Other and Anthropological Writing. *Critical Inquiry* 16: 753-772.

Fardon, Richard. 1987. 'African Ethnogenesis', Limits to the Comparability of Ethnic Phenomena. In *Comparative Ethnology*, L. Holy (ed.). Oxford: Basil Blackwell.

———— (ed.). 1990. *Regional Traditions in Ethnographic Writing. Localizing Strategies*. Washington: Smithsonian Institution Press.

Feil, Daryl K.. 1987. *The Evolution of Highland Papua New Guinea Societies*. Cambridge: Cambridge University Press.

Feld, Steven. 1982. *Sound and Sentiment. Birds, Weeping, Poetics, and Song in Kaluli Expression*. Philadelphia: University of Pennsylvania Press.

Flax, Jane. 1987. Postmodernism and Gender Relations in Feminist Theory. *Signs: Journal of Women in Culture and Society* 12: 621-643.

Foster, Hal. 1985. Postmodernism. A Preface to *Postmodern Culture*, H. Foster (ed.). London: Pluto Press.（ハル・フォスター一九八七「序文——ポストモダニズム」『反美学——ポストモダンの諸相』ハル・フォスター編、室井尚・吉岡洋訳、勁草書房、一—一六頁）

Foster, Robert J.. 1985. Production and Value in the Enga Tee. *Oceania* 55: 182-96.

Friedman, Jonathan. 1987. Beyond Otherness or: The Spectacularization of Anthropology. *Telos* 71: 161-70.

————. 1988. Commentary on Sangren, 'Rhetoric and the Authority of Anthropology.' *Current Anthropology* 29: 426-7.

Game, Ann. 1985. Review Essay (on Hester Eisenstein's 'Contemporary Feminist Thought' and Clare Burton's 'Subordination: Feminism and Socal Theory'). *Australian Feminist Studies* 1: 129-139.

Gardner, Don S.. 1983. Performativity in Ritual: The Mianmin Case. *Man* (n.s.) 18: 346-360.

Gell, Alfred. 1975. *Metamorphosis of the Cassowaries: Umeda Society, Language and Ritual*. London: The Athlone Press.

Gewertz, Deborah B.. 1983. Sepik River Societies. *A Historical Ethnography of the Chambri and their Neighbors*. New Haven: Yale University Press.

———— (ed.). 1988. *Myths of Matriarchy Reconsidered*. Sydney: Oceania Monograph 33.

Gewertz, Deborah and Edward Schieffelin (eds.). 1985. *History and Ethnohistory in Papua New Guinea*. Sydney: Oceania Monograph 28.

Gillison, Gillian. 1980. Images of Nature in Gimi Thought. In *Nature, Culture and Gender*, C. MacCormack and M. Strathern (eds.). Cambridge: Cambridge University Press.

———. 1987. Incest and the Atom of Kinship: The Role of the Mother's Brother in a New Guinea Highlands Society. *Ethos* 15: 166-202.

———. 1991. The Flute Myth and the Law of Equivalence: Origins of a Principle of Exchange. In *Big Men and Great Men: Personifications of Power in Melanesia*. Cambridge: Cambridge University Press.

Gleick, James. 1988 [1987]. *Chaos: Making a New Science*. London: Heinemann.（ジェイムズ・グリック 一九九一『カオス――新しい科学をつくる』上田睆亮監訳，大貫昌子訳，新潮文庫）

Godelier, Maurice. 1986 (Trans. R. Swyer [1982]). *The Making of Great Men. Male Domination and Power among the New Guinea Baruya*. Cambridge: Cambridge University Press.

Godelier, Maurice and Marilyn Strathern (eds.). 1991. *Big Men and Great Men: Personifications of Power in Melanesia*. Cambridge: Cambridge University Press.

Gourlay, K.A.. 1975. Sound-producing Instruments in Traditional Society: A Study of Esoteric Instruments and Their role in Male-Female Relations. *New Guinea Research Bulletin* 60. Canberra and Port Moresby: Australian National University.

Hannerz, Ulf. 1986. Theory in Anthropology: Small is Beautiful? The Problem of Complex Cultures. *Compar. Stud. Soc. and History* 28: 362-67.

———. 1988. American Culture: Creolized, Creolizing. In *American Culture: Creolized. Creolizing*, E. Asard (ed.). Uppsala: Swedish Inst. North American Studies.

———. 1990. Cosmopolitans and Locals in World Culture. *Theory, Culture and Society* 7: 211-225.

Haraway, Donna. 1985. A Manifesto for Cyborgs: Science, Technology, and Socialist Feminism in the 1980s. *Socialist Review* 80:

65-107.（ダナ・ハラウェイ 二〇〇〇 a「サイボーグ宣言——20世紀後半の科学、技術、社会主義フェミニズム」『猿と女とサイボーグ——自然の再発明』高橋さきの訳、青土社、二八五—三四八頁）

———. 1986. Primatology is Politics by Other Means. In *Feminist Approaches* to *Science*, Ruth Bleier (ed.). New York: Pergamon Press.

———. 1988. Situated Knowledges: The Science Question in Feminism and the Privilege of Partial Perspective. *Feminist Studies* 14: 575-99.（ダナ・ハラウェイ 二〇〇〇 b「状況に置かれた知——フェミニズムにおける科学という問題と、部分的視角が有する特権」『猿と女とサイボーグ——自然の再発明』高橋さきの訳、青土社、三四九—三八七頁）

———. 1989. *Primate Visions: Gender, Race, and Nature in the World of Modern Science*. New York: Routledge.

Harding, Sandra. 1986. The Instability of the Analytical Categories of Feminist Theory. *Signs: Journal of Women in Culture and Science* 11: 645-664.

Harrison, Simon. 1984. New Guinea Highland Social Structure in a Lowland Totemic Mythology. *Man* (n.s.) 19: 389-403.

Hastrup, Kirsten. 1992. “Writing Ethnography: State of the Art.” In *Anthropology and Autobiography*, Judith Okely and Helen Callaway (eds.). London and New York: Routledge.

Hawkesworth, Mary E.. 1989. Knowers, Knowing, Known: Feminist Theory and Claims of Truth. *Signs: Journal of Women in Culture and Science* 14: 533-557.

Hays, Terence E.. 1986. Sacred Flutes, Fertility, and Growth in the Papua New Guinea Highlands. *Anthropos* 81: 435-53.

———. 1988. ‘Myths of Matriarchy’ and the Sacred Flute Complex of the Papua New Guinea Highlands. In *Myths of Matriarchy Reconsidered*, D. Gewertz (ed.). Sydney: Oceania Monograph 33.

Herdt, Gilbert H. (ed.). 1984. *Ritualized Homosexuality in Melanesia*. Berkeley and Los Angeles: University of California Press.

Holy, Ladislav (ed.). 1987. *Comparative Anthropology*. Oxford: Basil Blackwell.

Howe, Leo. 1987. Caste in Bali and India: Levels of Comparison. In *Comparative Anthropology*, L. Holy (ed.). Oxford: Basil Blackwell.

Ingold, Tim. 1986. *Evolution and Social Life*. Cambridge: Cambridge University Press.

———. 1988. Tools, Minds and Machines: An Excursion in the Philosophy of Technology. *Techniques et culture* 12: 151-176.

Jackson, Michael. 1987. On Ethnographic Truth. *Canberra Anthropology* 10: 1-31.

Jameson, Fredric. 1985. Postmodernism and Consumer Society. In *Postmodern Culture*, H. Foster (ed.). London and Sydney: Pluto Press.（フレドリック・ジェイムソン 一九八七「ポストモダニズムと消費社会」『反美学――ポストモダンの諸相』ハル・フォスター編、室井尚・吉岡洋訳、勁草書房、一九九―二三〇頁）

Jorgensen, Dan.1985. Femsep's Last Garden: A Telefol Response to Mortality. In *Aging and its Transformations: Moving Towards Death in Pacific Societies*, D.A. and D.R. Counts (eds.). ASAO Monograph 10. Lanham: University Press of America.

Jorgensen, Joseph G.. 1979. Cross-cultural Comparisons. *Annual Review of Anthropology* 8: 309-31.

Josephides, Lisette. 1985. *The Production of Inequality. Gender and Exchange among the Kewa*. London: Tavistock Publications.

———. n.d.. Postmodernism in Melanesia. [Paper presented at Melanesian Research Group Seminar, convenors L. Josephides and E. Hirsch, London School of Economics, 1988.]

Juillerat, Bernard. 1986. *Les enfants du sang. Société, reproduction et imaginaire en Nouvelle-Guinée*. Paris: Editions de la Maison des Sciences de l'Homme.

———. 1992. *Shooting the Sun: Ritual and Meaning in the West Sepik: Ida Revisited*. Washington: Smithsonian Institution Press.

Keesing, Roger M.. 1982. Introduction to *Rituals of Manhood, Male Initiation in Papua New Guinea*, G.H. Herdt (ed.). Berkeley: University of California Press.

Leach, Jerry W. and Edmund R. Leach (eds.). 1983. *The Kula. New Perspectives on Massim Exchange*. Cambridge: Cambridge University Press.

Lederman, Rena. 1986a. *What Gifts Engender: Social Relations and Politics in Mendi, Highland Papua New Guinea*. Cambridge: Cambridge University Press.

———. 1986b. Changing Times in Mendi: Notes Towards Writing Highland and New Guinea History. *Ethnohistory* 33: 1-30.

Lee, Rosa. 1987. Resisting Amnesia: Feminism, Painting and Postmodernism. *Feminist Review* 26: 5-28.

Lemonnier, Pierre. 1989. Bark Capes, Arrowheads and Concorde: On Social Representations of Technology. In *The Meaning of Things: Material Culture and Symbolic Expression*, I. Hodder (ed.). London: Unwin Hyman.

Mackenzie, Maureen A.. 1986. The Bilum is Mother of Us All. An Interpretative Analysis of the Social Value of the Telefol Looped String Bag. M.A. Thesis. Canberra: The Australian National University [to be published by Harwood Academic].

———. 1990. The Telefol String Bag: A Cultural Object with Androgynous Forms. In *Children of Afek: Tradition and Change Among the Mountain-Ok of Central New Guinea*, Barry Craig and David Hyndman (eds.). Sydney: Oceania Monograph 40.

Marcus, George E. (ed.) with A. Appadurai. 1988. Place and Voice in Anthropological Theory. *Cultural Anthropology* (spec. issue) 3.

Mimica, Jadran. 1988. *Intimations of Infinity: The Cultural Meanings of the Iqwaye Counting System and Number*. Oxford: Berg.

Moeran, Brian. 1988. Of Chrystanthemums and Swords: Problems in Ethnographic Writing. CHAI (*Criticsm, Heresy and Interpretation*) 1: 1-17.

Moi, Toril. 1985. *Sexual/Textual Politics: Feminst Literary Theory*. London: Routledge.

Moore, Henrietta. 1988. *Feminism and Anthropology*. Cambridge: Polity Press.

Mosko, Mark. 1988. *Quadrpartitie Structure. Categories, Relations and Homologies in Bush Mekeo Culture*. Cambridge: Cambridge University Press.

Munn, Nancy D.. 1983. Gawan Kula: Spatiotemporal Control and the Symbolism of Influence. In *New Perspectives on the Kula*, E. and J. Leach (eds.). Cambridge: Cambridge University Press.

———. 1986. *The Fame of Gawa. A Symbolic Study of Value Transformation in a Massim (Papua New Guinea) Society*. Cambridge: Cambridge University Press.

Nye, Andrew. 1987. Women Clothed with the Sun: Julia Kristeva and the Escape from/to Language. *Signs: Journal of Women in Culture and Society* 12: 664-686.

Ong, Aihwa. 1987a. Disassembling Gender in an Electronics Age [Review Essay]. *Feminist Studies* 13: 609-626.

———. 1987b. *Spirits of Resistance and Capitalist Discipline: Factory Women in Malaysia*. Albany: State University of New York Press.

Overing, Joanna. 1987. Translation as a Creative Process: The Power of the Name. In *Comparative Anthropology*, L. Holy (ed.). Oxford: Basil Blackwell.

Owens, Craig. 1985. The Discourse of Others: Feminists and Postmodernism. In *Postmodern Culture*, H. Foster (ed.). London & Sydney: Pluto Press.

Paige, K.E. and J.M. Paige. 1981. *The Politics of Reproductive Ritual*. Berkeley/Los Angeles: University of California Press.

Parkin, David. 1987. Comparison as the Search for Continuity. In *Comparative Anthropology*, L. Holy (ed.). Oxford: Basil Blackwell.

Peel, John D.Y.. 1987. History, Culture and the Comparative Method: A West African Puzzle. In *Comparative Anthropology*, L. Holy (ed.). Oxford: Basil Blackwell.

Rabinow, Paul. 1983. Humanism as Nihilism: The Bracketing of Truth and Seriousness in American Cultural Anthropology. In *Social Behavior and Moral Enquiry*, R. Bellah *et al*. (eds.). New York: Columbia University Press.

———. 1986. Representations are Social Facts. In *Writing Culture: The Poetics and Politics of Ethnography*, J. Clifford and G. Marcus (eds.). Berkeley and Los Angeles: University of California Press.（ポール・ラビノー 一九九六「社会的事実としての表現」『文化を書く』ジェイムズ・クリフォード＋ジョージ・マーカス編、春日直樹・足羽与志子・橋本和也・多和田裕司・西川麦子・和邇悦子訳、紀伊国屋書店、四四一—四八九頁）

Rapport, Nigel. 1986. Cedar High Farm: Ambiguous Symbolic Boundary. An Essay in Anthropological Intuition. In *Symbolising Boundaries*, A.P. Cohen (ed.). Manchester: Manchester University Press.

———. n.d.. Passage to Britain: A Sterotypical View of Coming Home from the Old World to the New. [University of Manchester, manuscript.]

Rosman, Abraham and Rubel, Paula G.. 1978. *Your Own Pigs You May Not Eat: A Comparative Study of New Guinea Societies*. Chicago: Chicago University Press.

Roth, Paul A.. 1989. Ethnography Without Tears. *Current Anthropology* 30.

Salmond, Anne. 1982. Theoretical Landscapes. On a Cross-Cultural Conception of Knowledge. In *Semantic Anthropology*, D. Parkin (ed.). London: Academic Press.

Sangren, Steven P.. 1988. Rhetoric and the Authority of Ethnography: 'Post Modernism' and the Social Reproduction of Texts. *Current Anthropology* 29: 405-435.

Schmitz, Carl A.. 1963. *Wantoat: Art and Religion of the Northeast New Guinea Papuans*. The Hague: Mouton & Co.

Schwimmer, Eric. 1990. The Anthropology of the Interaction Order. In *Beyond Goffman: Studies on Communication, Institution, and Social Interaction*, Stephen Harold Riggins (ed.). Berlin: Mouton de Gruyter.

Sillitoe, Paul. 1988. *Made in Niugini: Technology in the Highlands of Papua New Guinea*. London: British Museum Publications.

Simons, Peter. 1987. *Parts: A Study in Ontology*. Oxford: Clarendon Press.

Stacey, Judith. 1988. Can There be a Feminist Ethnography? *Women's Studies International Forum* 11: 21-27.

Stanley, Liz and Sue Wise. 1983. *Breaking Out: Feminist Consciousness and Feminist Research*. London: Routledge and Kegan Paul.（リズ・スタンレー＋スー・ワイズ 一九八七『フェミニズム社会科学に向って』矢野和江訳、勁草書房）

Stocking, George W. 1987. *Victorian Anthropology*. New York: The Free Press.

Strathern, Andrew J. (ed.). 1982. *Inequality in New Guinea Highlands Societies*. Cambridge: Cambridge University Press.

Strathern, Marilyn. 1981. *Kinship at the Core: An Anthropology of Elmdon, a village in North-West Sussex, in the 1960s*. Cambridge: Cambridge University Press.

———. 1985. Knowing Power and Being Equivocal: Three Melanesian Contexts. In *Power and Knowledge: Anthropological and Sociological Perspectives, R*. Fardon (ed.). Edinburgh: Scottish Academic Press.

———. 1986. An Awkward Relationship: The Case of Feminism and Anthropology. *Signs: Journal of Women's Culture and*

Society 12: 276-292.
———. 1987. Out of Context: The Persuasive Fictions of Anthropology. *Current Anthropology* 28: 251-281.
———. 1989. Between a Melanesianist and a Deconstructive Feminist. *Australian Feminist studies* 10: 49-69.
———. 1992. *After Nature: English Kinship in the Late Twentieth Century*. [Lewis Henry Morgan Lectures, University of Rochester]. Cambridge: Cambridge University Press.
Thornton, Robert. 1988a. The Rhetoric of Ethnographic Holism. *Cultural Anthropology* 3: 285-303.
———. 1988b Time Scales and Social Thought. *Time and Mind: The Study of Time* IV, University of Mass. Press.
Tuzin, Donald F.. 1980. *The Voice of the Tamberan: Truth and Illusion in Ilahita Arapesh Religion*. Berkeley and Los Angeles: University of California Press.
Tuzin, Donald. 1991. The Cryptic Brotherhood of Big Men and Great Men in Ilahita. In *Big Men and Great Men: Personifications of Power in Melanesia*. Cambridge: Cambridge University Press.
Tyler, Stephen A.. 1986. Post-Modern Ethnography: From Document of the Occult to Occult Document. In *Writing Culture: The Poetics and Politics of Ethnography*, J. Clifford and G. Marcus (eds.). Berkeley and Los Angeles: University of California Press.（スティーヴン・A・タイラー 一九九六「ポストモダンの民族誌」『文化を書く』ジェイムズ・クリフォード＋ジョージ・マーカス編、春日直樹・足羽与志子・橋本和也・多和田裕司・西川麦子・和邇悦子訳、紀伊国屋書店、二二七―二五九頁）
Tyler, Stephen A. and Marcus, George E.. 1987. Comment on M. Strathern, The Persuasive Fictions of Anthropology. *Current Anthropology* 28: 275-277.
Ulmer, Gregory. 1985. The Object of Post-Criticism. In *Postmodern Culture*, H. Foster (ed.). London: Pluto Press.（グレゴリー・ウルマー 一九八七「ポスト批評の対象」『反美学――ポストモダンの諸相』ハル・フォスター編、室井尚・吉岡洋訳、勁草書房、一四五―一九八頁）
Wagner, Roy. 1977. Scientific and Indigenous Papuan Conceptualizations of the Innate: A Semiotic Critique of the Ecological

Perspective. In *Subsistence and Survival*, T. Bayliss-Smith and R. Feachem (eds.). London: Academic Press.

———. 1986a. *Symbols That Stand for Themselves*. Chicago: University of Chicago Press.

———. 1986b. *Asiwinarong: Ethos, Image, and Social Power among the Usen Barok of New Ireland*. Princeton: Princeton University Press.

———. 1987. Figure-Ground Reversal among the Barok. In *Assemblage of Spirits: Idea and Image in New Ireland*, L. Lincoln (ed.). New York: Geo Braziller with The Minneapolis Institute of Arts.

———. 1991. The Fractal Person. In *Big Men and Great Men: Personifications of Power in Melanesia*. Cambridge: Cambridge University Press.

———. n.d.. Culture and Order: A View from New Ireland. [Munro Lecture, University of Edinburgh, 1986.]

Webster, Steven. 1987. Structuralist Historicism and the History of Structuralism: Sahlins, the Hansons' 'Counterpoint in Maori Culture,' and Postmodernist Ethnographic Form. *Journal of Polynesian Society*. 96: 27-65.

Weiner, Annette. 1982. Sexuality among the Anthropologists: Reproduction among the Informants. In *Sexual Antagonism, Gender, and Social Change in Papua New Guinea*, F.J.P. Poole and G. Herdt (eds.). *Social Analysis* (spec. issue) 12.

Weiner, James F.. 1987. Diseases of the Soul: Sickness, Agency and the Men's Cult among the Foi of New Guinea. In *Dealing with Inequality. Analysing Gender Relations in Melanesia and Beyond*, M. Strathern (ed.). Cambridge: Cambridge University Press.

———. 1988. *The Heart of the Pearlshell: The Mythological Dimension of Foi Sociality*. Los Angeles and Berkeley: University of California Press.

——— (ed.). 1988. *Mountain Papuans: Historical and Comparative Perspectives from New Guinea Fringe Highlands Societies*. Ann Arbor: University of Michigan Press.

Werbner, Richard P.. 1989. *Ritual Passage, Sacred Journey. The Process and Organization of Religious Movement*. Washington: Smithsonian Institute Press.

———. 1992. Trickster and the Eternal Return: Self-Reference in West Sepik World Renewal. In *Shooting the Sun*, B. Juillerat (ed.). Washington: Smithsonian Institution Press.

Wilden, Anthony. 1972. *System and Structure. Essays in Communication and Exchange*. London: Tavistock Publications.

Young, Michael. 1987. The Tusk, The Flute and the Serpent: Disguise and Revelation in Goodenough Mythology. In *Dealing with Inequality. Analysing Gender Relations in Melanesia and Beyond*, M. Strathern (ed.). Cambridge: Cambridge University Press.

固有名詞索引

ア行

アイゼンスタイン、ヘスター（Eisenstein, Hester） 126
アパデュライ、アルジュン（Appadurai, Arjun） 84
アラペシュ（Arapesh） 30
アンガ（Anga） 256
イクワイェ（Iqwaye） 202
インゴルド、ティム（Ingold, Tim） 110,141,
ウィーナー、ジェイムズ（Weiner, James） 61, 201
ウィル（Wiru） 32
ウェブスター、スティーヴン（Webster, Steven） 126
ウエルセイ、シェトランド（Whalsay, Shetland） 101
ウォラ（Wola） 25
ウメダ（Umeda） 205, 208-209, 211-213, 216, 218, 242, 249
エリントン、フレドリック（Errington, Frederick） 144-146, 228
エルムドン、エセックス（Elmdon, Essex） 106-108, 110, 276, 278, 280
エンガ（Enga） 228-229, 243, 248
オーヴァリング、ジュヨアンナ（Overing, Joanna） 159
オーウェンス、クレイグ（Owens, Craig） 96
オク山地方〔マウント・オク〕（Mountain Ok） 29, 31, 173, 214, 216, 218, 222, 227, 231, 233-236, 240
オング、アイファ（Ong, Aihwa） 62, 142-143

カ行

ガードナー、ドン（Gardner, Don） 173, 231
カジ、ハミダ（Kazi, Hamida） 125, 142

ガワ（Gawa）　178-179, 181-184, 207, 239
キージング、ロジャー（Keesing, Roger）　191, 255-256
ギミ（Gimi）　37, 164-165, 187, 196
ギリソン、ジリアン（Gillison, Gillian）　187, 202, 250, 265
グディ、ジャック（Goody, Jack）　235
クラパンザーノ、ヴィンセント（Crapanzano, Vincent）　85-86, 111, 262
クリー、ドーン（Currie, Dawn）　125, 142
グリオール、マルセル（Griaule, Marcel）　263
クリスチアンセン、パル（Christiansen, Palle）　34
グリック、ジェイムズ（Gleick, James）　35-36, 39, 41-42, 50, 63
クリック、マルコム（Crick, Malcolm）　89, 144
クリフォード、ジェイムズ（Clifford, James）　95, 97, 124, 135, 148, 260, 262-265, 279
クレイグ、バリー（Craig, Barry）　123
ゲイム、アン（Game, Ann）　123
ゲワルツ、デボラ（Gewertz, Deborah）　61, 144-146, 187, 191, 228-229
コーエン、アンソニー（Cohen, Anthony）　62, 101, 106, 276
ゴーレイ、ケネス（Gourlay, Kenneth）　185-186, 190, 197
ゴドリエ、モーリス（Godelier, Maurice）　30
ゴルトン、フランシス（Galton, Francis）　153

サ行

サバール（Sabarl）　183-184
サルモンド、アン（Salmond, Ann）　28
サングレン、スティーヴン（Sangren, Steven）　79, 95
シーフェリン、エドワード（Schieffelin, Edward）　229
ジェイムソン、フレドリック（Jameson, Fredric）　82-84, 96, 126
ジェル、アルフレッド（Gell, Alfred）　205, 208-209, 215-217
ジャクソン、マイケル（Jackson, Michael）　158
ジュイレラート、ベルナード（Juillerat, Bernard）　205, 212
シュウィマー、エリック（Schwimmer, Eric）　107
シュミッツ、カール（Schmitz, Carl）　63, 169, 173-178, 188-189, 272-274
ジョセファイズ、リゼット（Josephides, Lisette）　62, 79, 96, 241
ジョルゲンセン、ジョセフ（Jorgensen, Joseph）　153-154, 157, 161
ジョルゲンセン、ダン（Jorgensen, Dan）　233
シリコン・バレー、カリフォルニア（Silicon Valley, California）　124
シリトー、ポール（Sillitoe, Paul）　25
スタンリー、リズベス（Stanley, Lizbeth）　276-277
ステイシー、ジュディス（Stacey, Judith）　62, 124-125
ストッキング、ジョージ（Stocking, George）　154

ストラザーン、マリリン（Strathern, Marilyn） 22, 30, 48, 51, 53, 56, 105, 124, 202
ソーントン、ロバート（Thornton, Robert） 28, 260-261

タ行

タイラー、エドワード（Tylor, Edward） 153-154
タイラー、スティーヴン（Tyler Stephen） 62, 71-74, 80-81, 85-89, 91-92
チャンブリ（Chambri） 144, 146, 228, 266
テレフォル、テレフォミン（Telefol, Telefomin） 216-220, 222-224, 233
トゥージン、ドナルド（Tuzin, Donald） 30, 186
ドゥブア、エレン（DuBois, Ellen） 123
トロブリアンド（Trobriand） 186-187

ハ行

パーキン、デイヴィッド（Parkin, David） 163
ハーゲン（Hagen） 30, 32, 37, 52, 76, 106, 164-165, 192, 194-196, 228-229, 243-244, 247-250
ハーディング、サンドラ（Harding, Sandra） 123, 126
ハート、ギルバート（Herdt, Gilbert） 185
バートン、マイケル（Burton, Michael） 153-157
パイエラ（Paiela） 194, 196
ハウ、レオ（Howe, Leo） 162
バクタマン（Baktaman） 233-234, 236-238, 240, 272, 277
ハストラップ、カーステン（Hastrup, Kirsten） 151-152
パスム（Pasum） 169, 175-176, 184, 188, 205
バタグリア、デボラ（Battaglia, Debbora） 165, 183, 272
ハナーツ、ウルフ（Hannerz, Ulf） 99-100
ハラウェイ、ダナ（Haraway, Donna） 52, 56, 62, 113, 117-123, 126, 128-133, 136, 141, 150, 281
バリッジ、ケネルム（Burridge, Kenelm） 112
バルト、フレドリック（Barth, Fredrik） 29, 31, 214-215, 227-228, 231, 233-237, 240, 251, 277-278
バルヤ（Baruya） 30
バロク（Barok） 267-269, 271, 275
ビアサック、アレッタ（Biersack, Aletta） 194-195
ピール、ジョン（Peel, John） 257
ビミン＝クスクスミン（Bimin-Kuskusmin） 233
ファードン、リチャード（Fardon, Richard） 62, 84, 163
ファビアン、ヨハネス（Fabian, Johannes） 62, 97, 147-151
ブーン、ジェイムス（Boon, James） 84, 97
フェイル、デリル（Feil, Daryl） 30, 228, 240-246, 256
フェルド、スティーヴン（Feld, Steven） 186

フォイ（Foi）　52, 201
フォスター、ハル（Foster, Hal）　81-82
フラックス、ジェーン（Flax, Jane）　125
フリードマン、ジョナサン（Friedman, Jonathan）　102, 149
ペイジ、K・EとJ・M・ペイジ（Paige, K.E. and J.M. Paige）　156-157
ヘイズ、テレンス（Hays, Terence）　61, 190-193, 197, 207
ベイトソン、グレゴリー（Bateson, Gregory）　255, 264
ホークスワース、メアリ（Hawkesworth, Mary）　122
ホーリー、ラディスラブ（Holy, Ladislav）　74, 159-160
ボルヴィップ（Bolovip）　236-237
ホワイト、ダグラス（White, Douglas）　153-157

マ行

マーカス、ジョージ（Marcus, George）　50, 84, 89, 95
マードック、ジョージ・P（Murdock, George P.）　153
マッケンジー、モーリーン（MacKenzie, Maureen）　216-224
マッシム地域（Massim region）　178, 181, 185
マン、ナンシー（Munn, Nancy）　178-182, 207
マンチェスター（Manchester）　106-107
ミアンミン（Mianmin）　173, 231
ミミカ、ジャドラン（Mimica, Jadran）　202, 258, 282
ムーア、ヘンリッタ（Moore, Henrietta）　127
メケオ、北部（Mekeo, North）　202
メンディ（Mendi）　32, 228, 242, 246
モイ、トリル（Moi, Toril）　162
モスコ、マーク（Mosko, Mark）　55-56, 202

ヤ行

ヤファル（Yafar）　205, 212-213, 215

ラ行

ラビノー、ポール（Rabinow, Paul）　83, 98
ラポール、ナイジェル（Rapport, Nigel）　62, 74, 100
リー、ロザ（Lee, Rosa）　122
リーチ、エドマンド・R（Leach, Edmund R.）　185
リーチ、ジェリー・W（Leach, Jerry W.）　185
ルーベル、ポーラ（Rubel, Paula）　247-248
ルモニエ、ピエール（Lemonnier, Pierre）　256
レイダーマン、レナ（Lederman, Rena）　32, 242, 246
ロズマン、エイブラハム（Rosman, Abraham）　247-248

ワ行

ワーブナー、リチャード（Werbner, Richard）　208-213, 215, 242

『部分的つながり』というサイボーグ——部分的な訳者あとがき

「でも、やっぱり訳者あとがきみたいなの書くんでしょう?」

彼女はすこし笑って困った顔をした。日本語序文を執筆いただけないかとの提案に言葉を濁し、それではあとがきはと話をむけると、まず返ってきたのがこの言葉だ。彼女のいわんとするところはもう分かっていた。一九九一年にオセアニア社会人類学会から出版された本書を、二〇〇四年にアルタミラ・プレス社から新版として再刊行するにあたって、ひと悶着あったのだ。

新版刊行にあたって、新たに序文の執筆を強く要請された彼女は、「すでに完成された作品に、何かを描き加えたいと言いだした」かのような申し出に、相当の反発を覚えたという。だからこその、あの書き出しだった。友人の作品だという壁に飾られた陶器製のオブジェに目をやって、「どう考えたって、これに何か手を加えることなんてできない」ともいう。彼女にとって、本書はそれほどまでに愛着のある作品であり、執筆の準備から完成にいたるまでのあの時代（一九八七年から一九九一年）に保存されるべき作品なのである。とりわけ、本書の形式《フォーム》そのものに対する思い入れには並々ならぬものがあった。すでに概要をご覧になった方にはおわかりと思うが、本書は「カントールの塵」に倣って入念に組織化されており、この形式こそが本書で伝えようとする内容そのものを形象化している。だから、それを崩すようなことはもっとも基本的な主張を修正するに等しい。新版序文の冒頭を、ここでは原文のまま引用しよう。

> This preface will introduce a perturbation of sorts. "Writing Anthropology" is the book, its title *Partial Connections*, with "Writing Anthropology" the second "title" that talked about the book before it diverged into roughly equal sections, ending up with "Writing Anthropology" as the subtitle of the very last subsection 〔...〕 and perhaps a subsidiary set of "Partial Connections" is an opportunity to reflect on how the volume took the form it does 〔...〕

「人類学を書く」営みのうちに本書『部分的つながり』が位置づけられ、そのオリジナル版序文が「人類学を書く」と題されたのちに、本書全体が「人類学を書く」と「部分的つながり」に二分される。さらに、前者の「人類学を書く」の最後のサブ・セクション、より正確にはサブ・サブ・サブ・サブ・セクションが「部分的つながり」で結ばれ、後者の「部分的つながり」の（サブ・サブ・

サブ・）サブ・セクションが「人類学を書く」で閉じられる。このフラクタルな形式性そのものが、通常の部分／全体関係への、あるいはスケール（尺度）をめぐる従来の思考伝統への、ストラザーンの挑戦を成している。しかもこの取り組みのもう一つの知的源泉が、本書の後半部で詳細に論じられるメラネシア人たちの形態《フォーム》へのこだわり、ひとつの形象《フィギュア》からそれが潜在的に含み込んでいた形象を引きだすイメージの力への信頼があるのだから、この形式性へのこだわりもいや増すのである。

あらたな序文の執筆は、いちどは完成されたこの美学を乱すことにつながりかねない。だからこその「混乱《パーターベイション》」だった。しかし、彼女は思いなおして、新版の序文をいまひとつの「部分的つながり」ととらえることで、そしておそらくは、本書最終文にある「新たなイメージの動き＝再想像《リ・イマジニング》」（二八三頁）の力を信頼して、執筆を受け容れることにした。けれども実は、新版原著のこの部分は「序文」と題されているだけで、そこに「部分的つながり」の語はあてられていない。序文を「部分的つながり」と題したのは訳者の判断であり、厳密にいえばその点についてストラザーンの許可も得ていない。それでも、右に引用した原文での仄めかし――彼女の解説を聞かずして、いったい誰がそれを自信をもって解読できるだろうか――、そして、訳者が持参した版の Preface に“= Partial Connections”との手ずから書き入れたのも彼女だったのだから、この変形におそらく異論はないだろう。仮に新版の序文があらたな題を与えられることでストラザーンが意図した以上に際だって見えてしまうのだとしても、彼女が提示した形象が拡張《エクステンド》し、あらたな生を派生《アウトグロウ》＝成長させて、余白にあらたな形象がたち現らわれたものと受け取ってくれるに違いない。そして願わくは、この部分的あとがきも、また同様に。

本書の読者の大半は人類学者であろうし——もちろんより幅広い読者を熱望するものの——、同僚諸氏の多くは解読好きでよく知られるので、蛇足であることを承知しつつ、先の仄めかしとは違ってかなりあからさまなストラザーンの暗示に言及して、本書をそれが書かれた文脈に位置づけておこう。まずなによりも、本書の表題でもある「部分的つながり」の語が、ジェイムズ・クリフォードの『文化を書く』（原著一九八六）のよく知られる序論「部分的な真実」の捩りであり、そのオリジナル版の序文と前半セクションの題である「人類学を書く」が、「文化を書く」の捩りであることは触れておくべきだろう。一方で「部分的つながり」の語は、ダナ・ハラウェイの用語でもあり（一三〇—一三一頁）、とくに本書前半の「政治」のセクション、後半の「人工器官的な拡張」のセクションを読んでいただければ、彼女のアイデアがいかにつよくストラザーンを勇気づけたがわかるだろう。本書はだから、『文化を書く』に代表される、一九八〇年代後半から九〇年代のいわゆる再帰的転回に対して、メラネシア学者としての分厚い研究蓄積にもとづき、ハラウェイの力添えをえて応答を試みた業績であると、ひとまず位置づけることができる。

『文化を書く』に代表されるグループが、ポストモダン文化理論で武装した「マリノフスキーの子どもたち」（クリフォード・ギアツ）だったとするならば、ストラザーンは隠しだてすることなく「レヴィ＝ストロースの子どもたち」のひとりだといえる。そのことについて問いを向けると、「ただそのような環境でトレーニングをうけてきただけ」というものの、訳者にとっては、本書は構造主義を実演してみせた格好の入門書と呼ぶにふさわしいほどである。ところが彼女は、「自分の性向として、過去の人類学よりも、いま現在進行中の議論に常に関心をむけてきた」という。新版の序論で彼女自身触れるように、本書執筆に先だって彼女は大部の主著『贈与のジェンダー』に取り組んでいた。そのさなかに、ポストモダンな人類学が嵐のように吹き荒れ始めていた。それを横目で見ながらも、進行中の仕事に集中せざるをえなかった彼女は、『贈与のジェンダー』が手を離れると、さっそく『部分的つながり』執筆の準備に取りかかることになる。彼女がこの仕事にどれほど打ち込んだかは、後年のインタビューで「執筆するのが最も楽しかった」一冊にあげていることからも、想像することができるだろう。ところが、『贈与のジェンダー』がゆるぎなき主著として高く評価される一方で、『部分的つながり』はすくなくとも刊行当時、一部の批評や狭いサークルをのぞいてほとんど注目されることがなかったという。一〇年あまり続いた『文化を書く』グループの勢いに影響を与えた形跡もほとんどみあたらない。むしろ、本書が再発見され、人類学のあらたな展開の強烈なインスピレーションの源と目されるようになるのは、再帰人類学がすでに勢いを失った二〇〇〇年代、とくに新版が刊行されて以降である。しかし、私たちがしっかりと記憶にとどめておくべきは、本書が、再帰人類学が喚起力を弱め人類学の歴史のうちに格納されたあとに書かれたのではなく、まさにその嵐のさなかで書かれたものであるということだろう。

だが、そうだとして、『部分的つながり』をいまこの時代に翻訳する意義はいったいどこにあるだろうか。訳者は、本書が、現代人類学が世界に差しだすことのできる最高の精華のひとつであることに疑いを容れない。しかし、たとえば、本書の主要な論点のひとつである「一に取って代わるものは多である」（一〇九―一一二頁、一六〇―一六一頁）との算術への疑義については、弁証法的思考に二項対立とその変換の連鎖で対抗したレヴィ＝ストロースが背後に聳えているし、比較可能性《コンパラビリティ》＝等質性のないところに共在可能性《コンパティビリティ》をみる議論には（一二六頁、一三四―一三七頁、一六一―一六五頁）、ルートヴィヒ・ウィトゲンシュタインの家族的類似やロドニー・ニーダムの多配列思考、あるいはジャン＝リュック・ナンシーやモーリス・ブランショの他者と共同性をめぐる論考との類比をさぐる読者がいてもおかしくない。さらに、ポストモダン民族誌で描かれる自己変容する旅人としての人類学者像が異文化を暴飲暴食する消費者であることや、パスティシュを偏愛しながら常に「より多く」の断片を希求する審美家に、俯瞰や全体性のノスタルジアが読みとれることに関しても（八九―九二頁、二六二―二六六頁）、訳者をふくめ多くの論者がさまざまに表現してきたことである。もちろん、これら他の議論とのアナロジーが認められること自体に何ら不思議なところはない。むしろ際だつのは、すでに述べたように、当時まさに生起しつつあった再帰人類学の運動に、彼女がいち早く反応し、さまざまな名前が与えられてきた複数の思想伝統（もちろんこれにはメラネシア人の思想も含まれる）に鮮やかな彫琢をほどこして、比較法を学問の骨格に据えてきた人類学に新たな指針をしめしたことだろう。しかも、多くの人類学者たちが再帰人類学者たちを文学理論かぶれの一流派とみなして、人類学の本筋の仕事の対岸で湧きおこった一騒動にすぎぬと見て見ぬふりをするなか、『贈与のジェンダー』をひっさげた当代一流の人類学者が、正面から真剣勝負を挑んだのである。

けれども、こうした一切のことは、いま『部分的つながり』が読み継がれることとはさほど関係ないのかもしれない。訳者の見立てでは、やはり本書の力強い喚起力は、人類学者ではない読者には読み進めるのが少し厄介になるであろう、後半部の記述にこそある。いや、人類学者であっても、後半部冒頭からの展開には度胆を抜かれるに違いない。ワントアトの祭礼の人形《ひとがた》の造形物を、海を越えてマッシム地方のカヌーへと変換し、さらにパプアニューギニア高地で広くみられる男性秘密結社の笛と関連づける流れは、スタンリー・キューブリックの『2001年 宇宙の旅』の冒頭の名場面を思い起こさせるほどである。また、メラネシアの社会性が、身体・事物・自然に潜在する産出力の現実化としてたち現れることが、イニシエーション儀礼、カヌー、笛、男たちの小屋、仮面、編み袋、樹木、ヤム畑などといったさまざまな形象の包摂と拡張の動きをつうじて繰り返し提示され、私たちが自明視する人・人工物・自然の区分に大きな揺さぶりをかけてくる。しかし、何にもまして圧巻なのは、後半もおわり近くになって満を持して登場する真打ち、ロイ・ワグナーがニューアイルランド島のウセン・バロクの儀礼にみてとる地と図の反転をめぐる事例である（二六七―二七二頁、および訳註（四三））。樹木の根を枝先の成長点と反転させ、始祖の女を若きビッグマンに、ブタ＝果実を年頃の女性たちに変換させてみせる葬送儀礼の最後の宴は、バロクにとって図と地がいつでも入れ替え可能性を潜在させていること、あるいは図は地に、地は図につねに予期されていること、しかも、この反転が図と地相互の切断によって可能となっていることを、私たちに知らしめる。図と地はそれぞれ、おなじスケールを適用できない固有の配置として存在し、にもかかわらず、いやだからこそさながらサイボーグのように、一つの回路として統合させられるのである。このメラネシア版サイボーグは、本書を通じて提示されてきた様々な形象たちを部分的なつながりのうちに鮮やかにまとめあげてみせる。それだけではない。何とも驚くべきことに、このサイボーグに読者は、本書がとる特異な形式の必然性を、深く納得させられることになる。

　彼女は、バロクにおける図と地の反転のさらに背後にある地、すなわち背景《バックグラウンド》にあるメラネシアの社会性に言及して、この背景が「図と地」のペアを含む様々な人格と関係性を地として、今度はそれ自体が図として浮かびあがることを示唆する。このメラネシアの図は、それまでの本書の流れからして、必然的にそこに欠けたもうひとつの図＝形象を引き寄せる（引き出す《エリシト》）。それは、メラネシアを地としながら図として浮かびあがる、私たち自身の背景である。だから、前半部の理論編と後半部の事例編、前半部の「西洋」と後半部の「メラネシア」の断絶《ギャップ》は、けっして偶然ではない。ちょうどバロクにおける図と地が切断されているからこそ強く関係づけられるように、「西洋」と「メラネシア」は、そのあいだに空白《ギャップ》が差し挟まれるからこそ、より一層緊密に関係づけられ、サイボーグとして同一の回路を形づくる。西洋のパースペクティヴがメラネシアを捉えるだけでなく、メラネシアのパースペクティヴが西洋を捉え、地であったはずの私たちの理論が、メラネシア人の理論を前にひとつの事例＝図として新たな様相で現前させられるのである。もちろん本書がそれ自体サイボーグである以上、両者が関係づけられるからといって同一であるわけもなく、むしろそれそれが他方との関係でその固有性を際だたせられている。土地は動かずに人が旅をする西洋と、人が動かずにモノに旅をさせ、そのことによって今ここに複数の場を実現してみせるメラネシア、断片化に有機的全体性の喪失をみる西洋と、切り出しに諸関係と派生＝成長の源をみるメラネシア、社会を抽象化しそれに個人を対峙させる西洋と、モノのやり取りを具体的他者から引き出し、そのことによって分割可能な人格を実現するメラネシア、などなど。しかし注意したいのは、ストラザーンが決して、西洋とメラネシアを俯瞰し比較する特別な場所をつくりだしたわけではないことだ。ポスト多元主義ないしポスト遠近法を標榜する彼女であってみれば当然のことである（二六―二七頁および訳註（四））。ハラウェイに倣って「客観性とは、超越性ではなく、特定の具体的な身体化／具現化である」（一二〇頁）というストラザーンは、メラネシアを西洋に準拠して眺めると同時に、西洋をメラネシアに準拠して眺め返す。「一つは少なすぎるが二つは多すぎる」（一二八頁）というのもほぼ同じことを言っている。ストラザーンにとって西洋（メラネシア）は、メラネシア（西洋）を地としてはじめて描かれうる図なのであり、両者は二であると同時に一である。かくして、メラネシアを経由して新たに提起される比較は、「二度向けられた一つのパースペクティヴ」（二七〇頁）として上演される。この自己準拠的スケーリングにもとづく知のありようは、「具体の科学」をレヴィ＝ストロース以上に徹底化するものだといえるだろう。具体の科学を通じて、具体の科学を捉えるとされる西洋のパースペクティヴそのものを、それ自体身体化された具体知として捉え返すのである。

たえざる余白や残余の出現、あるいは、その予感が醸しだす「不釣り合い」(特に一九―三四頁を参照)の感覚に悩まされない人類学者などいないだろう。この点で、私たちはみなストラザーンと同じ知的環境と現場で仕事をしている。しかし、ストラザーンが私たちの多くと異なるのは、この不釣り合いの感覚のただなかで、その都度、精巧かつ重厚な釣り合いを示して見せることにある。おそらくストラザーンを他の数多の人類学者と違う存在にしているのは、この釣り合いの類まれな実演者としての姿である。自らの知的活動の背景にある枠組みを疑ってかかるのは、人類学的営みの始まりにあり、また終わりにあるともいえるが、彼女ほど釣り合いをもってこの仕事に臨んできた存在を訳者は知らない。そして、不釣り合いのなかのこの釣り合いの実演こそ、本書だけでなく、ストラザーンの全研究を特徴づけているといえる。彼女の主要業績を数点あげるだけでも、そのことはすぐに了解されるだろう。すでにあげた主著『贈与のジェンダー』(一九八八)がパプアニューギニア高地のイニシエーション儀礼と贈与慣行を通じてメラネシア的社会性を析出するエスノグラフィーであるのに対して、『アフター・ネイチャー』(一九九二)は英国における新生殖医療の展開のなかで浮かびあがる二〇世紀後半の親族観念を分析している。前者に結実する著作群と、後者に代表される著作群のちょうど中間に位置づけられるのは、本書『部分的つながり』(一九九一)と、同じくメラネシアと英国を往復しながら諸関係の物象化について論じた『所有物、物質、効果』(一九九九)だろう。しかも、パプアニューギニアを集中的にとりあつかった『贈与のジェンダー』は、西洋におけるジェンダー規範がフェミニズムの諸前提を含めて事象の分析枠組みにもちこまれることへの挑戦を構成しているし、『アフター・ネイチャー』などの著作でもメラネシアからの発想を存分に活用して、私たちが既に知っていながら知らなかった親族のありようを析出してみせている。誰であれ人類学者は、おのおののフィールドで対象に向き合うなかで、自らの分析枠組みの偏向に常に意識的であろうとしてきたし、その限りで、自らにパースペクティヴを提供する理論や、その背後にある文化社会的諸前提を批判的にまなざし返そうとしてきた。しかし多くの場合、ストラザーンが本書のような作品で、そして研究全体をつうじて提示してみせるような釣り合い＝対称性の実現には、遠く及ばないのが実情である。この学問が、地域研究を突き詰めたうえでなおそこに完結することなく、「彼ら」を経由して広く私たち自身に関する知識をもたらすことを目指しているのだとすれば、ストラザーンは私たちが到達しようとして到達できない、人類学のイデアのような存在であるといえよう。このすこし度を超した物言いも、そのご本人に直接会うことができ、議論を交わすことができるという遠近の入れ替わり、彼方と此方の反転にわずかに当惑したのちに、かえって言い過ぎでもないように思えてくるから不思議である。訳者にとってストラザーンは、近いからこそ遥か彼方にあり、遥か彼方にいるからこそ近づきたい存在なのかもしれない。

『2001年　宇宙の旅』の冒頭の場面で、類人猿が骨でつくった棍棒を空に放り投げると、突如としてそれは宇宙船に変貌する。この映像に私たちが惹きつけられるのは、棍棒と宇宙船がその変わらぬ人工装具性によって、地上と宇宙（あるいは笛とカヌー）だけでなく、知られる限りでの人類史の始原と、想像される限りでの人類史の最先端とを、時間を越えてつなげてみせたからだった。

ストラザーンがいま熱心に読まれ、そしてこれからもまた読まれ直され続ける事情にも、似たようなところがある。本書を含めてストラザーンの著作は、先端医療や先端技術の展開、複雑系科学の取り組みや市場経済の機構、生権力への対抗やあらたな存在論の生成を見据えようとする、世界中の研究者たちに熱心に読まれている。それは、ひとつには、彼女自身がサイボーグの形象に可能性を見いだし、新生殖医療や監査文化を思考の素材として取りあげたからであろう。しかし私たちは、かつての再帰人類学に対して一部の人類学者がそうであったように、今日の潮流を対岸の火事であるがごとくに、科学技術研究やアクター・ネットワーク論、ジル・ドゥルーズらの生成の哲学に影響をうけたいちグループの流行と見なすべきではないだろう。自然科学や統計科学があらゆる差異を越えて全世界を覆い尽くすかの様相を呈し、容易にはその外部を想像できない状況下で、アマゾン先住民の多自然主義から先端科学を語るエドゥアルド・ヴィヴェイロス・デ・カストロや、科学技術研究からキリスト教神学を語りなおすブルーノ・ラトゥールらと同様、ストラザーンの著作は世界に内在しつつ「こうでもありうる」私たちの生のありようを豊かに描きだしてみせるからである。人類学者ではない読者のためにあえて注釈を付しておくならば、メラネシアの社会性やアマゾンの多自然主義は、けっして人類の「始原」に属しているのではない。それらは、ほぼ同時代の「こうでもありうる」世界であるからこそ、私たちのこれからを考える確かな足場を提供しているのだといえよう。

時間的隔たりとのかかわりで、訳者がむしろ気になるのは、理論の時間とでも呼べる系列の方である。というのは、いまあげた三人を中心に展開する動きが、しばしば「存在論的転回」ないし「人類学の静かな革命」（マルティン・ホルブラッド）と名づけられ、ことさらに過去との断絶が際だたされることがあるからである。構造主義の言語論的転回や、ポストモダン理論による再帰的転回がそうであったように、なるほど存在論的転回と呼ばれる動きは、なにかしら革命的な、過去との断絶をもたらしているのだろう。けれどもそうした転回や革命において度々そうであったように、断絶によって過去が遺棄され、古いものと捨て置かれるのならば、ストラザーンが体現してみせる人類学の方向性を見誤ることになる。だから訳者は、現在流行中の潮流をサーフしながら「それって古い人類学ですね」と嗤う人を、決して信用しないようにしている（断っておくが、ホルブラッド自身はそういう人ではない）。なんとなれば、「いま現在進行中の議論に常に関心をむけてきた」ストラザーンが体現＝具体化《エンボディ》してみせているのが、構造主義と再帰人類学そして（予期された）今日の人類学を、それらが互いに切断されているからこそ部分的につなげ、各々に潜在する効果を引き出しあうように配置すること、そのことだからである。『部分的つながり』は、「いま現在進行中の議論」に、これまでの蓄積とこれからの拡張とをたたみこんでいる。その意味で本書は、過去と現在そして予期される未来を集積回路として統合するサイボーグでもある。再帰人類学が単なる論敵ではなかったことは、本書をすでに一読された読者には明らかだろう。しかもキューブリックの映像作品とはちがって、部分的につながりあうのはほんの半世紀ほどの時間を隔てた形象たちであるに過ぎない。本書を、今日の潮流の「先取り《プレフィギュアメント》」として読むだけでなく、それが書かれた文脈とともに咀嚼すべきなのは、そのためである。そのことによってはじめて私たちは、改めて私たち自身の「今」を思考しはじめることができるだろう。

本訳出の底本としたのは、Marilyn Strathern. 2004. *Partial Connections*, Updated Edition. Altamira Press. である。訳出のきっかけは、二〇一二年度の一橋大学大学院ゼミで本書を講読したことだった。「やっぱりストラザーンが好き」と口走ってしまった私に、「それでは翻訳しましょう」と当時のゼミ参加者で共訳者の浜田明範さん、田口陽子さんに声をかけられ、後に引けなくなってしまったというのが実情である。同じくゼミ生の丹羽充さんが加わり、おくれて当時東京大学に在籍中で一橋ゼミにも顔をだしていた里見龍樹さんの参加をえて、ひと月かふた月に一回の訳出ワークショップを三〇回ほど重ねることになった。この長いとはいえない論考の訳出に、足かけ二年半余りもかかったことになる。ストラザーンの英語は独特かつ難解で、とくに『部分的つながり』と『贈与のジェンダー』については、英語を母国語とする専門的研究者が競って解読を披露してみせるほどである。英米の院生も、読んだ振りをして済ませるのがせいぜいと聞く。私たちもまた、英文の構造としては明快なのに、言いたいことのニュアンスがなかなか掴めないことに、たいへん苦しめられることになった。毎回七時間から八時間の会合を重ねてもまともな日本語にはならず、とくにワークショップ開始当初はいつまでたっても冒頭の「人類学を書く」と新版「序論（邦訳では「部分的つながり」）」から出られずに、途方に暮れる思いをした。会合が楽しみになったのは、一年ほどたってストラザーンの思考のリズムに体が同調するようになってからだったと思う。ストラザーンお手製のゴロゴロとした人工物が、しだいに体に馴染みはじめ、その器官をつうじて世界が別様に立ちあがってくる。だから、読書経験そのものに、自分たちもまたサイボーグであることを知らされることになったとも、いえるだろう。読者諸氏にも、どうか冒頭のふたつの序論で諦めたり、美学セクションの論述に見知った風景を再訪した気分になったりして、本書を途中で投げださないで欲しい。本書のなかほどまで読み進めていただければ、そこからはもう、ジェットコースターに乗るがごとくの興奮が味わえることを請け合いたい（しかし冒頭から読み進めてこないと、コースターに乗ることもできないのは事実である）。英語で書かれた学術書のいくつかがそうであるように、本書は、読み進めることで当初は謎めいていると感じられた物言いが、熟考のすえに練りだされた表現であると得心される構成をとっており、またその極端な例のひとつといえるだろう。

具体的な訳出作業は、担当者を決めて下訳をつくり、それをもとに訳文を練りあげていくという形をとった。ふたつの序文と美学セクションを浜田さん、政治セクションを田口さん、文化セクションを丹羽さん、社会セクションを里見さんが担当することになった。練りあげ作業では、浜田さんの理論的厳密さ、田口さんの日本語捻出力、丹羽さんの情報収集力、里見さんのメラネシア研究者としての見識に、大いに助けられた。その後、私をふくめた全員の共同作業でつくりあげた暫定最終稿を、大杉が原文といまいちど照らし合わせながら更に二カ月ほどかけて推敲していくこととなった。だから、本書が出版に至るまでの最大かつ実質的な貢献者は下訳を作成した四人である一方、訳文に分かりづらさや誤りがある場合の最終的責任は大杉が負うこととなる。とくに後半の事例編には、パプアニューギニアを専門に研究する方々からさまざまな誤訳をご指摘いただくにちがいない。ありがたく拝聴し、版が重ねられることになったあかつきには、修正に取り組みたいともう。ただ、ご指摘を予期しつつ伏してお願いしておきたいのは、是非なるべく早期に『贈与のジェンダー』を邦訳していただきたいということである。

翻訳作業を進めつつあったものの出版社がなかなか決まらずにいた折に、東京外国語大学の真島一郎さんのご紹介で水声社の後藤亨真さんにお会いし、本訳書の出版を快く引き受けていただけたことは、なにより幸運だった。聞くと、ヴィヴェイロス・デ・カストロの『インディオの気まぐれな魂』とともに、新たな人類学シリーズの最初の二冊として刊行される運びという。人文社会科学が危機的状況にあると伝えられるこの時代に、このほとんど蛮勇といっても差し支えない企画を始められたことに、心からの敬意を表したい。今後とも、奥深くに矜持と希望を秘めて、ともに歩ませていただければ幸いである。

最後に、ストラザーンにひとことお詫びしなければならない。日本語で書いても彼女には伝わらないから改めて直接お伝えしなければならないけれども、このことは彼女の名誉のためにも公にしておいたほうがいいと思う。実は、「訳者あとがきみたいなもの」を書くことをお伝えすると、「それだったら、それに対する応答なら書いてもいいわ」とのご提案をいただいていた。新版序文の執筆にあれほどまでに反発を覚えた彼女からの、あまりにグレイシャスな提案にもかかわらず、実現には至らなかった。締め切りをぎりぎりまで先延ばしにした私の責任です。マリリン、どうかお赦しください。そして、また別の機会にぜひ。

二〇一五年九月

大杉高司

著者／訳者について――

マリリン・ストラザーン（Marilyn Strathern）　ケンブリッジ大学名誉教授。社会人類学者。マンチェスター大学教授、ケンブリッジ大学ウィリアム・ワイズ社会人類学教授、同大学ガートン・カレッジのミストレスを歴任。主な研究分野はパプアニューギニア研究、英国新生殖医療研究。主著に『贈与のジェンダー』（一九八八）、『部分的つながり』（一九九一）、『アフター・ネイチャー』（一九九二）、『所有物、物質、効果』（一九九九）など。

＊

大杉高司（おおすぎたかし）　一橋大学大学院教授（文化人類学・カリブ海地域研究）。近著に、「キューバ革命の『近代』――『恥ずかしがらない』唯物論からの眺め」『国立民族学博物館研究報告』三五（二）、「『キューバ革命の緑化』とマリノフスキーの子供たち――持続可能エコロジー農業の実験から」『一橋社会科学』第七巻別冊など。

浜田明範（はまだあきのり）　国立民族学博物館機関研究員（医療人類学）。主な著書に、『薬剤と健康保険の人類学』（風響社、二〇一五）、論文に、「書き換えの干渉――文脈作成としての政策、適応、ミステリ」『一橋社会科学』第七巻別冊など。

田口陽子（たぐちようこ）　日本学術振興会特別研究員ＰＤ（文化人類学・南アジア研究）。主な論文に、Civic Sense and Cleanliness: Pedagogy and Aesthetics in Middle-Class Mumbai Activism. *Contemporary South Asia* 21 (2)、Cosmopolitanism and the Morality of Business among Navi Mumbai Merchants. *South Asia Research* 32 (3) など。

丹羽充（にわみつる）　一橋大学大学院博士後期課程（文化人類学・ネパール地域研究）。主な論文に、Deepening and Spreading Suspicion: On the Accusation of 'Cunning' Observed among Protestants in the Kathmandu Valley. European Bulletin of Himalayan Research 45、「ネパールのプロテスタントの『信仰』における『信頼』と『行為』」『文化人類学』七七（一）など。

里見龍樹（さとみりゅうじゅ）　日本学術振興会特別研究員ＰＤ（文化人類学・メラネシア民族誌）。主な論文に、「人類学／民族誌の『自然』への転回――メラネシアからの素描」『現代思想』四二（一）、「身体の産出、概念の延長――マリリン・ストラザーンにおけるメラネシア、民族誌、新生殖技術をめぐって」『思想』一〇六六（久保明教との共著）など。

装幀――宗利淳一

部分的つながり

二〇一五年一一月二〇日第一版第一刷発行　二〇二二年六月二〇日第一版第二刷発行

著者――マリリン・ストラザーン

訳者――大杉高司＋浜田明範＋田口陽子＋丹羽充＋里見龍樹

発行者――鈴木宏

発行所――株式会社水声社
東京都文京区小石川二―一〇―一　いろは館内　郵便番号一一二―〇〇〇二
電話〇三―三八一八―六〇四〇　ＦＡＸ〇三―三八一八―二四三七
郵便振替〇〇一八〇―四―六五四一〇〇
URL : http://www.suiseisha.net

印刷・製本――ディグ

ISBN978-4-8010-0135-0
乱丁・落丁本はお取り替えいたします。

PARTIAL CONNECTIONS Updated Edition by Marilyn Strathern
First published in the United States by AltaMira Press, Lanham, Maryland U.S.A. Reprinted by permission. All rights reserved.
Japanese translation rights arranged with Rowman & Littlefield Publishers, Inc., Lanham, Maryland, U.S.A.
through Tuttle-Mori Agency, Inc., Tokyo.

叢書　人類学の転回

非-場所——スーパーモダニティの人類学に向けて　マルク・オジェ　二五〇〇円
メトロの民族学者　マルク・オジェ　二〇〇〇円
自然と文化を越えて　フィリップ・デスコラ　四五〇〇円
反政治機械——レソトにおける「開発」・脱政治化・官僚支配　ジェームズ・ファーガソン　五〇〇〇円
経済人類学——人間の経済に向けて　クリス・ハン＋キース・ハート　二五〇〇円
流感世界——パンデミックは神話か？　フレデリック・ケック　三〇〇〇円
法が作られているとき——近代行政裁判の人類学的考察　ブルーノ・ラトゥール　四五〇〇円
変形する身体　アルフォンソ・リンギス　二八〇〇円
暴力と輝き　アルフォンソ・リンギス　三二〇〇円
わたしの声——一人称単数について　アルフォンソ・リンギス　三二〇〇円

フレイマー・フレイムド　トリン・T・ミンハ　四〇〇〇円
多としての身体——医療実践における存在論　アネマリー・モル　三五〇〇円
ケアのロジック——選択は患者のためになるか　アネマリー・モル　三五〇〇円
作家、学者、哲学者は世界を旅する　ミシェル・セール　二五〇〇円
部分的つながり　マリリン・ストラザーン　三〇〇〇円
模倣と他者性——感覚における特有の歴史　マイケル・タウシグ　四〇〇〇円
美女と野獣　マイケル・タウシグ　三二〇〇円
ヴァルター・ベンヤミンの墓標——感覚における特有の歴史　マイケル・タウシグ　三八〇〇円
インディオの気まぐれな魂　エドゥアルド・ヴィヴェイロス・デ・カストロ　二五〇〇円

［価格税別］